デジタル権威主義

技術が変える独裁の"かたち"

【編著】
大澤 傑

【著】
五十嵐隆幸
岡田美保
野呂瀬葉子
溝渕正季
木場紗綾
荊 元宙
大場樹精
ムバンギジ・オドマロ
サリ・ヴィック・ルクワゴ
持永 大
原田 有
寺田孝史
横尾俊成

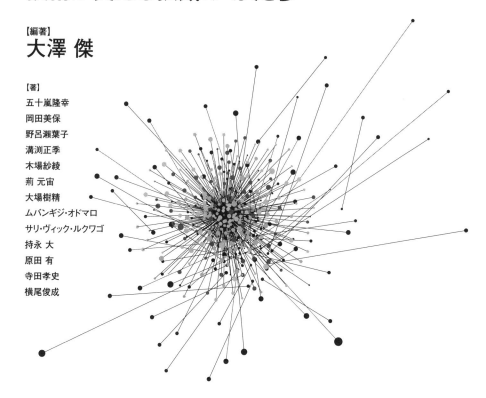

芙蓉書房出版

はしがき

　デジタル技術と権威主義が結び付けられるようになって久しい。そこでは、デジタル技術が独裁者の権力を強化し、それによって彼らが民主主義国家にハイブリッド戦を仕掛けるという「固定観念」ともいえる構図がある。「デジタル権威主義」という用語も「バズワード」化しているとさえいえる。

　しかし、もともとデジタル技術は市民に開かれた討議を促し、政治行政の透明性を高め、民主主義に資すると考えられていた。また、サイバー攻撃そのものも、民主主義や権威主義といった政治体制とは無関係に、各国の安全保障戦略に基づいて展開されている。にもかかわらず、（特に国際政治の分野で）「デジタル民主主義」について語られることが多くない一方で、デジタル技術と権威主義を結び付けた「デジタル権威主義」という用語に注目が集まる理由は何か。そもそも「デジタル権威主義」とは何なのか。真にデジタル技術は、民主主義ではなく権威主義に利するのか。もしそうだとすれば、独裁者はデジタル技術をどのように使いこなし、体制を維持しているのか。そして、彼らはどのような行動原理で他国にハイブリッド戦を仕掛けるのか。本書は、これらについて事例と理論を用いて多角的に問い直す試みである。

　進化し続けるがゆえに、デジタル技術と政治体制の関係を捉えることは困難な試みである。しかし、本書をきっかけとして読者の皆様が「デジタル権威主義」の輪郭を捉え、そこから現代国際政治についての議論を深めていただければ幸甚である。

　本書は、2022年サントリー文化財団研究助成「学問の未来を拓く」の助成を受けた「権威主義に対するデジタル化による内外的影響—デジタル権威主義論再考—」の成果の一部である。約2年間にわたる定例研究会を通じて、本書の執筆陣である研究会のメンバーは様々な視点からデジタル技術と権威主義体制の関係について議論を重ねてきた。

　定例研究会のほかにも、防衛大学校グローバルセキュリティセンターにて「国際秩序を揺るがす『デジタル権威主義』の脅威」と題するセミナーを実施し、武田康裕先生、村井友秀先生をはじめ、参加者の皆様から有益なコメントをいただいた。また、武田先生は芙蓉書房出版の平澤公裕氏と引き合わせてくださった。平澤氏は、出版不況のなか、本書の出版を快諾し、トラブル続きの本プロジェクトを辛抱強く待ち続け、親身になって書籍化を進めてくださった。その平澤氏を継いで社長となった奥村侑生市氏は、ややもすれば一部の読者に閉じてしまいそうな本テーマを「多くの人に読まれるべき」と励ましてくださり、どのようにすれば一般の方々に訴求するか、様々な

角度からアイディアを出してくださった。もとをたどれば、文学部に異動し、文化と政治を結びつけた新たな研究テーマを模索していた編者に、「デジタル技術と権威主義の関係について取り組んでみては」と勧めてくださったのは岸川毅先生であった。

　それ以外でも、それぞれの執筆者が、それぞれの場で成果を報告し、討論者や査読者から重要な指摘を賜った。これらのどれか一つが欠けてしまっても本書を世に送り出すことはできなかった。本プロジェクトに関わってくださった全ての方にこの場を借りて感謝申し上げたい。

　サントリー文化財団での中間報告会にて、審査員の先生方からしきりに要求されたのは「近年の議論の通り『デジタル技術は権威主義に資する』と片付けてしまうのではなく、『デジタル技術が民主主義に資する』としたらどのような可能性が考えられるか」という視点を盛り込むことであった。この問いは今も編者の頭に浮かび続けているが、その答えはいまだ出せていない。言い訳がましいが、本書はその大きな宿題を提出するための「中間報告」として、それぞれの専門的見地からデジタル技術が権威主義にもたらす影響について考察するものである。

　目まぐるしく変化する技術と国際政治のなかで、本書が技術と政治の最適解を探す（おそらく長い）航海の小さな船着き場として、読者の皆様がオールを漕ぐ手を止めて今後の行き先を考えるきっかけとなれば、それは望外の喜びである。

2024 年 8 月

執筆者を代表して　大澤　傑

目　　次

はしがき

序　章　デジタル権威主義の分析枠組み
　　　　　―デジタル技術が権威主義体制の安定化／
　　　　　　不安定化にもたらす効果―　　　　　　　　　　　大澤　傑　11
　1.　はじめに　12
　2.　本書の意義　13
　3.　デジタル技術と政治体制　15
　　　（1）楽観論から悲観論へ
　　　（2）権威主義の体制維持手法
　　　（3）デジタル技術を用いた独裁者による統治
　4.　権威主義の体制維持に対する国際関係の影響　19
　　　（1）正の効果―デジタル技術を駆使した対外政策による
　　　　　　間接的な正統性向上
　　　（2）負の効果―民主主義的価値や体制批判の流入
　　　（3）正負の効果―サイバー規範形成
　5.　分析枠組みの構築　22
　6.　本書の構成　24
　7.　おわりに　25

第1章　中国の「デジタル権威主義」
　　　　―「中国式の統治システム」は、なぜ民主主義に対する脅威
　　　　　と言われるのか―　　　　　　　　　　　　　　五十嵐　隆幸　31
　1.　はじめに　32
　2.　中国政府によるインターネット環境の構築過程　34
　　　（1）中国のインターネット黎明期とセキュリティー体制の整備
　　　（2）インターネットの普及と個人情報データベースの構築
　　　（3）ネット検閲の強化と海外サイトの遮断
　3.　中国のデジタル技術を利用した統治の強化　37
　　　（1）胡錦濤から習近平へと継承された「西側」政治思想流入防止の方針
　　　（2）中国独自の"閉鎖的"なインターネット空間の完成
　　　（3）モバイルツールを通じた監視と懐柔
　4.　世界へと広まる「中国式の統治システム」　41
　5.　中国の「デジタル権威主義」とは何か　43
　6.　おわりに　44

第2章　ロシアにおけるデジタル権威主義
　　　　―なぜ反戦は反プーチンにならないのか？―　　　　岡田　美保　51
　1.　はじめに　52

2. 開戦前　54
　　（1）政治参加と抑圧におけるデジタル技術の進展
　　（2）選挙のオンライン化
3. 開戦後　60
　　（1）デジタル抑圧とテレグラム
　　（2）選挙のオンライン化
4. おわりに　65

コラム1　日本のサイバーセキュリティ政策　　　　　　　野呂瀬 葉子　69
1. 日本のサイバーセキュリティ政策に関する基本事項　69
2. 国際場裡における日本のサイバー外交　69
　　（1）「法の支配の推進」
　　（2）「サイバー攻撃抑止のための取組」
　　（3）「信頼醸成措置の推進」及び「能力構築支援」
3. 国内におけるサイバーセキュリティ政策　73
　　（1）日本のサイバーセキュリティの戦略的姿勢の転換
　　（2）転換の背景
　　（3）サイバー空間における戦略の区分
　　（4）転換後のサイバーセキュリティ政策
　　（5）能動的サイバー防御のための今後の取組

第3章　中東におけるデジタル権威主義
　　　　―デジタル抑圧、地政学、「監視資本主義」―　　　　溝渕 正季　81
1. はじめに　82
2. 中東の権威主義体制はなぜかくも頑健なのか？―抑圧・懐柔・正統化　83
　　（1）抑圧
　　（2）懐柔
　　（3）正統化
3. 地政学・グローバル資本主義・情報生態系　88
　　（1）米国―「非リベラルな覇権秩序」の追求
　　（2）中国・ロシア―「世界を独裁体制にとって安全にする」
　　（3）グローバル資本主義と情報生態系
4. 中東におけるデジタル権威主義―サウジアラビアを中心に　92
　　（1）MbSの台頭と個人支配型権威主義の形成
　　（2）サウジアラビアにおけるデジタル権威主義の諸相
　　　　ア．検閲
　　　　イ．言説の支配
5. おわりに　98

第4章　東南アジアにおけるデジタル抑圧および影響力工作と市民社会
　　　　　　　　　　　　　　　　　　　　　　木場　紗綾　105

1．目的　106
2．東南アジアのデジタル権威主義に関する先行研究　108
　（1）民主主義の後退
　（2）デジタル抑圧
3．デジタル抑圧と社会運動、市民の反応：タイの事例　111
　（1）タイにおけるデジタル弾圧
　（2）デジタル抑圧に対する市民の抵抗
4．中国からの影響力工作：フィリピンの事例から　115
5．結論　118

コラム2　台湾のサイバー空間における脅威と対策
　　　　　　　　　　　　　　　　荊　元宙（五十嵐　隆幸訳）　123
1．はじめに　123
2．台湾の情報通信ネットワークに対する脅威　124
　（1）持続的標的型攻撃（advanced persistent threat, APT）組織
　（2）中国人民解放軍サイバー空間部隊
　（3）中国の国家安全部門と情報機関
3．台湾に対するサイバー攻撃の事例　125
4．台湾の政府によるサイバー攻撃への対応　127

第5章　ラテンアメリカの権威主義体制とデジタル技術
　　　　―権威主義化が進むエルサルバドルを事例として―　　大場　樹精　129
1．はじめに　130
2．1980年以降のラテンアメリカ政治　131
　（1）1980年代の民主化
　（2）2010年代半ばの権威主義化
3．エルサルバドル・ブケレ政権の権威主義化　134
　（1）エルサルバドルの基本情報
　（2）ブケレ政権の成立と権威主義化
　　　　ア．大統領就任まで
　　　　イ．権威主義化
　（3）デジタル技術の利用
　（4）国際関係
4．おわりに　140

第6章　ウガンダにおけるデジタル権威主義
　　　　―ハイブリッド独裁国家におけるソーシャルメディアを巡る
　　　　駆け引き―
　　ムバンギジ・オドマロ、サリ・ヴィック・ルクワゴ（野呂瀬　葉子訳）　147

1．はじめに　148
　（1）混沌とした状況
　（2）ウガンダ―ハイブリッド独裁体制の事例
2．デジタル権威主義の概要　152
　（1）デジタル権威主義のパラダイム
　（2）グローバルな現象となりつつあるデジタル権威主義
　（3）デジタル権威主義と相対主義
3．ウガンダにおけるハイブリッドデジタル権威主義政権の形成　156
　（1）植民地主義、独立、抑圧文化
　（2）イディ・アミン、権威主義、恐怖
　（3）アミン後の混乱―法令による統治
　（4）ウガンダの現在
　　　ア．アナログ権威主義からデジタル権威主義へ
　　　イ．ソーシャルメディア革命の始まり
　　　ウ．人口動態とソーシャルメディア
4．おわりに　166

コラム3 情報通信技術と権威主義の相性　　　　　　　　持永 大　171

第7章　サイバー国際規範をめぐる交錯
　　　　　―権威主義陣営と民主主義陣営のすれ違い―　　　　原田 有　177
1．はじめに　178
2．「場」をめぐる争い　179
3．「内容」をめぐる争い　182
4．交錯する2つの陣営のプラグマティックな態度　187
5．おわりに　193

第8章　SNSは権威主義に対する支持を高めるのか
　　　　　―権威主義的パーソナリティ研究から考える―　　　寺田 孝史　203
1．はじめに　204
2．権威主義的パーソナリティ概念　205
　（1）フロム『自由からの逃走』にみる権威主義支持の過程
　（2）フロム後の権威主義的パーソナリティに関わる実証的研究
　（3）マスメディアの及ぼす影響
3．分析枠組み　208
4．SNSは権威主義を支持する過程にどのように影響を及ぼすのか　212
　（1）情報拡散装置としてのSNS
　（2）SNSが人間の思考や感情に影響を及ぼすメカニズム
　　　ア．パーソナライゼーションがもたらす情報環境
　　　イ．SNSが助長する認知バイアス
　（3）SNSが権威主義を支持する過程に及ぼす影響

ア．社会経済的危機に対する不安や怒りの促進

　　　イ．ポピュリスト支持の促進

　　　ウ．ポピュリストとの一体化の促進

　　　エ．政治の権威主義化の促進

　5．おわりに　217

第9章　ソーシャルメディアを活用した反政府運動が権威主義に対抗する方法

―フレーム、資源、レパートリーによる国際連帯モデル―

横尾　俊成　225

　1．はじめに　226

　2．先行研究の整理　227

　　　（1）運動のフレームと SNS

　　　（2）運動の資源と SNS

　　　（3）運動のレパートリーと SNS

　　　（4）フレーム、資源、レパートリーによる国際連帯モデル

　3．香港における反送中運動と権威主義　234

　　　（1）運動の背景と概要

　　　（2）フレーム、資源、レパートリー

　　　（3）為政者による反応

　4．マレーシアにおけるブルシ 2.0 運動と権威主義　238

　　　（1）運動の背景と概要

　　　（2）フレーム、資源、レパートリー

　　　（3）為政者による反応

　5．SNS を活用した反政府運動は権威主義に抗いきれるのか　241

終　章　デジタル権威主義論再考

―デジタル技術と政治体制の関係を問い直す―

大澤　傑　249

　1．各章の振り返り　250

　　　（1）各事例におけるデジタル技術と権威主義

　　　（2）国際関係・心理・社会運動

　2．比較分析　255

　　　（1）共通点

　　　（2）相違点

　3．デジタル技術と独裁者―「デジタル権威主義」という概念　258

　4．今後の研究課題　260

　5．結びに代えて　261

編著者・執筆者・翻訳者紹介　264

■序　章■

デジタル権威主義の分析枠組み

―デジタル技術が権威主義体制の安定化／不安定化にもたらす効果―

大澤　傑

この章のポイント

● デジタル技術が権威主義に与える影響は、国内政策と対外政策の双方において見られる。

● デジタル権威主義とは、独裁者がデジタル技術を利用して権力を維持する体制を指す。

● 本書では、主に抑圧・懐柔・正統化の体制維持手法に対するデジタル技術の効果を分析する。

● デジタル技術が権威主義体制の安定性に及ぼす正の効果と負の効果が存在する。

● 権威主義国家は、デジタル技術を通じて国際社会に対しても影響力を行使し、体制の正統性を維持／向上しようとする。

● 本書は、デジタル技術と権威主義の関係を捉え直し、そこから今後の国際政治の動向を検討する試みである。

１．はじめに

SNS（ソーシャルネットワーキングサービス）が独裁政権の打倒に寄与した「アラブの春」を契機として、比較政治学領域においてデジタル技術が権威主義[1]に与える影響に関する議論が盛り上がりを見せたが、その帰結はいまだ明らかになっていない。当初は、SNS が市民社会の連帯を強化することによって権威主義を弱めると考えられたものの、現在ではむしろデジタル技術を利活用することによって権力を維持する権威主義体制が増加しつつあるからである[2]。デジタル技術を利活用して体制を維持する権威主義は「デジタル権威主義」と呼ばれ、学界のみならず実社会でも関心の的となっている。これらの国家は、デジタル技術によって人々からの支持を獲得するとともに反対派を沈黙させ、体制の不安定化を未然に防いでいる。現代においては、デジタル技術は権威主義に資するという考えが主流化している傾向にすらある[3]。

確かに、権威主義は民主主義に比してデジタル技術と相性が良いように思われる。加藤朗は、民主主義が国民国家とハイパーグローバリゼーションという要素を包含した結果として、役割が肥大化するデジタル・プラットフォーマーを適切に管理できない一方、その点において権威主義に強みがあることを指摘する[4]。中国の事例からも明らかなように、権威主義ではその閉鎖性を活かしてグローバルなデジタル・プラットフォーマーを排しながら、それを独自に構築することが可能なように思われる。

ただし、ここで留意すべきは、政治指導者の権力が及ぶ範囲である。いうまでもなく国家の主権が及ぶ範囲は国内に限られるため、権威主義であっても、デジタルメディアや SNS などを通じた情報拡散による国際世論の高まりを抑制することはできない。これは、すなわち、論理的には国内のあらゆる勢力を政府の管理下に置くことが可能な権威主義国家でさえ、国外からの影響は避けられないことを意味する。また、ほとんどの権威主義国家が、中国のようにデジタル・プラットフォーマーを管理下に置けているわけではない。

さらに、体制の危機に直面した権威主義国家の事例からは、国内に対するデジタル規制も万能ではないことが明らかとなりつつある。例えば、ミャンマーではクーデタ後の国軍が反体制派を結び付ける SNS をシャットダウンした後にも、市民が多様なチャンネルを利用して反政府運動を続けているし、世界中で一般の人々からなる調査集団が国家の不正を独自に調査し、それを発信するなどしている[5]。デジタル技術革新はハッキングやリークの文化を広め[6]、独裁者の至上命題である体制維持を困難にさ

12

序　章　デジタル権威主義の分析枠組み

せるという一面をも持つことが再確認されつつあるのである。また、危機に際してデジタル技術を駆使した国際的な支援が展開される事例もあり、このことは民主主義を推進する勢力がデジタル技術を活用して、力を得る可能性を示唆するものである[7]。

　現代国際政治においても、このようなデジタル権威主義の台頭は民主主義にとっての危機であるとされ、ジョー・バイデン（Joe Biden）米大統領もデジタル権威主義との対決姿勢を鮮明にしている[8]。そのうえで、権威主義とデジタル技術を結び付けて懸念が表明されるのが、デジタル技術を通じた影響力工作やサイバー攻撃を指す、いわゆるハイブリッド戦である[9]。ハイブリッド戦とは、正規戦以外の、非正規戦やサイバー戦などを組み合わせた概念であり、そこでは開放的な民主主義に比して、権威主義が有利にあるとされる。ただ、実際のハイブリッド戦は権威主義国家のみが仕掛けるものではないし[10]、後述のように、権威主義国家も民主主義国家からの情報流入を恐れている。さらに、サイバー規範を巡っての対立も見られる。これらの動向いかんによっては、権威主義の安定性が揺らぐ可能性は否定できない。ゆえに、国家間関係を考慮しても、必ずしもデジタル技術が権威主義の強靭性と結びつくわけではない。

　以上を総合すると、現状では確かに権威主義は民主主義よりもデジタル技術との相性が良いように思われるが、それを断定することは時期尚早である。

　これまでのデジタル技術が政治に与える影響分析は、比較政治ないし地域研究の分野から内政に注目した議論と、外交・安全保障の分野から国際関係に注目した議論が分離してきた。しかし、グローバル化とデジタル化が同時に進む現代においては、両者は不可分である。ゆえに、本書はデジタル技術が権威主義に利すると端的に結びつけるのではなく、内政と国際関係の相互関係を踏まえ、デジタル技術は真に権威主義に利するのか、そもそもデジタル権威主義とはなにか、デジタル技術が権威主義の様相、そして世界の何をどう変えたのかを問い直す試みである。

　序章にあたる本章では、デジタル技術が権威主義を強化するという「デジタル権威主義論」を再考するため、内政と国際関係双方の視点を踏まえてデジタル技術が権威主義体制の安定化／不安定化にもたらす効果を読み解くための分析枠組みを構築する。これにより、各章の分析に対する補助線を引いてみたい。

2．本書の意義

　内政と国際関係を統合した分析を行う本書の意義は以下の通りである。
　第一に、近年では、国際的な権威主義化が進んでいるがゆえに、デジタルと不可分

な現代の権威主義体制の特徴を捉えることができる点である。実際、デジタル権威主義論においてしばしば参照される中国、ロシア以外の地域でもインターネットが政府の手によって意図的にシャットダウンされるなどの事象が発生している[11]。どの地域においても援用可能な分析枠組みを構築し、それによって各事例を考察することにより、デジタル技術が政治体制に与える影響について一定の指標に基づいた国際比較が可能となる。これにより、各国のデジタル権威主義の一般性と特殊性をあぶり出すことができる。

　第二に、共通の枠組みに基づく権威主義分析により、現代における民主主義の後退に対する視座を提示することが可能となる点である。昨今の権威主義化は民主主義の後退を伴って生じる傾向にあるが、それはデジタル技術を「道具的」に利用する政治指導者によってもたらされることが多い。9・11以後、民主主義国家でも安全を巡って情報の集積が正当化された結果、人々のプライバシーに対する国家の統制は高まっているとされ、それは新型コロナウイルスの蔓延によっても促進された[12]。さらに、「監視資本主義」とも呼ばれるように、企業による個人情報の集積や商品化も進んでいる[13]。こうした変化は国家による強権的な統治をより容易にする可能性がある。すなわち、現代では国民監視の傾向は政治体制を問わず高まっているのである。とすれば、デジタル技術は、現代のポピュリズムの台頭に伴う民主主義の後退と組み合わさることで、権威主義の台頭を後押ししているといえるかもしれない。また、こうしたデータの集積はハイブリッド戦への脆弱性にもつながる[14]。

　第三に、安全保障学におけるハイブリッド戦争論に貢献できる点である。従来のハイブリッド戦争論においては、権威主義がサイバー空間において自国にとって有利な環境を作り出そうとしている点が強調される一方、その動機については明確ではなかった。そのため、本研究は、内政の視点から権威主義国家の動向を検討することで「なぜ権威主義がハイブリッド戦争をしかけるのか」を解明できる可能性を秘めている。実際、中台関係においては、台湾は中国にディスインフォメーションを流されることによって、体制の正統性が毀損することを懸念している。これは、相手の体制の正統性を下げることが自国の体制の正統性を高めることを意味する国家間関係において重要な視点である[15]。すなわち、ハイブリッド戦争は、それを仕掛ける側にとって体制維持のための「防御的」な役割をも持つのである。このことは、ハイブリッド戦争論への新たな議論を提起することにもつながるだろう。

　さらに、従来のハイブリッド戦争論では権威主義国家がターゲット国に対していかに攻撃を仕掛けているかという視点に偏りが見られ、ハイブリッド戦争によって権威主義国家が不安定化する視点が欠けている。暗にハイブリッド戦争を仕掛ける側は権

威主義国家であるということが前提となってきたのである。しかし、実際には権威主義国家は自らがハイブリッド戦のターゲットとなることのみならず、外部の価値の流入によって体制の正統性が揺らぐことを懸念している。そのため、デジタル技術を通じた権威主義への国際的な影響をも考察に加えることで、権威主義国家の動向分析にも貢献できるだろう。

　第四に、昨今の国際秩序競争をデジタル技術の側面から読み解くことができる点である。現代は米中が言説を巡って対立する時代であるともいわれる[16]。人々が容易に世界の情報にアクセスできるようになった現代において、デジタル技術は言説を巡る対立を促進させたとされる[17]。権威主義国家がどのような言説を構築し、利用し、有利な国際関係を形成しつつ体制を維持しようとしているのかは、デジタル権威主義のみならず、今日の国際秩序を理解するうえで有益であろう。台湾でも中国への対抗概念として「デジタル民主主義」が掲げられていることから[18]、デジタル権威主義の様相を捉えることは、権威主義を相手とする民主主義の動向への理解にもつながるだろう。

3．デジタル技術と政治体制

　では、そもそもデジタル技術と政治体制の関係はどのように語られてきたのか、本節ではその経緯を踏まえ、デジタル権威主義論について整理してみたい。

（1）　楽観論から悲観論へ

　もともと、デジタル技術は自由な言論空間を拡大するため、民主主義を高め、人々の生活に資すると考えられてきた。それゆえに、当初は民主化を促進するツールであり、それはアラブの春によって証明されたと捉えられてきた。

　1990 年代から 2010 年代にかけて、デジタル技術が民主主義に資すると考えた論者（すなわち、楽観論者）の主張は、概ねデジタル技術が人々の自由で闊達な議論を促すとともに、情報の非対称性を克服するというものであった。2001 年に出されたOECD（経済開発協力機構）による報告書でも、民主主義と情報技術の結びつきが、政治行政の透明性とアカウンタビリティを高め、民主主義の質を向上させると期待されていた[19]。実際、その後に生じたアラブの春やマイノリティの権利拡大運動などにおいては、SNS による情報発信によって集合行為問題が抑制されるとともに、争点が各国の実情に沿ったかたちに読み替えられる（フレーミングされる）ことによって効

果的な社会運動が見られた[20]。

　しかし、デジタルが政治体制に与える影響については、ここ数年の間に評価が一変した。その要因は、国際的なポピュリズムの台頭と、それによって権威主義化する各国の動向による。インターネット空間における言論は、フィルターバブルやエコーチェンバーと呼ばれる現象を惹起し、人々の分断を促進し、「大衆対エリート」を煽るポピュリストによる権威主義的な統治を正統化することにつながったのである。また、デジタル技術を介したネットワークの「元栓」を握るのは政権側であるため、企業の自由を制限し、その情報を体制維持に利用できる権威主義の方が、デジタル技術を有効に使用できる点が指摘され始めた。昨今の民主主義の「自壊」と権威主義の「強化」双方をデジタル技術が促したともいえよう。また、そもそも政治的な目的でインターネットを利用する人は少数派であるとの指摘もあった[21]。そのため、近年ではデジタル技術は権威主義体制に利するとする悲観論者の考え方が主流になりつつある。

　事実、今日の独裁者はデジタル技術を使いこなし、体制を維持しているとされる[22]。このことは、1990年代では70%の市民による抵抗運動が成功につながったが、2010年以降にはそれが30%にまで低下していることからも垣間見られる[23]。このような状況に対し、オンライン空間を通じて結集した社会運動を「バーチャルな抵抗はバーチャル[24]」でしかないと切り捨てる指摘もある。

　こうした事態に至って、デジタルと権威主義の親和性を表す用語としてデジタル権威主義が登場し、地域研究においても、中国によるデジタル技術を駆使した権威主義体制が「デジタル・レーニン主義」などの用語に置き換えられて各地で注目を集めるようになっている[25]。

（2）　権威主義の体制維持手法

　では、デジタル権威主義とはいったい何なのだろうか。その定義は定まっていないが、一応のところ、デジタル技術を駆使して、人々の監視や諜報を行う体制（ないし、統治手法）であるという一定の合意は見られる[26]。上述の通り、この用語は、国際政治における対権威主義の文脈で使われることも少なくない。

　そうした議論に拘泥することなく、あくまで政治体制とデジタル技術の関係に関心を持つ本書の視座に立てば、独裁者がデジタル技術を駆使して統治を行うのであれば、デジタル技術が権威主義のどの部分を強化しているのか整理する必要がある。そこで、以下では、デジタル権威主義論を既存の分析枠組みに当てはめて検討してみよう。

　権威主義は、民主主義と比べて体制維持のための正統性を獲得する機能が弱いため、それを克服するために、抑圧・懐柔・正統化の三点を組み合わせた統治を行うとされ

る[27]。抑圧とは、暴力などを用いて反対派を排除し、体制に挑戦する者の登場を防ぐことであり、懐柔とは政治・社会・経済的なアメを与えることにより、反対派を体制に取り込むとともに、親体制派が離反しないようにすることであり、正統化とは独裁者個人や体制の正統性を高めるためのプロパガンダなどに代表されるように、人々が自ら体制を支持するように仕向けることである。これら三つの手法は権威主義を維持する

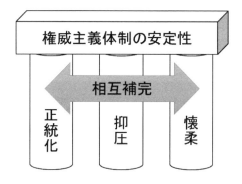

図1　権威主義体制の安定性
(Gerschewski (2013, 2023) をもとに筆者作成)

ための重要要素である。また、これらは相互補完的な役割をも持つ（図1）。つまり、デジタル権威主義とは、これらの手法に対するデジタル技術の有効性を意味する用語であると考えられる。

デジタル技術が権威主義の体制維持に資するのであれば、それがこれらのコストを下げたり、効果を高めたりするはずである。すなわち、デジタル権威主義とは、権威主義的統治にデジタル技術が組み合わさったものであり、「デジタル技術が権威主義を強化する」とは、「デジタル技術が権威主義の体制維持のための手法を強化、ないし効率化する」という意味で理解することができる。では、一体、デジタル技術はどのようにして権威主義の統治手法を強化・効率化するのだろうか。

（3）　デジタル技術を用いた独裁者による統治

前述の体制維持のための手法にデジタル技術の利用を当てはめると、デジタル権威主義論が前提としてきたのは、第一に、「抑圧」の手法として、インターネット上での監視やサイバー攻撃などを用いて、政権が反対派を取り締まり、政治体制の安定化を図る点である[28]。

デジタル抑圧とも呼ばれるこの方法には、体制にとって好ましくない情報を流布、ないしそれにアクセスした者を物理的かつ社会的に排除したり、ウェブへのアクセス速度を落としたり、ウェブサイトをブロックして情報へのアクセスコストを高めるなど、多様な烈度のものが含まれる[29]。また、そもそもネットワークを遮断するという方法もある。ある先行研究によれば、デジタル技術は「抑圧」のコストを下げる効果を持つとされる[30]。これはインターネット空間を介した監視により、反対派を捕捉し、

排除することが容易になるからである。

　しかし、抑圧のし過ぎは、体制への不満を高めることにもつながる。そのため、デジタル技術を用いた様々なガス抜きも行われている。例えば、中国ではインターネット上での地方エリートの汚職暴露が容認されることもある。しかし、これは大規模な反対運動を未然に防ぐとともに、地方政府の正統性を下げて、社会問題は中央政府にしか解決できないという印象を与えようとしているとも考えられる[31]。すなわち、こうした取り組みはデジタル空間を部分的に開放して自由な言論を認めることによる「懐柔」と、中央政府に対する「正統化」の一環なのである。

　次に「懐柔」として、デジタル技術を利活用した、便利で安心安全で豊かな社会の構築が挙げられる。これにより、懐柔のための資源が拡大し、エリートのみならず人々は体制に取り込まれやすくなる。日本においては「抑圧」の象徴かのように説明される中国における「社会信用スコア」も、使う人によっては信用の獲得や、企業や不動産などとのマッチングコストを下げることにつながる。同様に、監視カメラを通じた顔認証も、犯罪が減少することによる間接的な「懐柔」や、それによる体制の「正統化」として機能することもあろう[32]。

　最後に「正統化」には、プロパガンダやフェイクニュース、ディスインフォメーションの流布などが挙げられる。デジタル技術革新により人々が情報にアクセスしやすくなった結果として、世界には様々な情報が飛び交っている。権威主義国家はそれを利用して体制の維持を図る。例えば、中国では、五毛党とよばれる集団が、共産党の正統性を高める書き込みをオンライン上で行っている一方[33]、アプリを利用した「学習強国」によって習近平思想を学ぶことを国民に求めている。後者のアプリは政権が学習時間や正解率を監視するという「抑圧」機能をも持つ[34]。

　以上から、現代の権威主義では、政権は単に市民に対してデジタル技術を強権的に利用しているのではなく、体制維持のための多様な戦略にそれを用いているのである。こうしたデジタル技術を通じた抑圧・懐柔・正統化は、確かに従来のそれと比べてコストを押し下げ、その効果を高めるといえる。

　しかし、これらはあくまで反体制的な運動を未然に防ぐために機能するものであると評することができる。実際、社会運動が効果を発揮するかどうかは、体制側の物理的抑圧に依存するとされる[35]。物理的抑圧を伴わないデジタル技術を通じた監視はかえって体制の安定性を下げるとの研究もあり[36]、このことは、物理的抑圧が担保されなければ、独裁者がデジタル抑圧を実施していたとしても、ひとたび反体制運動が盛り上がりを見せれば権威主義体制は崩壊する可能性があることを意味する。同様に、デジタル技術を通じて社会サービスを改善したり、個人崇拝化を進めたりしたとして

序　章　デジタル権威主義の分析枠組み

も、体制を維持できるかどうかは政権が実社会において政治経済的なパフォーマンスを維持できるかにかかっているともいえる。すなわち、権威主義にとっても「バーチャルな統治はバーチャル」でしかないのである[37]。

　さらに、デジタルを通じた権威主義的な統治は負の効果も包含している。例えば、抑圧が支持者までもを制限してしまうという指摘は[38]、デジタル技術が権威主義に対して「逆効果」をもたらすことを示している。加えて、冒頭で述べた通り、外部からの影響を踏まえれば、国外の勢力が体制批判を促進し、それが国内反体制派を結び付けたり、大衆の中で民主主義的な価値が広がったりする可能性もある。こうして考えてみると、デジタル技術が権威主義を強化しているように見えても、実際には体制を弱体化させている可能性があることは否めない。

　以上を踏まえると、デジタル技術と政治体制に対する楽観論と悲観論の相克を超えて、デジタル技術と権威主義体制の関係をより精緻に読み解くためには、内政と国際関係の影響を統合した追加の検証が必要であろう[39]。

4．権威主義の体制維持に対する国際関係の影響

　前節の通り、デジタル技術が体制維持に資するという議論は、概して内政のみにしか焦点が当たっていない。さらに、権威主義が他国に対して仕掛けるハイブリッド戦争が体制維持にもたらす効果についても検討されていない。ターゲット国の正統性を下げ、相対的に自国の正統性を高めたり、自国に有利なサイバー空間を形成したりすることによって国内における抑圧や懐柔を行いやすくしようとする試みは、デジタル技術と権威主義の関係性を検討するうえで不可欠であろう。さらに、国際社会におけるルールを巡る戦いもデジタル権威主義の動向を捉える上で無視できない。

　以上を踏まえ、以下では、国際関係の影響をデジタル権威主義論に適用してみたい。

（1）　正の効果―デジタル技術を駆使した対外政策による間接的な正統性向上

　まず、権威主義は外部からの影響から自国を守ることによる正統性の確保のみならず、民主主義などの「外部の敵」の正統性を下げることによって相対的に自らの正統性を高めている。それはハイブリッド戦の一手法である影響力工作などに見られる。

　ハイブリッド戦争は、戦争の「黒」と平和の「白」とを明白に区別ができない状況における、物理的な軍事力を用いない領域を指す「グレーゾーン」の戦争と同義で用いられることもある。この中には、例えば、サイバー攻撃や、選挙介入などによる影

19

響力工作、いわゆるシャープパワーが含まれる[40]。これらは安全保障環境において自国に有利な状況を作り出すという意味でも重要である一方、体制維持においても有効であると考えられる。実際、中国はハイブリッド戦争を「混合戦争」と呼び、その中に政権転覆を含めている。中国は「和平演変」と呼ばれるように、（ロシアも同様であるが）カラー革命などを西側諸国が仕掛けてきたものであると考え、それへの対処を謳っているのである[41]。この文脈において、中国はデジタル技術を駆使した外部からの政権転覆をリスクとして捉えているが、その裏返しとしてそれを体制の正統化に利用している。

　例えば、中国は 2015 年頃からインターネットを通じた台湾に対する「認知戦」を強化してきた。2014 年 3 月に発生した「ひまわり学生運動」に際して、台湾ではインターネットが世論の主導権を握るようになり、中国人民解放軍は台湾に対してハッカー攻撃、フェイクニュースの散布を増加させたという[42]。民主主義の正統性を下げる行為は、中台関係を超えて、自国の体制の正統性の喧伝（すなわち、間接的な正統化）につながるといえよう。同様の介入はロシアなどでも見られる[43]。

　このようなデジタル技術を駆使した数々の対外行動は、民主主義国家の政治体制を内側から傷つけ、相対的に自国が体制維持をしやすい環境を作り出す可能性があろう。「外部の敵」を弱体化させることにより、自らの正統性を高める行為は、正統化の一側面であると考えられる[44]。現代の中国国民の間では大国意識が高まっているとされ[45]、デジタル技術を通じた国際的な正統性の喧伝は、国民のナショナリズムに呼応するものであろう。

　ゆえに、デジタル技術を駆使した影響力工作などのハイブリッド戦をデジタル権威主義の体制維持戦略の一環として捉えることは可能であろう。すなわち、権威主義が仕掛けるハイブリッド戦とは、国際関係や安全保障における戦略的な環境構築のみならず、体制維持の側面をも持つのである。

（2）　負の効果―民主主義的価値や体制批判の流入

　他方、デジタル技術は権威主義の体制維持に負の効果をもたらすことをも忘れてはならない。負の効果とは、グローバル化とデジタル化に伴って民主主義的価値や体制批判が流入するリスクである。中国や北朝鮮をはじめ、ロシアやイランなどの多くの権威主義国家は、西洋的価値や民主主義的価値の流入と波及を恐れており、政権もそれに対する批判を展開している。ただし、いくら政権がそれを批判したとしても、選挙による合法的支配の度合いが低く、常に正統性維持に関する課題をかかえる権威主義国家では、外部からの情報流入によって国民の認知が転換して体制崩壊が生じるリ

序　章　デジタル権威主義の分析枠組み

スクがある。

　そのため、一般にイメージされるように、デジタル権威主義では外部情報を遮断することによって、国外からの影響力を排し、自国の正統性を維持する試みがなされるのである。中国におけるグレートファイアウォールに代表されるように、デジタル防壁を築き、ネットワークを遮断して自国の正統性が毀損されるような情報の流入を制限する方法が最も著名であろう。このような試みは、中国のような強固な権威主義体制のみならず、クーデタ後のミャンマーなどにおいてもみられる[46]。

　さらに、中国や北朝鮮など多くの権威主義国家においては体制の正統性を傷付けるような情報やコンテンツは処罰の対象となっている。例えば、北朝鮮では、外国コンテンツの持ち込みは国家転覆罪と同等の扱いとされる[47]。技術的かつ法的に外部からの情報を規制することは権威主義国家においてみられる典型的な統治手法である。

　しかし、これらの外部からの影響を適切に遮断できるかは、当該国家が持つ技術力や抑圧能力に依存する。

（3）　正負の効果―サイバー規範形成

　加えて、中長期的な視点から見れば、サイバー空間を巡る国際規範の動向もデジタル権威主義論を再考するうえで不可欠であろう。サイバーセキュリティは全ての国家にとっての課題であるが、サイバー空間における国際規範づくりは途上にある。発展途上にあるルール形成において権威主義国家がどのような行動をとっているかを分析することは、彼らがデジタル技術をどう認識し、国際社会への影響力を高めつつ脅威を縮小させようとしているかを表す。デジタル技術をめぐっては、その担い手として国家以上に非国家主体の重要性が指摘される。権威主義国家がこれらのアクターをどう定義し、自らに有利な国際環境を構築しようとしているのか、それを読み解くことは重要であろう。実際、権威主義国家のサイバー国際規範を巡る行動はプラグマティックに変化している。さらに、国際社会における一連の対立からは、むしろデジタルを「争点」とすることで国際秩序を巡る競争において有利な状況を作り出そうとしているような状況も垣間見られる。これらがどう展開するかは権威主義国家にとって、デジタル技術革新に伴う国際社会からの間接的な体制への効果を規定するものである。

　実のところ、権威主義国家が国際関係においてどのようにデジタルと向き合っているのかは読み取りにくい。しかし、権威主義国家の目的が体制維持であり、その延長線上に対外政策があるとすれば、彼らが他国に対して仕掛けるハイブリッド戦も体制維持のために実施・形成されるはずである[48]。デジタル防壁の構築はさることながら、ハイブリッド戦のような対外行動、さらには国際ルール形成を巡る行動を権威主義体

21

制維持の一環として捉えることで、デジタル技術と権威主義の関係性をより理論的に考察することができる。

5．分析枠組みの構築

　本節では、デジタル技術が権威主義に資するか否かを理解するために、ここまで確認してきた点を踏まえて、比較政治学的視点に国際関係論的（安全保障論的）視点を統合した分析枠組みを構築する。分析枠組みに加えるべきは、第一に、権威主義の体制維持の三つの柱（抑圧・懐柔・正統化）に対して、デジタル技術がどのような影響を与えているかである。

　繰り返しになるが、デジタル技術は独裁者の体制維持のコストを下げる可能性がある一方、市民がこれらを利用することで、権威主義体制にダメージを与えることもあり得る。ゆえに、本来であれば体制と社会は分けて検討する必要がある。しかし、抑圧・懐柔・正統化が効果的に実施できていれば、社会で反体制派が拡大し、体制崩壊が生じる可能性は高くないと考えられる[49]。これら三つが効果的に実施できている状況では、体制は危機を迎えていないと推測されるからである[50]。そのため、本節で構築する分析枠組みでは理論化のための簡潔性を優先し、体制側を中心として、抑圧・懐柔・正統化の手段にどのようにデジタル技術が用いられているかに焦点をあてる。

　次に国際関係である。国際関係を通じて、権威主義国家は交戦中の敵国に打ち勝つだけではなく、平時においても自身の外部正統性を高めることを目指す。権威主義体制における対外政策は国内向けのパフォーマンスの側面を持つことはつとに指摘されている。上述の通り、世界に自国の正しさを発信したり、敵国の体制の正統性を傷つけたりすることによって国際社会におけるプレゼンスを高め、国内正統性を強化しようとするのである。

　他方、国際関係を読み解く際には、デジタル技術を介して権威主義国家が外部から

表1　デジタル権威主義を読み解くチェックリスト（筆者作成）

国内政策	対外政策
・抑圧の手法／度合い	・正統化のための手法／度合い
・懐柔の手法／度合い	・外部影響管理の手法／度合い
・正統化の手法／度合い	

序　章　デジタル権威主義の分析枠組み

どのような負の影響を受けているかを分析する必要がある。その際は、権威主義がどのようなデジタル防壁を築いて、外部からの影響を管理しているかも重要である。

以上を踏まえ、デジタル技術を介した内政と国際関係が権威主義体制の維持に資するのか否かを読み解くことにより、デジタル権威主義論（すなわち、デジタル技術は権威主義を強化するという議論）を再検討することができる。

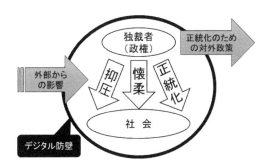

図2　デジタル技術と権威主義体制を読み解くための概念図（筆者作成）

表1はデジタル技術と権威主義の体制維持の関係を読み解くためのチェックリストであるが、ほとんどの項目で正負の影響が生じると考えられる。例えば、デジタル技術を駆使した統治がかえって市民社会からの反発を招いたり、親体制派の離反につながったりする可能性がある。また、外部アクターに対する働きかけによって、かえって国際社会における批判が高まったり、ハイブリッド戦争の激化を促してしまったりする可能性もある。さらに、外部からの影響をどのように、どの程度遮断して（できて）いるかも体制維持において不可欠であるが、中長期的にはそれを維持するために統治のコストが増大する可能性もある。これらの正負の効果を読み解くことが、デジタル技術が権威主義に資するかどうかを分析するうえで不可欠であろう。なお、このチェックリストには国際社会におけるサイバー規範形成を含めていない。サイバー規範を巡る争いは、遠くない未来に正負いずれかの効果を権威主義体制にもたらすと考えられるが、現状ではその効果を確定することが困難だからである。

図2はデジタル技術と権威主義体制を読み解くための概念図である。いずれもの矢印にデジタル技術が影響することとなる。本来、デジタル技術と権威主義を取り巻く環境には、極めて複雑かつ多様なアクターが含まれるが、あくまで体制を軸として国際関係の視点を含めた権威主義体制とデジタル技術の関係性を捉えることによって、デジタル技術が真に権威主義体制にとって功か罪かを分析することができるのである。

6．本書の構成

　以上から、本章では、デジタル技術が権威主義体制の安定化／不安定化にもたらす効果を読み解くために、内政と国際関係双方の視点を組み込んだ分析枠組みを構築した。それを踏まえ、本書では地域、国際関係、理論の側面からデジタル権威主義を体系的に捉えることによって、デジタル技術が権威主義体制に与える効果を再検討し、デジタル権威主義とは何か、デジタル技術が独裁の何を変えたのかを検討する。

　第１章から第６章までは、各地域でどのようにデジタル技術が体制維持に利用されているのか、本章の分析枠組みに則ってデジタル権威主義論を再考する。その視点は、独裁者（ないし政権）が、①デジタル技術を用いてどのように体制維持を行っているか、②デジタル技術を介してどのような抵抗を国内外から受けているか、③内政と国際関係を組み合わせると、デジタル技術は権威主義体制の維持に資するのか否か、という三点である。本研究で扱う事例は、中国、ロシア、中東、東南アジア、ラテンアメリカ、アフリカであり、地域横断的でありながら、多様な権威主義体制の類型を包含している。

　各事例の動向を比較することで、デジタル技術が権威主義体制の安定化／不安定化にもたらす効果を検証し、デジタル権威主義論を再考することができるとともに、仮にデジタル技術が権威主義に資する場合とそうでない場合があるならば、その条件とは何かを検討することができる。

　第７章から第９章では、国際関係、心理学、社会運動論を扱う。まずは、権威主義体制が国際社会において自身の体制を維持するためにどのような働きかけを行っているかを明らかにすることで、権威主義国家がデジタル技術を通じた国際政治をどう捉えているのか、中長期的にデジタル技術が権威主義に利するのか否かを検討する。

　サイバー空間を利用した SNS などによる情報発信が権威主義体制を強化／弱体化させるとすれば、それを受け取った者の心理の変化を捉える必要がある。そのため、紛争や集団による暴力を引き起こすプロセスに関する社会心理学を下地として、「権威主義を支える心理」にデジタル化が寄与する過程について論ずる。また、デジタル技術はどのように市民の連帯を促し、権威主義を弱体化させる可能性を持つのかについて社会学に基づいて理論化を試みる。

　さらに、コラムとして、近年注目が集まるサイバーセキュリティについても日本と台湾についてその概要をまとめる。権威主義と対峙するうえで、従来の抑止が通用しなくなったとされるサイバーセキュリティは喫緊の課題である[51]。この点について、日本と台湾がどのような政策を採っているのかそれぞれの専門家がポイントを解説す

序　章　デジタル権威主義の分析枠組み

ることで、デジタル権威主義やハイブリッド戦に対して、両国がどう向き合っているのかを捉える。台湾を選定したのは、一貫して中国とのハイブリッド戦争の最前線に立ち続けてきたからである。

　加えて、技術的側面からデジタル技術と権威主義の相性について検討する。抑圧・懐柔・正統化のうち、デジタル技術は具体的にどの要素に強く影響するのか、どのような性質を持つのか。デジタル技術が体制維持のための三つの手法に与える影響は異なると考えられるため、デジタル技術が持つ技術的側面に注目した研究も求められる。これらはデジタル技術の政治体制への影響を検討するうえでの最も本質的な点であり、デジタル権威主義論を再考するにあたって欠かせない視点である。

　米中対立が深まり、激変する世界の中で、デジタル技術は独裁をどう変えたのか。民主主義が冷戦末期と同程度にまで後退し、約70%の人が権威主義国家で生活する現在[52]、我々はデジタル技術を駆使する権威主義とどう向き合えばよいのか、これらを多面的に検討することが本書の目的である。

7．おわりに

　本章では、デジタル技術が権威主義体制の安定化／不安定化にもたらす効果を読み解くための分析枠組みを構築した。これらを通じ、国家間比較と、それに基づくデジタル技術が権威主義体制に与える影響に関する一般化が一定程度可能となるだろう。

　デジタル権威主義というタイトルを掲げながらも、本書はデジタル権威主義という、ある種「バズワード」化している同概念を冷静に見つめ直し、デジタル技術と権威主義の関係を捉え直すとともに、そこから今後の国際政治の動向を検討する試みである。デジタル技術の重要度は日々加速度的に増している。それらと不可分な時代に生きる今、様々な地域や視点から技術と政治体制の関係について、もう一度考えてみたい。

注

[1] 権威主義とは、民主主義でもなく、その対極とされる全体主義でもないスペインのフランシスコ・フランコ体制を分析したフアン・リンスが提起した政治体制の類型であるが、近年では非民主主義体制は全て権威主義と呼ばれる傾向にある。Juan Linz, *Totalitarian and Authoritarian Regimes: With a Major New Introduction*, (Boulder: Lynne Rienner Publishers, 2000).

[2] Adrian Shahbaz, "The Rise of Digital Authoritarianism," *Freedom on the Net 2018*,

25

(Freedom House, 2018) https://freedomhouse.org/report/freedom-net/2018/rise-digital-authoritarianism,（2023 年 5 月 26 日最終アクセス）。

3 Erica Frantz, Andrea Kendall-Taylor, Carisa Nietsche, and Joseph Wright, "How Personalist Politics is Changing Democracies," *Journal of Democracy*, Vol. 32, No. 3, (July 2021) pp. 94-108.

4 加藤朗「民主主義の脆弱性と権威主義の強靭性―領域統治の観点から―」日本比較政治学会編『民主主義の脆弱性と権威主義の強靭性』（ミネルヴァ書房、2020 年）31～62 頁。

5 例えば、エリオット・ヒギンズ著、安原和見訳『ベリングキャット―デジタルハンター、国家の嘘を暴く―』（筑摩書房、2022 年）。

6 トマス・リッド著、松浦俊輔訳『アクティブ・メジャーズ―情報戦争の百年秘史―』（作品社、2021 年）。

7 例えば、ロシアのウクライナ侵攻後、ウクライナには仮想通貨などのデジタル技術を通じた支援がなされている。詳細は、渡部恒雄ほか『デジタル国家ウクライナはロシアに勝利するか？』（日経 BP、2022 年）を参照。

8 例えば、The White House, "FACT SHEET: The Biden-Harris Administration's Abiding Commitment to Democratic Renewal at Home and Abroad," (March 29 2023) https://www.whitehouse.gov/briefing-room/statements-releases/2023/03/29/fact-sheet-the-biden-harris-administrations-abiding-commitment-to-democratic-renewal-at-home-and-abroad/（2024 年 2 月 15 日最終アクセス）。

9 本稿では、対立関係を前提とする戦争"war"と、戦術や軍事的方法を意味する"warfare"を区別するため、ハイブリッド戦争とハイブリッド戦を使い分けて論ずる。ハイブリッド戦（争）については、大澤傑「権威主義とハイブリッド戦をどう読むか―特集にあたって―」『防衛学研究』第 70 号（2024 年 3 月）5～18 頁；志田淳二郎『ハイブリッド戦争の時代―狙われる民主主義―』（並木書房、2021 年）；志田淳二郎『ハイブリッド戦争―揺れる国際秩序―』（並木書房、2024 年）；廣瀬陽子『ハイブリッド戦争―ロシアの新しい国家戦略―』（講談社、2021 年）。

10 E・V・W・デイヴィス著、川村幸城訳『陰の戦争―アメリカ・ロシア・中国のサイバー戦略―』（中央公論新社、2022 年）。

11 #KeepItOn, "Weapons of Control, Shields of Impunity," *The #KeepItOn Report on Internet Shutdowns in 2022*, (February 2023).

12 デイヴィッド・ライアン著、田島泰彦監修・清水知子訳『9・11 以後の監視―＜監視社会＞と＜自由＞―』（明石書店、2004 年）；デイヴィッド・ライアン著、松本剛史訳『パンデミック監視社会』（筑摩書房、2022 年）；山崎望「二十一世紀に自由民主主義体制は生き残れるか―正統性の移行と再配置される暴力―」『国際政治』第 194 号（2018 年 12 月）14～28 頁を参照。これはテロリズムや感染症の拡大によって「例外状態」が常態化へと変化した現代の国際政治の特徴でもある。ジョルジョ・アガンベン著、上村忠男・中村勝己訳『例外状態』（未来社、2007 年）。

13 ショシャナ・ズボフ著、野中香方子訳『監視資本主義―人類の未来を賭けた闘い―』（東洋経済新報社、2021 年）。

14 関連する指摘として、Jérôme Duberry, *Artificial Intelligence and Democracy: Risks and*

Promises of AI-Mediated Citizen-Government Relations, (Cheltenham; Edward Elgar Publishing, 2022) p. 118.

[15] 中国による台湾への情報操作については、例えば、Doublethink Lab, "Deafening Whispers: China's Information Operation and Taiwan's 2020 Election," (October 24, 2020) https://medium.com/doublethinklab/deafening-whispers-f9b1d773f6cd, （2023 年 5 月 30 日最終アクセス）。

[16] 山本吉宣『言説の対抗と米中関係―歴史、理論、現状―』（PHP 総研、2021 年）。

[17] Alister Miskimmon and Ben O'Loughlin, "Understanding International Order and Power Transition: A Strategic Narrative Approach," in Alister Miskimmon, Ben O'Loughlin, and Laura Roselle, eds., *Forging the World: Strategic Narratives and International Relation*s, (University of Michigan Press, 2017) pp. 276-310.

[18] 大澤傑「中国のデジタル権威主義と台湾―両岸から臨む国際秩序―」『交流』第 989 号（2023 年 8 月）1～7 頁。

[19] OECD, "Engaging Citizens in Policy-making: Information, Consultation and Public Participation," *Public Management Policy Brief*, (Paris: OECD Publications, 2001).

[20] SNS とフレーミングに関する議論は、横尾俊成『〈マイノリティ〉の政策実現戦略―SNS と「同性パートナーシップ制度」―』（新曜社、2023 年）など。他に SNS に注目した研究としては、見市健・茅根由佳編『ソーシャルメディア時代の東南アジア政治』（明石書店、2020 年）など。

[21] Manuel Soriano, "Internet as a Driver of Political Change: Cyber-Pessimists and Cyber-Optimists," *Journal of the Spanish Institute of Strategic Studies*, No. 1, (June 2013) pp. 338-339.

[22] 例えば、Limor Lavie and Bosmat Yafet, "The Relationship between the State and the New Media in Egypt: A Dynamic of Openness, Adaptation, and Narrowing," *Contemporary Review of Middle East*, Vol. 9, No. 2, (June 2022) pp. 138-157.

[23] Erica Chenoweth,"Why Social Media Isn't the Revolutionary Tool It Appears to Be," *The Independent*, (November 23, 2016) https://www.independent.co.uk/news/world/politics/social-media-revolution-tech-activists-arab-spring-dictators-a7433476.html（2024 年 3 月 14 日最終アクセス）。

[24] Riham Alkousaa, "How Facebook hurt the Syrian Revolution," *Aljazeera*, (December 4, 2016) https://www.aljazeera.com/opinions/2016/12/4/how-facebook-hurt-the-syrian-revolution（2024 年 3 月 14 日最終アクセス）。

[25] Sebastian Heilmann, "Leninism Upgraded: Xi Jinping's Authoritarian Innovations", *China Economic Quarterly*, Vol. 20, No. 4, (December 2016) pp. 15-22.

[26] Shahbaz, "The Rise of Digital Authoritarianism," ; Alina Polyakova and Chris Meserole, "Exporting digital authoritarianism," *Policy Brief*, (Brookings, 2019) pp. 1-22.

[27] Johannes Gerschewski, "The Three Pillars of Stability: Legitimation, Repression, and Co-optation in Autocratic Regimes," *Democratization*, Vol. 20, Issue. 1, (January 2013) pp. 13–38; Johannes Gerschewski, *The Two Logics of Autocratic Rule*, (Cambridge University Press, 2023).

[28] Frantz, et al. "How Personalist Politics is Changing Democracies,"; Sebastian Stier, "Political Determinants of E-Government Performance Revisited: Comparing Democracies and Autocracies," *Government Information Quarterly*, Vol. 32, No. 3, (July 2015) pp. 270–278.

[29] Margaret Roberts, *Censored: Distraction and Diversion inside China's Great Firewall*, (Princeton University Press, 2018).

[30] Ibid.

[31] Giovanni Navarria, *The Networked Citizen: Power, Politics and Resistance in Internet Age*, (Singapore: Palgrave Macmillan, 2019); Gary King, Jennifer Pan, and Margaret Roberts, "How Censorship in China Allows Government Criticism but Silences Collective Expression," *American Political Science Review*, Vol. 107, No. 2, (May 2013) pp. 326-343. また、中国のメディア統制については、于海春『中国のメディア統制—地域間の「不平等な自由」を生む政治と市場—』(勁草書房、2023 年)に詳しい。

[32] こうした議論は、梶谷懐・高口康太『幸福な監視国家・中国』(NHK 出版、2019 年);藤井保文・尾原和啓『アフターデジタル—オフラインのない時代に生き残る—』(日経 BP、2019 年)。

[33] Gary King, Jennifer Pan and Margarete Roberts, "How the Chinese Government Fabricates Social Media Posts for Strategic Distraction, Not Engaged Argument," *American Political Science Review*, Vol. 111, No. 3, (July 2017) pp. 484-501.

[34] ギデオン・ラックマン著、村井浩紀訳『強権的指導者の時代—民主主義を脅かす世界の新潮流—』(日本経済新聞出版、2022 年)。

[35] ただし、政府による情報操作やデジタル抑圧は人々の不満を高めるとともに、インターネットが情報の希少性を克服し、体制の支持率を押し下げるという。Kris Ruijgrok, *Internet Use and Protest in Malaysia and other Authoritarian Regimes: Challenging Information Scarcity*, (Cham: Palgrave Macmillan, 2021); Yu You and Zhengxu Wang, "The Internet, Political Trust, and Regime Types: A Cross-National and Multilevel Analysis," *Japanese Journal of Political Science*, No. 21, Issue. 2, (June 2020) pp. 68-89.

[36] Roberts, op. cit.

[37] ここまでの議論は、大澤「中国のデジタル権威主義と台湾」。

[38] Rongbin Han, *Contesting Cyberspace in China: Online Expression and Authoritarian Resilience*, (New York: Columbia University Press, 2018).

[39] なお、監視カメラなどの技術は民主主義国家においても利用されている。現代のような危機に対する認識が高まっている時代においては、自由を制限しかねないデジタル技術の運用が一般化しており、その意味で民主主義と権威主義という二分論には留意が必要である。ただし、民主主義にはデジタル技術を用いた統治において一定の制約がかかる(例えば、デジタル技術を用いた政府による抑圧は権威主義と比べて明らかに限定的である)ことを考慮し、本書ではデジタル権威主義という用語をそのまま使用することを留意されたい。

[40] 例えば、中国のシャープパワーについては、松本充豊「中国のシャープパワーと台湾」『交流』第 934 号、(2019 年 1 月)20〜30 頁。

序　章　デジタル権威主義の分析枠組み

41 浅野亮・土屋貴裕『習近平の軍事戦略―『強軍の夢』は実現するか―』（芙蓉書房出版、2023 年）31 頁。ハイブリッド戦により平時と有事、軍事と民間の区別がつかなくなった状態をある中国人民解放軍の研究者は「超限戦」と呼ぶ。喬良・王湘穂著、坂井臣之助監修・劉琦訳『超限戦―21 世紀の「新しい戦争」―』（KADOKAWA、2020 年）。

42 野嶋剛「中国の認知戦に台湾はどう立ち向かっているのか―台湾の専門家に聞く（前編）―」『Wedge Online』（2022 年 10 月 5 日）https://wedge.ismedia.jp/articles/-/28102,（2023 年 5 月 29 日最終アクセス）。

43 詳細は、土屋大洋『サイバーグレートゲーム―政治・経済・技術とデータをめぐる地政学―』（千倉書房、2020 年）などに詳しい。

44 大澤傑『「個人化」する権威主義体制―侵攻決断と体制変動の条件―』（明石書店、2023 年）。

45 菱田雅晴・鈴木隆『超大国・中国のゆくえ（3）―共産党とガバナンス―』（東京大学出版会、2016 年）。

46 CNBC, "Myanmar generals shut down internet as thousands protest coup," (February 6, 2021) https://www.cnbc.com/2021/02/06/myanmar-generals-shut-down-internet-as-thousands-protest-coup.html,（2023 年 5 月 30 日最終アクセス）。

47 アンナ・ファイフィールド著、高取芳彦・廣幡晴菜訳『金正恩の実像―世界を翻弄する独裁者―』（扶桑社、2020 年）203 頁。

48 同様の主張は、大澤「権威主義とハイブリッド戦をどう読むか」；大澤傑「デジタル技術が促進する新たな『たたかい』―流動化する国際秩序とデジタル権威主義―」『NIDS コメンタリー』第 310 号（2024 年 4 月 19 日）。

49 なお、このことは市民社会分析の重要性を否定するものではない。市民社会を中心に据えた分析を行う場合は、デジタル技術が体制批判の拡大や反体制のための連帯などに与える影響を考察する必要がある。体制変動が国内から生じることが主流であるとすれば、市民社会がどのようにして体制批判を展開しているかを捉えることは重要である。詳細は、本書第 9 章を参照されたい。

50 体制変動の条件に関する議論としては、武田康裕『民主化の比較政治―東アジア諸国の体制変動過程―』（ミネルヴァ書房、2001 年）；恒川惠市『新興国は世界を変えるか―29 ヵ国の経済・民主化・軍事行動―』（中央公論新社、2023 年）など。いずれも体制の抑圧や懐柔、正統性が低下した際に、体制変動への需要が高まるとされる。ただし、体制変動への需要が高くても、体制側が抑圧・懐柔・正統化のいずれかの要素を維持することで他の要素を補完して体制を維持する可能性は否定できない。

51 Duberry, *Artificial Intelligence and Democracy,* p. 163.

52 V-Dem Institute, *Democracy Report 2024: Democracy Winning and Losing at the Ballot,* (New York : V-Dem Institute, 2024).

※本稿は、科研費 23K12416、サントリー文化財団研究助成「学問の未来を拓く」の成果の一部で、2023 年日本比較政治学会研究大会（自由論題 F「体制変動に対する国際関係の影響」）の報告ペーパーを加筆修正したものである。

■第1章■

中国の「デジタル権威主義」

—「中国式の統治システム」は、なぜ民主主義に対する脅威と言われるのか—

五十嵐 隆幸

この章のポイント

●中国はデジタル技術を用いてインターネット空間を厳しい監視下に置き、情報統制を強化している。

●「デジタル権威主義」は、外部からの政治思想の流入を防ぎ、中国独自の政治体制を安定的に維持する手段として機能している。

●中国独自のデジタル・プラットフォーム（BAT 等）の保護・育成により、GAFA などの西洋デジタル・プラットフォームへのアクセスを制限することで、体制に好ましい環境を創造している。

●中国式の統治システムは、発展途上国を含む他国にも波及しており、デジタル技術の輸出を通じて、間接的に影響力を拡大しつつある。

●中国は自国の政治体制を「権威主義」とは認めておらず、「全過程人民民主主義」など自国の政治システムを正当化し、国際社会でのプレゼンスを高めている。

●「デジタル権威主義」による国内監視・情報統制は、新型コロナウィルス感染症の流行時などの「危機」の管理にも利用されている。

●中国のデジタル権威主義の拡散は、グローバルな民主主義秩序にとっての脅威と見なされている。

1．はじめに

　2020 年以降、新型コロナウィルス感染症が世界中に広まりゆくなか、中国が強権的な手法で感染拡大を抑え込み、主要国で唯一プラス成長を維持したこともあり、世界では危機に強い政府を求める機運が強まった。また、民主主義国のなかでも権威主義的な措置を採って危機を乗り越える国があったため、新型コロナウィルス対策が民主主義の脅威に繋がるといった声が高まりを見せた。だが、既に新型コロナウィルスが発生する前から、発展途上国などを中心に「権威主義による繁栄」を続ける「中国式の統治システム」が広まりつつあった。

　この「中国式の統治システム」について、近年では、政治、経済、社会、文化など様々なアプローチから盛んに研究が進められている。政治分野の代表的な研究として、セバスチャン・ハイルマン（Sebastian Heilmann）は、中国共産党が最先端のデジタル技術を活用して権威主義的な統治を強化していることを指摘し、これを「デジタル・レーニン主義」と表現した[1]。また、国際 NGO のフリーダム・ハウス（Freedom House）は、中国がその統治の概念を世界に広めるにとどまらず、検閲や監視、個人情報の収集などの技術を世界各国に輸出し、各々の政府や企業が収集した情報を集約して管理するとともに、その情報を分析してプロパガンダに利用したり、ディスインフォメーションを流布して反対意見を抑圧したり、暴動を扇動したりしていると指摘する。最近では、デジタル技術を利用して国民生活を効率よく監視し、政治的安定の確保を図ろうとする体制を「デジタル権威主義」と称し、リベラルな民主主義を脅かす存在として警鐘が鳴らされている[2]。

　こうしたデジタル技術で権威主義的な統治を強化する中国を念頭に、台湾の唐鳳（オードリー・タン）行政院政務委員は、デジタル技術を活用して伝統的な代議制民主主義をアップグレードする「デジタル民主主義」を提唱する[3]。そして、代表的な政治体制の先端でデジタル国家化を進める中国と台湾を見て、アメリカの共和党国際研究所（International Republican Institute）のエイミー・スタッダード（Amy Studdard）は、「台湾が成功すれば、デジタル権威主義ではなく、デジタル民主主義が将来の政治体制として相応しいことを世界に示すことになる」と台湾に期待をかける[4]。

　たしかに、ラリー・ダイアモンド（Larry Diamond）が指摘するように、中国やロシアなどの権威主義国は、もはや民主主義の発展を阻止するだけでは飽き足らず、世界を専制主義にとって安定なものにしようとし、高度な監視技術を世界中の専制的支

第 1 章　中国の「デジタル権威主義」

配者に売り込み、さらには国際的なフォーラムや制度への浸透を図り、グローバルな規範を書き換えようとしている[5]。ジョー・バイデン（Joe Biden）米大統領も中国の台頭を意識し、リベラルな国際秩序に対抗する権威主義がデジタル技術を駆使することに警戒を強めている[6]。

　このように、近年、「デジタル権威主義」に注目が集まっているが、それを先導する国家として挙げられている中国自身は、今まで一度たりともそれを掲げたことはない。そもそも中国は、「西洋式の民主主義」を批判し、自らの価値観に基づく民主主義が中国に存在していると主張しており[7]、自らの政治体制を「権威主義」だと認めておらず、それは主に欧米圏の研究者が中国をそう評しているのである[8]。「デジタル権威主義」という用語もバズワード化しており、論者によって意味合いは大きく異なる。例えば、前述のスタッダードらは、「民主主義対権威主義」の文脈で、デジタル権威主義を民主主義に対する脅威として位置づける。だが、国内における支配と服従の関係を見る政治体制の議論に基づけば、それを単純に対立軸として描くのは論理が飛躍している。これを指摘した大澤傑は、ヨハネス・ゲルシェブスキ（Johannes Gerschewski）が権威主義の体制維持手法として提唱した三つの柱（抑圧・懐柔・正統性）を用い、中国のデジタル技術を用いた体制維持の手法を検討し、さらに内政と国際関係の双方からデジタル技術と権威主義の相互関係を議論する[9]。しかし、大澤の議論は、中国が「デジタル権威主義」と評される統治の手法を確立していく過程を説明できておらず、中国社会の現状と台湾への影響力行使の概観にとどまっているため、分析を深める余地が残されている。そこで本稿は、中国がデジタル技術を利用して国内の統治を強化してきた過程を整理したうえで、なぜ「中国式の統治システム」が世界に波及し、リベラルな民主主義を脅かす存在と見なされるようになったのか検討し、中国の「デジタル権威主義」とは何かという問いに答えていく。

　以下、第 2 節で中国政府によるインターネットの導入からその環境を構築していく過程を概観したのち、第 3 節では中国が最先端のデジタル技術を活用して国内の統治体制を固めていく過程を整理する。そして第 4 節で「中国式の統治システム」が世界に波及し、リベラルな民主主義を脅かす存在と見なされるようになった経緯を確認したうえで、第 5 節において、中国がデジタル技術を駆使して独裁的な政権の維持を図り、さらに権威主義化が進む新興国や発展途上国の政権が「中国式の統治システム」を取り入れようとする論理を概観し、最後に中国の「デジタル権威主義」のメカニズムを論じて議論をまとめる。

　なお、近年、中国はネット検閲や言論統制を強めており、政府統制下にある既存メディアの信頼性が低いばかりか、現地で監視やネット検閲の実態を調査するには大き

33

なリスクを伴うため、違法な手段で洩れ伝わる SNS の内容や、現地で調査を続けるジャーナリストが発信する情報に頼らざるを得ない。そのため、反証可能性を担保することは難しいが、中立性と客観性の確保に留意しつつ、中国の「デジタル権威主義」を検討していきたい。

2．中国政府によるインターネット環境の構築過程

（1）中国のインターネット黎明期とセキュリティー体制の整備

今日、世界中の誰もがモバイル機器で手軽にアクセスできるインターネット、それが一般に普及する大きな契機となったのは、米マイクロソフト社が 1995 年に Windows 95 を発売したことが大きな要因であったと言われている。

中国では、1994 年に政府系研究機関の中国科学院高能物理研究所（IHEP）が AT&T の衛星回線を介して米国のスタンフォード線型加速器センター（SLAC）と接続し、米国エネルギー省の ESnet を通じて 64Kbps のインターネット回線に接続し、さらに海底ケーブルを介して日本の高エネルギー物理学研究所（KEK）を通じて 128Kbps のインターネット回線に繋がったばかりであった[10]。ただし、これは研究者向けの回線であり、一般向けにインターネット接続サービスが開始されたのは、翌 1995 年の Windows 95 発売と同じタイミングである。しかしながら、当時の中国は、インターネット接続に必須であった電話回線が普及しておらず、一般ユーザーの利用には高いハードルがあった。とは言うものの、この導入初期の時点で既にネット検閲に関するアイデアがあったのは特筆すべき事項である。そして、「国に害を与えることの禁止」「ポルノコンテンツの禁止」「相手への誹謗中傷の禁止」などの基本方針が示され、関連する条例や運営会社の規約などに盛り込まれていった[11]。

1996 年になると、中国の法律上で初めてインターネットという言葉が登場し、国際接続のルールについて明記した暫定規定が制定された。1997 年には、公安部がそのセキュリティーに責任を負うことを明記した「コンピューター情報ネットワーク国際接続の安全保護に関する管理規定」が制定され、以下の情報を含む書き込みの禁止が明示された[12]。

　　　一　憲法、法律および行政規則への反対や破壊を扇動する内容
　　　二　国家政権の転覆や社会主義の打倒を扇動する内容
　　　三　国家の分裂を扇動し、国家の統一を破壊する内容

四 民族の憎悪や差別を扇動し、民族の団結を破壊する内容

五 事実を捏造または歪曲し、謡言を流布し、社会の秩序を擾乱する内容

六 迷信、わいせつ、ポルノ、賭博、暴力、殺人、テロを宣揚し、犯罪を教唆する内容

七 公然と他者を侮辱し、または事実を捏造して他者の名誉を毀損する内容

八 国家機関の信用を毀損する内容

九 その他憲法、法律および行政規則に違反する内容

　この法律で禁止された事項は「定番の禁止事項」となり、その後のインターネット関連法にも記載された。また、この法律が制定される頃、中国語に対応したポータルサイトが次々と登場し、それぞれチャットやオンラインショッピングなどのサービスを強化することで人気を集め、利用者数を増やしていった。特に 2002 年 11 月に SARS（重症急性呼吸器症候群）が発生し、中国国内に感染が広がっていくと、人々は外出を避け、在宅で様々な用を足せるインターネット上の各サービスを利用するようになり、オンラインショッピングのほか、コミュニケーションの手段としてチャット、掲示板、電子メールなどが一般層へ急速に普及していくこととなった[13]。

（2）インターネットの普及と個人情報データベースの構築

　SARS は 2003 年 7 月に制圧宣言が出されたが、この「危機」を契機に中国のインターネット人口は急増した。2002 年に 3,300 万人だったユーザー数は 2005 年に 1 億 1,100 万人まで増え、ブロードバンド利用者も 200 万人（全体の 6%）から 6,430 万人（同 58%）まで増加し、高速通信で大きなデータをやり取りすることも一般的になってきた。ちょうどこの時期、日本の政治家による中国蔑視発言など日中関係のネガティブなニュースが相次ぎ、中国のネットフォーラムで反日言論が活発になっていた[14]。

　そして 2005 年 3 月から 4 月にかけて、広州、深圳、成都、北京、上海などの大都市で大規模な反日デモが発生した。インターネットを介して人と人とが結びつき、それが愛国感情の拡散に大きな役割を果たしたのである[15]。

　日本のメディアで大きく取り上げられた 2005 年の反日デモは、中国共産党中央宣伝部が北京で党、政府、軍などの関係者 3,500 人を集めて日中関係に関する報告会を開き、李肇星外交部長が無許可でデモに参加しないように呼び掛けたこともあり[16]、4 月中に収束している。だが、この時のデモは「反日」を目的とした抗議活動だったからよかったものの、これが反政府や反共産党の活動で全国に波及した場合、体制の転

覆にも繋がりかねない事態に発展する恐れが出てきたため、中国共産党は早急な対応を迫られることとなった。

そのため、公安部は 2006 年 4 月までに総人口の 96%にあたる約 10 億人分のデータベースの構築を完了させ、実際の犯罪捜査で成果を残している [17]。このように中国が 10 年も経たずに国民のデータベースを構築し、実際に犯罪捜査で活用できる段階まで達したのには理由がある。中国には、もとより出生時からの経験、資質、学歴、社会関係、思想、業務遂行、能力、就職・就業状況、報奨、犯罪記録など個人情報の全てを記録した「個人档案」があったため [18]、10 億をも超える国民の個人情報を登録するデータベースの構築は、比較的容易な作業であったのであろう。2005 年の反日デモへの対応に、このデータベースを利用したか否かは公開されていないが、中国国内で国民や在留外国人を監視するシステムの構築が進んでいるのは明らかであった。

（3）ネット検閲の強化と海外サイトの遮断

あらゆる場面で常に厳しい言論統制を敷いているイメージがある中国だが、2006 年に人民日報社がネット世論の観測を始める頃まで、インターネット上の掲示板などでは大規模な言論統制は行っていなかった模様である。ただ、2007 年に発表された初のネット世論調査レポート『2007 年中国互聯網輿論分析報告』では、「ネットメディアの影響力がテレビや新聞など既存メディアを凌駕している」「ネットユーザーの間で強い権利意識が芽生えている」「ネットユーザーは社会問題に敏感に反応している」との分析結果が報告され、興隆するネット世論に対する政府の危機感が現れ始めていた [19]。

一方で、中国政府のネット検閲体制は整備が進んでいた。公安部が運用するネット検閲システムでは、「法輪功」「多党制」「自由」「民主」など 1041 にも及ぶ単語が NG ワードとしてフィルタリング対象に設定され、検閲に対応できない海外サイトは「防火長城（グレート・ファイヤーウォール；GFW)」でアクセスが遮断された [20]。

この時期、インターネットの統制が強化されるきっかけとなる事件が相次いだ。2008 年 3 月、チベットで独立を求めるデモが暴動へと発展し、北京オリンピックを控えて神経を尖らせていた中国政府は国外と香港のメディアの立ち入りを禁じたため、中国政府の公式見解のみが報じられ、国外からは不審の目が向けられた。さらに翌 2009 年 7 月には、前月に広東省の工場で漢族に襲撃されたウイグル族 2 人が死亡した事件を受け、新疆ウイグル自治区のウルムチ市で抗議デモが起こり、治安部隊が鎮圧した。この騒乱後、Facebook と Twitter が遮断された。そして 2010 年 1 月、中国式の検閲を受け入れていた Google が中国本土からの撤退を発表し、2 か月後に中国の

検索サーバーを本土から香港に移転させた [21]。

　そして 2010 年末から 2011 年 1 月初め、チュニジアで長期政権を倒したジャスミン革命（アラブの春）が成功すると、中国ではそれに触発された人々がインターネット上で共産党による独裁体制の廃止などを訴え、北京や上海など中国本土の主要都市に加え、香港、マカオ、台湾、ニューヨークなどで 2 月 20 日に行うデモへの参加を呼びかけた。しかし、ジャスミン革命以降、胡錦濤国家主席はネット検閲の強化を命じ、革命の波及を抑え込むことに成功した。アラブ諸国に広がった革命の波は、SNS が重要な役割を果たしたことから Facebook 革命とも呼ばれているが、中国では既に Facebook は遮断されていた。コミュニケーションツールは Twitter を真似た中国独自の「微博（Weibo）」などがあったが、それらは全て中国政府の監視下にあったのである [22]。

　中国のインターネットは 1994 年に政府主導で導入され、初期の頃からネット検閲の構想が用意され、その普及に合わせて監視や検閲の体制を整えてきた。そして 2010 年頃には、インターネットを介して海外から押し寄せる民主化の波や、国内から湧き出る民主化の声を遮断し、一党独裁体制を守ることができるインターネット環境が整いつつあった。

3．中国のデジタル技術を利用した統治の強化

（1）胡錦濤から習近平へと継承された「西側」政治思想流入防止の方針

　GFW によって海外の SNS が遮断されるようになると、中国人向けの使い勝手の良さも手伝い、Weibo を代表とする中国独自の SNS が急速に普及していった。一方で、2011 年 10 月に開かれた中国共産党第 17 期中央委員会第 6 回全体会議（中共第 17 期 6 中全会）では、アラブの春と同様の反政府運動が中国で起こることを警戒した胡錦濤が明確に政治思想の流入に対する警戒心を示し、思想統制を強化する必要性があると強調した [23]。そして、胡錦濤政権末期に強まった「西側」政治思想の流入に対する危機意識は、2012 年 11 月の中共第 18 期 1 中全会で中央委員会総書記に選出された習近平に継承された。

　その「危機」は、習近平が国家主席に選出されて正式に政権が発足する 2013 年 3 月の全国人民代表大会までの間に、メディアを揺るがす大きな事件として表出した。2013 年の年始、リベラルな報道で知られる週刊誌『南方週末』が新年号の社説の差し替えを広東省宣伝部から命じられ、そのことを同誌記者が Weibo で拡散すると、記者

のストライキや報道の自由を求めるデモが中国各地に広がった。この騒動は、広東省トップが調停に動いて収束したのだが[24]、これを契機に思想や言論の統制が強まっていくこととなった。

　反政府運動に繋がる恐れのある SNS を抑え込んでいった習近平政権であったが、2013 年 11 月に開かれた中国共産党第 18 期 3 中全会では、世論の多元化に対する共産党の危機意識が顕わに示された。同会議において、今後の政権運営にあたっては思想統制を重視していく方針が明示され[25]、その後、関連法規や組織の整備が急速に進められていくことになり、中国国内の政治的な言論空間は縮小の一途を辿っていくことになるのである。

（2）中国独自の"閉鎖的"なインターネット空間の完成

　2014 年には中国の年間スマートフォン出荷台数が 4 億台を超え、スマートフォンからのインターネット利用者数がパソコンからの利用を上回り、スマートフォンは中国で生活をしていく上での必需品となりつつあった。一方で、2014 年はネット規制が一気に厳しくなった年でもある。6 月 4 日の天安門事件 25 周年を前に、5 月末より Google の検索サービスが利用できなくなり、12 月末には Gmail の利用もできなくなった。9 月 26 日に香港で反政府抗議運動（いわゆる「雨傘運動」）が始まると、画像共有サービスの Instagram が遮断されるほか、現地の写真を LINE に似た中国独自の「微信（WeChat）」にアップするとすぐに削除され、中国本土にデモの様子などが伝わらないように作為された。ほかにも海外のクラウドストレージサービスにアクセスできなくなった。2015 年に入り、中国のインターネット普及率が 50％を超える頃、中国のインターネットはいつでも海外のサービスを切り離せる状況に達していた。政府関係者やメディアからは、「中国式のインターネット環境は成功した」とアピールする発言が相次いでいた[26]。

　そして 2015 年 7 月、国家安全に関する包括的な法的枠組みとして「国家安全法」が成立し、従来の概念にとどまらずインターネット空間、宇宙空間、深海、極地など広範な領域において「中国の活動や資産」を守ることや、国内の治安維持のための取り締まりに関する規定や密告など国民が行うべきことが義務づけられた[27]。さらに同年 12 月には、「反恐怖主義法（反テロ法）」が全国人民代表大会（全人代）常務委員会を通過し、翌 2016 年 1 月に施行され[28]、治安を目的とした法整備が進んだ。インターネットに関しては、2016 年 11 月に「網絡安全法（サイバーセキュリティー法）」（2017 年 6 月施行）が公布され[29]、それに関連して 2017 年 5 月に改正「互聯網新聞信息服務管理規定（インターネットニュース情報サービス管理規定）」（同年 6 月施行）[30]、

第 1 章　中国の「デジタル権威主義」

同年 8 月に「互聯網跟帖評論服務管理規定（インターネットスレッド書き込みサービス管理規定）」（同年 10 月施行）[31]が公布され、インターネット空間の情報発信について、投稿者の資格要件と実名登録義務が厳格化されるほか、前述の「定番の禁止事項」が明記された。

　本来、誰もが自由にアクセスできることを前提に展開しているインターネットだが、中国政府は中国独自のコンテンツやサービスを充実させることで欧米の有力なサービスを次々と遮断した。そして、世界中に広がる複数のネットワークを相互に接続して構築されたワールドワイドウェブから中国のインターネットを切り離し、中国の人々にとって居心地のいい閉鎖的なインターネット空間を作り上げたのである[32]。

　インターネットの黎明期、その普及は民主主義をプラスの方向に作用させ、世界各国の民主化を促進させると期待された。しかしながら中国は、最先端のデジタル技術でインターネット空間に「万里の長城」を築き上げ、世界中に広がる複数のネットワークを相互に接続して構築されたワールドワイドウェブから中国のインターネットを切り離すことで、中国共産党に対する国内外からの脅威を排除し、一党独裁体制を維持する環境の構築に成功したのである。

　しかしながら、グローバルな経済活動が当たり前になっている今日、GFW で海外とのアクセスを完全に遮断することは不可能になっていた。中国国内の企業であってもワールドワイドウェブに接続して外国企業と取引する必要があるため、中国政府はVPN（Virtual Private Network; 仮想専用通信網）の使用を禁止することはできなかった。

（3）モバイルツールを通じた監視と懐柔

　2017 年 10 月 18 日から開催された中国共産党第 19 回全国代表大会の政治報告において、習近平は「インターネット総合ガバナンス体系を構築し、清朗なサイバー空間を築き上げる」と決意を新たに表明した[33]。習近平は、国家が独立的にインターネット空間を管理し、他国からの干渉を防ぐ「インターネット主権」を提唱しており[34]、党大会直前の 9 月には、大手デジタル・プラットフォーマの騰訊(Tencent)、新浪(Sina)、百度（Baidu）が「網絡安全法（サイバーセキュリティー法）」に違反したとして罰金が科せられていた[35]。

　この 19 回党大会において、習近平は「新時代における中国の特色ある社会主義」と称する新たな指導思想を提起し、それは「習近平の新時代における中国の特色ある社会主義思想」として、マルクス・レーニン主義、毛沢東思想、鄧小平理論、三つの代表重要思想、科学的発展観に続いて党規約に盛り込まれた[36]。そしてそれは、国家

39

主席の任期制限撤廃などが記された憲法修正案にも盛り込まれ、2018 年 3 月の第 13 期全国人民代表大会第 1 回会議において可決された[37]。このいわゆる「習近平思想」は、歴代の指導者が掲げた思想などと同様に「読本」と呼ばれる解説書が書店の特設コーナーに陳列されるのだが、「習近平思想」については時代の潮流に乗った新たな試みが進められた。それが 2019 年 1 月 1 日に中央宣伝部からリリースされたアプリ「学習強国」（https://www.xuexi.cn/）であり、共産党員は毎日アクセスすることが求められている[38]。複数の党幹部から漏れ伝わったことによれば、義務規定については公にされておらず、各部門によって運用ルールは異なっているようだが、ログイン回数やコメント、クイズへの回答に応じてポイントが付与され、そのポイントを稼ぐことで忠誠を示すよう命ぜられているようである。中国では 2018 年に中国では、成人が 1 日当たり 3 時間ほどオンライン接続に費やし、テレビの視聴時間より長い時間を充てており、その 71％はモバイル端末からのアクセスだとの調査結果が出ている。国民がインターネットに夢中になっていることに着目した指導部は、モバイル端末を通じたプロパガンダの強化戦略を採用している[39]。

　この中国共産党公式アプリ「学習強国」は、習近平の発言や政府の活動などが毎日配信されるほか、経済や科学技術に関するニュース、中国国内の風景やグルメなどのショートムービー、CCTV 全チャンネルのストリーミング放送、音声中心のラジオ放送や英語教室など、広範な分野を取り扱う総合ポータルサイトのように構築されている。一見すると、中国共産党中央委員会の機関紙『人民日報』の Web ページ（人民網）と同じスタイルに感じるのだが、「学習強国」は、ログインやコメントなどに応じてポイントが付与されるほか。友達登録した相手との電話やチャット、オンラインゲーム、QR コードのスキャンなど SNS 機能も盛り込まれ、一方的な配信の形式をとる従来のメディアとは異なる魅力的なコンテンツを取り揃えている。ユーザー登録の際、最初に「入党の宣誓」をすることになっているが、リリースから 1 年も経たずに党員数よりも多い 1 億人を超えた。ただし、利用規約では、国民番号、生体情報、買い物履歴や位置情報、その他の個人情報についての取得に同意することが求められている。

　また、中国政府が基層社会における基礎的な行政単位として 1990 年代以降再構築してきた「社区」でも、その管理体制にデジタル技術の導入を進めてきた。特に、2020 年 1 月の新型コロナウィルス感染症の拡大以降、基礎的な行政単位の「社区」を一定の戸数で複数の「網格（grid）」に区分けし、そこで活動する網格員が先端デジタル技術を活用して地域内の人、土地、物事、組織などの情報を収集して「網格系統（grid system）」に取り込み、その情報を共有して基層社会を管理する体制を整えた。例えば、一人一台のスマートフォンを持つのが当たり前になり、情報の受信量と発信量が膨れ

第 1 章　中国の「デジタル権威主義」

上がった結果、情報統制が徹底できないケースも増えてくるなか、人の動きを「個」の単位で把握している。新型コロナウィルスの感染抑止対策の一つに、当局がこのデータを活用して感染経路を特定し、感染者の分刻みの行動履歴を公開した。こうしたデジタル時代の先手を打つ統治の手法は「グリッド・マネジメント」と呼ばれる[40]。

　中国のインターネット利用者数は 2022 年末時点で 10 億 6,700 万人、インターネット普及率は 75.6%に達した。このうち、スマートフォンなどの携帯端末による利用者もインターネット利用者全体の 99.8%を占めるまで普及していた[41]。「学習強国」のユーザーは中国のインターネット利用者数の約 1 割ではあるが、中国共産党は党員が日常的に利用するスマートフォンに目をつけ、彼らが生活をするうえで便利なコンテンツを提供して懐柔を図ると同時に、彼らの思想や行動を監視し、さらに彼らが「習近平の新時代における中国の特色ある社会主義思想」を学習することを習慣化させ、その学習を通じて習近平による統治の正統化を図ろうとしている。また、基礎的な行政単位の「社区」でも、スマートフォンを通じて個人の行動を監視する体制が整えられている。1 人 1 台以上のスマートフォンを持つ時代に突入した中国では、「デジタル権威主義」の粋が詰まった携帯端末が市民の生活必需品になりつつある。

4．世界へと広まる「中国式の統治システム」

　中国が最先端のデジタル技術でインターネット空間に「万里の長城」を築き上げ、中国共産党に対する国内外からの脅威を排除して一党独裁体制を維持する環境の構築に成功し、国家の安全保障に関する包括的な法的枠組みとして「国家安全法」などの法整備が進むと、中国は自ら築き上げてきた統治システムに対する「自信」を顕わにするようになってきた。

　2016 年 7 月 1 日に行われた中国共産党創設 95 周年祝賀大会で習近平は、党員に対して「四つの自信」を堅持するように求めた。それは、①中国の特色ある社会主義の道への自信、②理論への自信、③統治システムに対する自信、④文化に対する自信、の 4 つであった[42]。

　このように習近平は、「中国式の統治システム」に自信を顕わにするものの、翌 2017年 12 月 1 日に主に発展途上国の政党指導者を招聘して開催した国際フォーラムでは、その基調演説で「私たちは外国のモデルを『輸入』することも、中国のモデルを『輸出』することも、他国に中国の方法を『模倣』するよう要求することもない」と強調し[43]、中国が「統治システム」を輸出して自らの「陣営」を築き、欧米など民主主義

41

体制の国家が築いてきたリベラルな秩序に対抗しようとしているとの欧米メディアなどによる疑念を否定した。

とは言うものの、実際に「中国式の統治システム」はグローバルサウスの国々で広まっている。例えば、中国と政治的に親和性が高い南米のベネズエラやエクアドルでは、食糧輸入、鉱物やエネルギー需要拡大に応じるため、「一帯一路」構想の枠組みで通信インフラの構築が進められている。また、中国の国有企業・中興通訊 (ZTE) は、アルゼンチン、ボリビア、エクアドル、ウルグアイ、ベネズエラにスマートシティシステムを提供しているが、それは商業的な目的であっても、実質的に監視システムの構築を支援していることに繋がっている。このほか中国は、アフリカ、東南アジア、中央アジアなどの通信インフラ建設にも補助金を拠出しているが、他の国との競争もあり、南米ほど支配的な地位を得ているとは言い難い。だが、中国の支援を受けて通信インフラを導入している国々の多くは、それを経済発展の手段として考えるのと同時に、国家安全のためのツールとして有用だと評価している。いわば、中国の通信インフラを導入する国々の理解は、中国の「デジタル・シルクロード」構想における安全保障観と一致している [44]。このように、中国の指導者が自らの統治モデルを積極的に広めようとする意思はなくとも、今日、世界第二位の経済力を誇る中国の影響力の増大とともに、知らず知らずのうちに中国が他の権威主義政権を強化し、それと同時に若い民主主義政権を弱化させるようになっている [45]。

2019 年 10 月の中共第 19 期 4 中全会で採択された「中国の特色ある社会主義制度を堅持し、国家統治体系および統治能力の現代化を推進する若干の重大問題に関する中共中央の決定」では、共産党が「西側」に比べて顕著に優勢と考える統治システムについて、13 項目を打ち出した。それは、①党の集中的・統一的領導を堅持し、党の科学的理論を堅持することにより、政治的安定を維持し、国家が一貫して社会主義へと邁進することができる、②人民が主役となれる制度である、③法による統治を堅持することにより、社会の公平正義と人々の権利を保障することができる、④重要な目的に向かって挙国体制を創出できる、⑤中華民族意識を発揚できる、⑥社会主義と市場経済を有機的に結びつけることで生産の発展を達成できる、⑦全人民が共通の理念、価値、道徳、さらに中華の優秀な伝統文化、革命文化、社会主義文化の下に思想的、精神的に団結を達成できる、⑧民生と福祉の向上を図ることができる、⑨弛まぬ姿勢で改革を推進できる、⑩有能な人材を育成・登用できる、⑪軍の党・人民への絶対的忠誠を堅持できる、⑫「一国二制度」によって祖国統一を推進できる、⑬独立自主と対外開放を結び付け、グローバルガバナンスに貢献できる、という 13 項目であった [46]。

ここで示された「中国式の統治システム」は、2012 年 11 月の中共中央委員会総書

記就任以来、習近平が掲げてきた「中国の夢」の実現に向けた具体例の一つであろう。この実現の鍵を握るのは、「幸福な監視国家[47]」と揶揄されるオンライン決済や社会信用スコアなどデジタル技術を活用した統治手法なのである。当然ながら、「内政不干渉」の原則を掲げる中国が[48]、独立国家に対して国内の統治システムを「輸出」する考えを示すことはないであろう。しかし、中国共産党の国内統治を見て「中国式の統治システム」に魅力を感じた国の政権が、その方式をそのまま「模倣」することを要求されず、自らの国情に合わせてカスタマイズすることができれば、その導入に踏み切るのではなかろうか。とりわけ、権威主義体制を採る国家にとって至上の命題は、その独裁的な体制の維持であり、デジタル技術を利用して国民生活を効率よく監視することで政治的安定を確保することができれば、それは願ってもいない統治システムだと言える。こうしたデジタル技術を活用した「中国式の統治モデル」が世界に波及する現実こそが、リベラルな民主主義を脅かす存在と見なされるようになったのである。

5. 中国の「デジタル権威主義」とは何か

　1995年、中国は政府主導で一般向けのインターネット接続サービスを開始した。しかし、誰もが自由に接続できることを前提とするインターネット空間には、常に「民主主義の誘惑」や「自由の魅力」を醸し出すコンテンツが溢れており、それに触れた人民が反体制運動を引き起こしかねないリスクをはらんでいた。そのため、中国政府はインターネット空間にGFWというデジタル（万里の）長城、すなわち仮想の「国境」を築いて情報の統制・管理を徹底し、国外から流入した西洋的価値観が民主化へと結びつくリスクを防ぐ必要があった。

　こうして中国政府は、ワールドワイドウェブから切り離し、公安の監視下にある中国独自のインターネット空間のなかで、GAFA（Google, Apple, Facebook, Amazon）など欧米のデジタル・プラットフォームへのアクセスを制限し、体制にとって好ましくない情報にアクセスした者や、それを流布した者、さらに体制の転覆を企てようとする者を未然にあぶり出し、それらの排除を明るみに出すことで人民に恐怖心を植え付ける。このように「抑圧」を強める一方で、BAT（Baidu, Alibaba, Tencent）など中国独自のデジタル・プラットフォームを保護・育成し、魅力的なサービスやコンテンツ、キャッシュレス決済など便利なサービスを提供することで「懐柔」を図ってきた。そうした便利なデジタル社会を構築し、経済発展を先導することで、中央政府に対する支持を獲得し、中国共産党による事実上の一党独裁体制を「正統化」しようと

しているのである[49]。

　ほかにも、デジタル技術を駆使した統治の手法には、「抑圧」、「懐柔」、「正統性」の相乗的もしくは付随的な効果が確認できる。個人の信頼度を多角的な視点からランク付ける社会信用スコアは、「抑圧」としての側面もありながら、企業や不動産などとのマッチングコストを下げる効果もある。さらに、人民がインターネット上で地方エリートの汚職を暴露することを体制側が意図的に容認していたとすれば、それにより地方政府の正統性を下げ、汚職対策に取り組む党中央の正統性を高めることに繋がる。インターネット空間において容認できる範囲で反政府的な言論を取り締まらないことでも、国民の怒りを逸らすこともできる。権威主義的な統治の下では、デジタル技術が人民のガス抜きにも利用されているのである。そして、中国の街中で至る所に設置された監視カメラを通じた顔認証は、一義的には「抑圧」の効果として捉えられるが、新型コロナウィルス感染症の封じ込めにも利用できたと評されたように、デジタル技術を駆使した抑圧が「懐柔」や「正統化」として機能することもあるのである[50]。

　以上をまとめると、最先端のデジタル技術を駆使し、「抑圧」、「懐柔」、「正統性」の手法を用いて権威主義的な共産党独裁政権の維持を図ろうとしている行動が、中国の「デジタル権威主義」だと言えよう。そして、世界各国が同時に不況へと突入した2008年秋のリーマン・ショックを乗り越え、新型コロナウィルスの感染拡大によって世界経済が低迷するなかでも主要国で唯一プラス成長を続けた中国の経済発展モデルは、情報の統制・管理に基づく「権威主義による繁栄」のモデルとして発展途上国などを魅了している。こうして、近年、デジタル技術を利用して抑圧を強め、独裁的な権力を安定させる「デジタル権威主義」が広まっているのである。

6．おわりに

　本稿では、論者によって意味合いが大きく異なる「デジタル権威主義」について、その代表格とされる中国を事例に取り上げ、その中国がデジタル技術を利用して国内の統治を強化してきた歴史的経緯を確認したうえで、中国の「デジタル権威主義」の定義と実態を明らかにするとともに、なぜそれが発展途上国などへと波及し、リベラルな民主主義を脅かす存在と見なされるようになったのか議論を進めてきた。

　中国では、共産党政権が最先端の技術を駆使し、中国独自のデジタルインフラを整備することでインターネット空間の監視体制を整えてきた。さらに、中国独自のSNSを整備して海外のSNSを排除し、そこでの取り締まりを強化することで言論の自由を

第 1 章　中国の「デジタル権威主義」

封じ込め、独裁体制を維持してきた。また、デジタルインフラをより快適に発展させ、加えて海外の SNS やアプリよりも便利で魅力的なサービスやコンテンツを提供することで人民を満足させ、抑圧に対する不満の解消を図ってきた。他にも、伝統的なプロパガンダのデジタル化を推進し、生活必需品となったスマートフォンを通じ、人民の行動を監視するのと同時に、共産党の統治を正統化するコンテンツに人民が日常的に触れるような状態を作為し、権威主義的な統治体制の強化を推し進めてきた。

　近年、中国が国際的なインターネット空間で繰り広げるサイバー攻撃や、2014 年にロシアがクリミア半島に侵攻した際に話題に上がったハイブリッド戦など、権威主義的な国家の攻撃的な行為が注目されている [51]。また、中国経済の躍進を背景に国際社会では「民主化の逆行」とみられる動きが起き、世界では権威主義の国・地域の数が民主主義のそれを上回っており [52]、権威主義が台頭し、民主主義が後退する時代が訪れている。そして、2021 年 1 月の就任以来、バイデン大統領が「権威主義との闘い」をスローガンに掲げたことで、国際社会を民主主義と権威主義との対立の構図で描く論調が増えている。こうした情勢を背景に、中国のような最先端のデジタル技術を誇る権威主義的な国家が国際社会で繰り広げる行動を民主主義国の統治の正統性を揺るがす行為と見なし、それを「デジタル権威主義」というキャッチ―なフレーズで脅威を煽るようになったのであろう。

　しかし、本稿で歴史的な経緯を振り返って議論を展開してきた結果、中国は民主主義国が築いてきたワールドワイドウェブへアクセスするにあたり、そこにあまねく通ずる「民主」や「自由」の価値観から自らの政治体制を守る必要があった。そのため、GFW を設け、いわばインターネット空間を「鎖国」状態を構築することで、独裁的な政治体制の維持を図ってきたのである。つまり、（中国は自国の政治体制を「権威主義」とは認めていないが、）最先端のデジタル技術を駆使し、権威主義的な共産党独裁政権の維持する行動が、中国の「デジタル権威主義」なのである。

　一方で、「危機」に強く、かつ、独裁的な政治体制の強化も図れる「中国式の統治システム」は、発展途上国などの強権的な政治指導者には魅力的に映るであろう。中国自身は、それを「輸出」することも、「模倣」を強要することはないと明言しているが、それに魅力を感じた国が自らの判断でそれを導入することは誰も止めることができない。そうなると、それに批判的な立場から見ると、世界に広まりゆく「デジタル権威主義」に脅威を覚えることになるであろう。

　2010 年代後半、中国のような権威主義国家がとる影響力行使策の一部が、強制力という意味でハードパワーでないとしても、ソフトパワーのように穏やかな魅力とは似ても似つかぬとし、「シャープパワー」と命名され、盛んに議論が繰り広げられた [53]。

だが、中国の「デジタル権威主義」は、むしろソフトパワーのように広まっていくのかもしれない。人々が受け入れやすい便利で魅力的なサービスやコンテンツには、強権的な政治指導者が求める「抑圧」と「懐柔」の手段が潜んでおり、それを通じて「正統性」を高めていくことができるからである。

　最先端のデジタル技術を駆使して独裁的な政権の安定を維持する「中国式の統治システム」は、70年を超す共産党による統治の成果とも言えよう。中国自身がそれを「輸出」することも、「模倣」を強要するもなく、それを導入する国が増えていくことは、それを導入した権威主義国家の統治者が「中国式の統治システム」を合理的で優れたものとして認めたことを意味し、間接的に中国の影響力行使に繋がっていくことになる。そして、事実上、「西側」の価値観の対抗規範となり得る「中国式の統治システム」が新興国や発展途上国に定着していくことで、次第に中国の価値観が普遍性をもつようになり、その結果、中国がデジタル時代の新たな世界秩序を構築する主要なアクターになるかもしれない。

注

[1] Sebastian Heilmann, "Leninism Upgraded: Xi Jinping's Authoritarian Innovations," *China Economic Quarterly*, Vol.20, No.4 (December 2016), pp.15-22.

[2] Freedom House, "The Rise of Digital Authoritarianism: Fake news, data collection and the challenge to democracy," (October 31, 2018), https://freedomhouse.org/article/rise-digital-authoritarianism-fake-news-data-collection-and-challenge-democracy. なお、政治やメディアのみならず、「フェイクニュース」という言葉が日常的に使われるようになっているが、それは風刺や単なる誤報と受け止められかねず、ミスリーディングな概念だという指摘がある。フェイクニュース研究で知られるクレア・ウォードル（Claire Wardle）は、それを①Mis-information（誤った情報であるが、悪意がないもの）、②Mal-information（正しい情報であるが、悪意があるもの）、③Dis-information（誤った情報で、かつ悪意があるもの）と峻別している（Claire Wardle and Hossein Derakhshan, *Information Disorder: Toward an interdisciplinary framework for research and policy making*, The Council of Europe, September 27, 2017）。本稿で扱うフェイクニュースについては、多分に影響力工作としての性質が強いため、特段の断りがない限り「ディスインフォメーション」を用いる。

[3] Audrey Tang, "Inside Taiwan's new digital democracy," (March 12, 2019), https://www.economist.com/open-future/2019/03/12/inside-taiwans-new-digital-democracy.

[4] Melissa Newcomb, "Can Taiwan Provide the Alternative to Digital Authoritarianism?," *The Diplomat* (July 5, 2021), https://thediplomat.com/2021/07/can-taiwan-provide-the-alternative-to-digital-authorita

第 1 章　中国の「デジタル権威主義」

rianism/.

5　ラリー・ダイヤモンド著、市原麻衣子監訳『浸食される民主主義（上）―内部からの崩壊と専制国家の攻撃―』（勁草書房、2022 年）v 〜vi 頁。

6　Pia Krishnankutty, "Biden's New National Cyberspace Strategy Accuses China of 'Digital Authoritarianism'," The Print (March 6, 2023),
　https://theprint.in/world/bidens-new-national-cyberspace-strategy-accuses-china-of-digital-authoritarianism/1422241/.

7　例えば、2019 年末以降、習近平政権は「全過程人民民主主義」の理念を掲げ、「各国は国情に合わせて自らの民主を発展させる道を選択する権利を有している」と説明している（「发展全过程人民民主　彰显中国式民主优势（深入学习贯彻习近平新时代中国特色社会主义思想）」『人民日报』2021 年 8 月 4 日）。

8　英誌 The Economist の調査部門が世界 167 の国と地域を対象とし、選挙過程と多元性、政治機能、政治参加、政治文化、人権擁護の 5 分野で評価した民主主義指数によると、2021 年の調査結果で中国は 167 か国中 148 位と「独裁政治体制」に分類されている（Economist Intelligence Unit, Democracy Index 2021: The China challenge, London: EIU, February 2022）。エリカ・フランツの区分によれば、中国は非民主主義体制の総称である「権威主義体制」に属する（Erica Franz, Authoritarianism: What Everyone Needs to Know, New York: Oxford University Press, 2018, pp.6-7）。欧米諸国の研究者などが中国の政治体制を「権威主義」と評しているのであって、中国が自らを「権威主義」だと称したことはない。

9　大澤傑「中国のデジタル権威主義と台湾―両岸関係から読み解く国際秩序の行方―」『交流』No.989（2023 年 8 月）1〜7 頁。

10　许榕生「高能所：中国互联网的先行者」中国科学院高能物理研究所（2004 年 7 月 14 日）http://www.ihep.cas.cn/kxcb/kpcg/jsywl/201407/t20140714_4156699.html。

11　山谷剛史『中国のインターネット史―ワールドワイドウェブからの独立―』（星海社、2015 年）42〜52 頁。山谷によると、1990 年の時点で中国の固定電話契約数は 675 万回線であったが、1995 年に 4,000 万回線と急速に増加し、2001 年には 1 億 5,000 万回線を突破した。またインターネットへの接続は、運営会社が販売するプリペイドカードが必要で、一例としてその価格は 5 時間で 175 元を下限に、上限は 50 時間で 625 元までのプランが用意されていたが、当時の地方公務員の月給が数百元であったことに鑑みると、庶民にとっては非常に高価なものであった。

12　「计算机信息网络国际联网安全保护管理办法」（1997 年 12 月 30 日公安部发布）国务院新闻办公室门户网站（2004 年 7 月 31 日）
　http://www.scio.gov.cn/wlcb/zcfg/Document/307009/307009.htm。

13　山谷『中国のインターネット史』53〜69 頁。

14　同上、76、104〜107、110〜112 頁。

15　西本紫乃「中国におけるインターネットとナショナリズム」『桜美林シナジー：桜美林大学大学院国際学研究科ジャーナル』第 5 号（2005 年）43〜58 頁。

16　「中宣部等六部委举行报告会　李肇星作中日关系形势报告」中央电视台门户网站（2005 年 4 月 19 日）http://ent.cctv.com/news/china/20050419/102285.shtml。

17　中国公安部は、2005 年に解決された刑事事件の 20%がそのデータベースを活用している

47

ほか、出入国時の検査に顔認証システムを導入し、データベース化していることを公表している。「公安部发布会通报公安机关科技强警工作有关情况」中华人民共和国中央人民政府门户网站（2006 年 4 月 6 日）

http://www.gov.cn/xwfb/2006-04/06/content_246928.htm；「中国称信息库协助破解案件」美国之音（2006 年 4 月 7 日）

https://www.voachinese.com/a/a-21-n2006-04-07-voa66-58873532/1099270.html；「讨论：金盾工程数据库包括 12 亿多中国人的信息」自由亚洲电台、2006 年 4 月 8 日、https://www.rfa.org/mandarin/yataibaodao/jintungongcheng-20060408.html。

[18] 林瓏「個人档案に着目した中国のアーカイブ管理における現状と問題について」『レコード・マネジメント』第 68 巻（2015 年）35〜45 頁。

[19] 祝华新、胡江春、孙文涛「人民网：2007 年中国互联网舆情分析报告」中国数字空间 HP、https://chinadigitaltimes.net/space/人民网：2007 年互联网舆情分析报告。

[20] 山谷『中国のインターネット史』153〜157 頁。

[21] 同上、189〜196 頁。

[22] 同上、198〜199 頁。

[23] 「中共十七届六中全会在京举行」『人民日报』2011 年 10 月 19 日。

[24] 山谷『中国のインターネット史』222 頁。

[25] 「中国共产党第十八届中央委员会第三次全体会议公报」中华人民共和国中央人民政府门户网站（2013 年 11 月 12 日）http://www.gov.cn/jrzg/2013-11/12/content_2525960.htm。

[26] 山谷『中国のインターネット史』232〜241 頁。

[27] 「中华人民共和国国家安全法」中华人民共和国中央人民政府门户网站（2015 年 7 月 1 日）http://www.gov.cn/zhengce/2015-07/01/content_2893902.htm。

[28] 「中华人民共和国反恐怖主义法」中华人民共和国全国人民代表大会门户网站（2018 年 6 月 12 日）http://www.npc.gov.cn/zgrdw/npc/xinwen/2018-06/12/content_2055871.htm。

[29] 「中华人民共和国网络安全法」中华人民共和国国家互联网信息办公室政府门户网站（2016 年 11 月 7 日）http://www.cac.gov.cn/2016-11/07/c_1119867116.htm。

[30] 「互联网新闻信息服务管理规定」中华人民共和国国家互联网信息办公室政府门户网站（2017 年 5 月 2 日）http://www.cac.gov.cn/2017-05/02/c_1120902760.htm。

[31] 「互联网跟帖评论服务管理规定」中华人民共和国国家互联网信息办公室政府门户网站（2017 年 8 月 25 日）http://www.cac.gov.cn/2017-08/25/c_1121541842.htm。

[32] 山谷『中国のインターネット史』244〜249 頁。

[33] 习近平「决胜全面建成小康社会 夺取新时代中国特色社会主义伟大胜利—在中国共产党第十九次全国代表大会上的报告」中华人民共和国中央人民政府门户网站（2017 年 10 月 27 日）http://www.gov.cn/zhuanti/2017-10/27/content_5234876.htm。

[34] 「习近平谈网络安全观」中国记协网（2016 年 9 月 19 日）http://www.xinhuanet.com/zgjx/2016-09/19/c_135697024.htm。

[35] 「北京网信办处罚贴吧：对违规信息未尽到管理义务」人民网（2017 年 9 月 26 日）http://it.people.com.cn/n1/2017/0926/c1009-29559304.html。

[36] 「中国共产党第十九次全国代表大会关于《中国共产党章程（修正案）》的决议」中华人民共和国中央人民政府门户网站（2017 年 10 月 24 日）

http://www.gov.cn/zhuanti/2017-10/24/content_5234152.htm。

37　「中华人民共和国宪法修正案」中华人民共和国中央人民政府门户网站（2018 年 3 月 11
　　日）http://www.gov.cn/xinwen/2018-03/11/content_5273222.htm。

38　范世林「用好"学习强国"坚持"每日必做"」中国共产党新闻网（2020 年 3 月 2 日）
　　http://theory.people.com.cn/n1/2020/0302/c40531-31612583.html。

39　"China's Propaganda Quiz App Is Hiring Hundreds," *Bloomberg* (April 16, 2019),
　　https://www.bloomberg.com/news/features/2019-04-15/china-s-propaganda-quiz-app-is
　　-hiring-hundreds?leadSource=uverify%20wall。

40　田中信彦「デジタル時代に先手を打つ統治の手法―中国が展開する『グリッド・マネジ
　　メント』とは何か？」business leaders square wisdom（2021 年 1 月 26 日）
　　https://wisdom.nec.com/ja/series/tanaka/2021012701/index.html、江口伸吾「中国の基
　　層社会における『網格化管理』の展開と社会ガバナンス―新型コロナウィルス感染症のパ
　　ンデミックを契機として―」公益財団法人日本国際フォーラム・研究会「感染症と国家能
　　力プロジェクト」（2021 年 10 月 31 日）
　　https://www.jfir.or.jp/studygroup_article/7576/#_ftn6。

41　「我国网民有 10.67 亿　互联网普及率达 75.6%」中国电子商会（2023 年 3 月 30 日）
　　http://www.cecc.org.cn/m/202303/571307.html。

42　「在庆祝中国共产党成立 95 周年大会上的讲话(2016 年 7 月 1 日)」中国共产党新闻网(2021
　　年 4 月 16 日) http://cpc.people.com.cn/n1/2021/0416/c64094-32079803.html。

43　「习近平在中国共产党与世界政党高层对话会上的主旨讲话」中华人民共和国中央人民政
　　府门户网站（2017 年 12 月 1 日）
　　http://www.gov.cn/xinwen/2017-12/01/content_5243852.htm。

44　Scott Malcomson, "Balancing Prosperity and Security along the Digital Silk Road." David
　　Gordon and Meia Nouwens, eds., *The Digital Silk Road: China's Technological Rise and
　　the Geopolitics of Cyberspace* (London: Routledge, 2022), pp.131-156.

45　Aaron L. Friedberg, "Competing with China," *Survival*, Vol.60, No.3, 2018, pp.7-64.

46　「中共中央关于坚持和完善中国特色社会主义制度　推进国家治理体系和治理能力现代化若
　　干重大问题的决定」中华人民共和国中央人民政府门户网站（2019 年 11 月 5 日）
　　http://www.gov.cn/xinwen/2017-12/01/content_5243852.htm。

47　梶谷懐・高口康太『幸福な監視国家・中国』（NHK 出版、2019 年）。

48　青山瑠妙「中国外交における「内政不干渉」原則：固持と変容の間に」『論究ジュリスト』
　　第 37 号（2021 年 11 月）16～22 頁。

49　ステファン・ハルパー著、園田茂人・加茂具樹訳『北京コンセンサス』（岩波書店、2011
　　年）（Stefan Halper, *The Beijing Consensus: How China's Authoritarian Model Will
　　Dominate the Twenty-First Century*, New York: Basic Books, 2010）、加藤朗「民主主義の
　　脆弱性と権威主義の強靱性―領域統治の観点から―」日本比較政治学会編『民主主義の脆
　　弱性と権威主義の強靱性（日本比較政治学会年報第 22 号）』（2020 年）31～62 頁。

50　大澤「中国のデジタル権威主義と台湾」3～4 頁。

51　「ハイブリッド戦争」とは、正規戦に加え、非正規戦やサイバー戦などを組み合わせた
　　戦争の概念として定義づけられている。廣瀬陽子『ハイブリッド戦争―ロシアの新しい国

家戦略―』(講談社、2021 年)。志田淳二郎『ハイブリッド戦争の時代―狙われる民主主義―』(並木書房、2021 年)などを参照。

[52] V-Dem Institute, *Democracy Report 2022: Autocratization Changing Nature?*, Gothenburg: V-Dem Institute (March 2022), https://v-dem.net/media/publications/dr_2022.pdf.

[53] Christopher Walker and Jessica Ludwig, "The Meaning of Sharp Power: How Authoritarian Influence," *Foreign Affairs* (November 16, 2017), https://www.foreignaffairs.com/articles/china/2017-11-16/meaning-sharp-power; Christopher Walker and Jessica Ludwig, "From 'Soft Power' to 'Sharp Power': Rising Authoritarian Influence in the Democratic World," National Endowment for Democracy (December 5, 2017), https://www.ned.org/sharp-power-rising-authoritarian-influence-forum-report/.

〔付記〕

　本章は、台湾の国立政治大学国際関係研究センターが発行する『問題と研究』に収録された論文を加筆・修正したものである。転載を認めていただいた同センターに深謝する。また、本稿は、日本台湾交流協会 2022 年度「共同研究助成事業(人文・社会科学分野)」(研究代表者：五十嵐隆幸)およびサントリー文化財団 2022 年度研究助成「学問の未来を拓く」(研究代表者：大澤傑)の助成を受けて行った研究成果である。なお、本稿の見解は筆者個人のものであり、筆者の所属組織の公式見解ではない。

■第 2 章■

ロシアにおけるデジタル権威主義

―なぜ反戦は反プーチンにならないのか？―

岡田 美保

この章のポイント

●デジタル技術の利用はロシアの権威主義体制の強化に寄与しているが、社会の監視や抑圧には抜け穴も多い。

●反戦デモは一時的な勢いを見せたものの、政権による抑圧により持続せず、反プーチン運動には発展していない。

●プーチン政権はオンラインメディアやソーシャル・メディアの監視と統制を強化し、政治的抑圧の手段としてデジタル技術を活用している。

●テレグラムなどの一部のプラットフォームは秘匿性が高く、ロシア国内外の抗議運動や抑圧情報の共有にも利用されている。

●オンライン投票の導入は、政権による選挙結果の操作可能性を高めるものであり、「官製選挙」化が進んでいることが懸念される。

●プーチン支持率は高いものの、海外媒体の利用者、特に YouTube 利用者の間ではやや低い傾向がある。

1．はじめに

　2022 年 2 月 24 日、ロシアがウクライナへの侵攻を開始してから 2 年以上が経過した。この侵攻はさまざまな形で国際社会に強い衝撃を与えているが、戦争終結の見通しは立っていない。こうした中、戦況と並んで多くの観察者が注目してきたのは、ロシアの国内情勢、わけてもプーチン政権、ひいてはロシアにおける権威主義体制の安定性・持続性である。

　プーチン個人の健康・精神状態や、政権中枢・オリガルヒ（新興財閥）の動向、そして、ロシア国民が戦争をどのように受け止めているのかを手掛かりに、これまでさまざまな分析がなされてきた。侵攻から数か月間の時期に、とりわけ強い関心を集めたのは、ロシア国内の反戦デモと、それに対する政権の抑圧である。一般市民が、当局からの厳しい抑圧にもかかわらず戦争反対を訴える様子は、賛成しているわけではないロシア市民も一定数存在していることを示唆しており、こうした動きが拡大し、政権の崩壊ないしは戦争の終結につながっていくのではないかという期待を持つ見方もあった。

　ところが、反戦デモの勢いは持続することなく、下火になっていった。その一方で、世論調査の結果を見ると、プーチンに対する支持率は、小幅な変動こそあれ、高いまま推移し続けている。ただし、このことは、プーチンへの支持率が、戦争や戦況に対するロシア社会の認識に影響を受けないことを意味しているわけではない。2024 年 3 月に実施される大統領選挙へのプーチンの出馬は、既定路線ではあったが、公式の出馬表明は 2023 年 12 月まで持ち越された。戦争が続く中で選挙に踏み切るには、戦況とともに、世論の反応を慎重に見極める必要があったからに他ならない。それでも、なぜ反戦は反プーチンにならないのだろうか。これはロシア・ウクライナ戦争をめぐる多くの重要な論点の一つである。この問いへの答えは数多く存在するが、本章は、政治へのデジタル技術の活用に着目して回答を試みる。

　政治へのデジタル技術の活用に関するこれまでの研究では、当初、インターネットやソーシャル・メディアの普及は、既存の民主主義体制を活性化し、あるいは権威主義体制の自由化や民主化に貢献するとの位置付けがなされた 。デジタル技術が普及することで、市民の政治参加の機会が増え、隠ぺいや不正を防止・是正するとともに、政府の政策への監視・批判の社会的共有が容易になり、透明性を高めることができるからである。確かに、2010 年 12 月にチュニジアで拡大した抗議運動が、2011 年中にアラブ諸国に広く拡散し、すべてのケースにおいてではないものの、政権崩壊や体

第 2 章　ロシアにおけるデジタル権威主義

制移行を帰結した「アラブの春」は、組織を背景とせずとも、デジタル技術を介して、伝統的な媒体で流される公的な情報の虚偽性を周知し、大衆を抗議運動へと動員できることを実証した。

　だが、インターネットやソーシャル・メディアの威力を目の当たりにしたロシアを含む権威主義諸国の政府は、反政府的な言動を罰する法律や制度を構築するなど、その統制強化に乗り出した。また、ネット上の動きを監視するための予算や組織・人員を確保し、正統化や抑圧にも、デジタル技術を体系的に導入するようになった。

　多くの場合、デジタル技術を用いた正統化や抑圧の目的は、伝統的な正統化・抑圧と大きく変わるものではない。政権への支持を維持・向上させ、不服従のコストを高め、反体制運動を主導し参加する人物の特定を容易にし、反体制派による民衆の動員を制約することを通じて、反対運動が大規模化するリスクを低減し、権威主義体制を持続・強化することを意図して行われる。

　先行研究は、デジタル技術の適用が特に有用な抑圧の形態として、検閲、反体制派の特定、政権内部の監視などを挙げてきた[1]。ロシアに関しては、まず、正統化、つまり市民感情の把握や服従への誘導に、デジタル技術が有効に活用されてきたことが指摘された。独裁者や権威主義体制の伝統的な弱点の一つは、市民レベルの認識や感情を十分に把握せず、政権が長期化するにつれて、体制と市民の認識の齟齬が拡大し、政権への支持の後退、ひいては正統性の喪失を招くことにあった。だが、デジタル技術が発達したことにより、政治指導者のメッセージを個々の市民に直接届けることが容易になり、政策の有効性をより効果的にアピールすることが可能になった。政権支持の言論空間を構築するとともに、政権支持を低下させるような事件が起きた場合には、市民の注意をそこから逸らし、責任の所在を不明瞭にする、あるいは他に転嫁するような誤情報・偽情報を流して、政権に批判の矛先が向かわないようにする。また、指導者や政府が市民の不満に耳を傾け、的確に対応する姿を定期的に見せることなどにより、プーチンは、競争相手となりうる政治家の出現を阻止することに成功し、圧倒的に高い支持率を獲得してきた[2]。

　先行研究はまた、プーチン政権がデジタル抑圧を本格化したのは、2014 年のクリミア併合の前後からであり、ソーシャル・メディアの運営会社を政権の影響下に収めた上で、検閲や監視を行ない、取り締まりを行う手法がとられてきたことを指摘している[3]。ロシアにおける抗議運動は、主にソーシャル・メディアによる参加呼びかけを通じて行われてきた。そうした社会的連携媒体が政権の監視下に入れば、多くの市民を結集して、政権に対する意見や要望の表明を効果的に行うことはできなくなる。さらに、ウクライナへの侵攻後は、政府から独立した立場で情報発信を行ってきた報

53

道機関・各種団体のウェブサイトなどが閉鎖されただけでなく、これまで、政府の活動の正統性をアピールするために行われてきた公的な情報公開も、急速に限定的になった。こうした状況は、反対の表明・共有はもとより、それ以前の意見形成自体を困難にしている。プーチン政権の統治の実態や人々の本音に関わる情報は遮断され、その核心に迫ることは一層困難になっている。

　以下では、政治参加と抑圧におけるデジタル技術適用の進展と、選挙のオンライン化に焦点を当て、開戦前と開戦後を比較する。そのうえで、大統領選挙に関連する動きと併せ、ロシアでは、なぜ反戦が反プーチンにならないのかについて考える。

　本章が選挙に着目するのは、ロシアにおける権威主義体制の本質は、選挙が政治システムの中核に据えられながらも、その競争性が著しく制限され、権威主義体制を持続させる機能を果たしている点（いわゆる「選挙権威主義」[4]）にあると考えるからである。停戦ないし戦争終結の目途が立たないまま、「選挙の結果」として政権のさらなる長期化が確定した現状をふまえるならば、政権が推し進めている選挙へのデジタル技術の適用が、ロシアにおいてどのように展開しており、いかなる含意を有しているかを知ることは重要である。

　なお、本書は、権威主義体制の安定性に及ぼすデジタル技術の役割に焦点を当てている。従って、ロシアのケースを扱う本章では、基本的に、ロシア国内における抑圧の主体と対象の間の相互作用に分析の範囲を限定する。ウクライナを含む周辺国の政治・社会への影響力工作や、外国の選挙へのサイバー攻撃などの対外行動は、本章で扱う問題と密接に関連してはいるものの、分析の範囲には含めないこととする。

2．開戦前

（1）政治参加と抑圧におけるデジタル技術の進展

　2011 年 12 月の下院選挙は、ロシアにおける政治参加にデジタル技術が顕著な役割を果たした最初のケースとなった[5]。ロシアで選挙を監視する唯一の独立組織である「ゴーロス」による情報発信が、大規模な抗議運動のきっかけとなった。「ゴーロス」は、市民からの通報をオンラインで受け付け、地図上に描き出すシステムを活用して、選挙不正を告発したのである。また、ブロガーとしての知名度を上げ、同年に「反汚職基金」を創設して政府高官らの汚職スキャンダルを暴く活動を展開していたナヴァリヌイ（Aleksei Naval'ny）は、「統一ロシア」を「詐欺師と泥棒の党」と呼び、政治エリートの腐敗を批判した[6]。

第 2 章　ロシアにおけるデジタル権威主義

　反体制派は、ソーシャル・メディアを通じてデモへの参加を呼びかけ、「統一ロシア」による選挙不正疑惑に対する抗議運動が大規模化した。最大規模となった 12 月 10 日には、モスクワのボロトナヤ広場周辺を中心に全国で集会が行われた。この時の参加者数の推計値は 12.6 万人である[7]。その後も、プーチンが出馬を予定していた大統領選挙に向けたキャンペーンと並行する形で抗議運動が続いた。他方、「ゴーロス」は、所属する 2500 人のオブザーバーのうち約 10%が、さまざまな口実で投票所に行くことを妨げられたこと、不正報告システムに大量の偽情報が投稿され、ウェブサイトに強力なハッカー攻撃が行われたことを明らかにした[8]。

　国内で頻発するデモと、中東アフリカ諸国における「アラブの春」の拡大は、抗議運動が大規模化し、政権転覆に至るリアルな脅威をロシアの政治指導部に与えた[9]。抗議運動は、2012 年 3 月に実施された大統領選挙におけるプーチンの再選を妨げることはなかったものの、9 月に鎮静化するまで断続的に行われた。6 月には、無許可デモへの参加者などに対する罰金の大幅引き上げを柱とする大規模デモの規制強化法案が成立した。この法律では、無許可デモで拘束された場合、一般参加者の罰金はこれまでの最大 5000 ルーブル（1 万 2000 円）から 30 万ルーブルに引き上げられ、主催者の罰金は 60 万ルーブルとされた。プーチン政権の対応で特徴的だったのは、国内の抗議運動が、外国の支援と結びつくことに対する強い警戒心である。7 月 には、「外国機関の職務を遂行する非営利団体の活動の規制に関するロシア連邦の個々の法令の修正についてのロシア連邦法」が成立し、外国からの資金を得て政治活動をおこなう（と政権によって見なされる）非営利団体に規制が加えられるようになった。罰金の増額や、外国からの資金援助をラベリングすることで、組織・団体の社会的な信用失墜を図る抑圧手法である。

　反体制派が抗議運動に一般市民を動員するために用いた主要な媒体が、ソーシャル・メディアであったことから、ロシア政府は、情報通信の監視・管理体制の整備を進めた。すでに 2008 年 5 月、マスメディアの監視、統制、検閲の責任を負う執行機関として、ロシア連邦通信・情報技術・マスコミ分野監督庁（роскомнадзор：以下、「ロスコムナゾール」）が設立されていたが、デジタル抑圧が一挙に本格化したのは、ウクライナでヤヌコビッチ（Viktor Yanukovych）政権が、欧州連合（EU）との政治・貿易協定の調印を見送ったことに対する抗議運動が大規模化し、治安機関との間で緊張が高まった時期であった。

　2014 年 1 月、プーチン政権は、検索エンジンのヤンデックスとソーシャル・メディアのフコンタクチェ（以下、「VKontakte」）の乗っ取りに着手した。VKontakte は、ドゥーロフ（Pavel Durov）によって 2006 年に設立され、2012 年までにロシアで最

55

大となったソーシャル・メディアであり、ウクライナやベラルーシでも広く利用されていた。

　ドゥーロフと政権との関係は、2011 年末までは良好であった。だが、下院選挙に対する抗議運動の際、VKontakte 内に形成されたグループ「統一ロシアは歪んだ泥棒の党」他、抗議運動と関連したグループの閉鎖をロシア連邦保安庁（以下、「FSB」）から執拗に迫られたものの、取り合わなかったため、次第に政権から敵視されるようになっていた [10]。

　キエフでの抗議運動の呼びかけや参加者の情報共有には、VKontakte 内のグループ「Euromaidan SOS」が用いられた。抗議運動が激化すると、ドゥーロフに対するFSB の圧力は強化された。2014 年 1 月 21 日には、「Euromaidan SOS」の全メンバーに対して、VKontakte からの利用者向けメッセージの発信元を装った電話番号から「あなたは抗議運動の参加者として登録された」というテキストメッセージが送信されるという、奇怪な現象が起きていた [11]。ほぼ同時にドゥーロフは、自身が保有するVKontakte 株式の 12%を、プーチンに近く、国営ガス会社ガスプロムの委員会議長顧問であるウスマノフ（Alisher Usmanov）のパートナーに売却して退任した。ドゥーロフ退任には、プーチンと近いロスネフチ会長のセチン（Igor Sechin）の画策があった。ドゥーロフは、利潤の過少申告の訴えを提起され、また、自家用車で警察官を轢逃げしたという科で捜査されるに至り、国外逃亡をやむなくされた。ドゥーロフは、訴訟や捜査がうやむやになった頃に帰国して、株式売却と退任を決めたのである [12]。

　これは、プーチン政権下で顕著に台頭した諜報組織出身のオリガルヒが、その資金力や権力を用いて、民間の情報通信媒体を乗っ取り、デジタル抑圧の強化に利用したことを意味している。この手法によって、国家やプーチン個人の関与を曖昧にしたまま、主要な情報通信媒体が政権の強い影響下に置かれることとなった。この時、ドゥーロフが政権の圧力に屈したことは確かであるが、むしろ彼は、規制が強まる一方のソーシャル・メディアを見限り、株式の売却益を元手に、メッセージ・アプリケーションの新事業（「テレグラム」）を立ち上げることに、ビジネスの将来性があると判断したのである [13]。テレグラムという秘匿性の高い媒体の存在は、後に重要な役割を果たすことになる。

　他方、ナヴァリヌィは、大衆動員の主要な媒体を、YouTube（米国カリフォルニア州に本社のある動画共有媒体）へと移し、有力政治家の汚職や不正蓄財の告発を続けた。2013 年 9 月にはモスクワ市長選挙に出馬し、現職候補であったソビャーニン（Sergei Sobyanin）の次点につけて、27.2%を獲得した。ナヴァリヌィは、2012 年 7月に横領罪で起訴され、禁固 5 年の判決を言い渡されていたものの、上訴審で 1 審

56

判決が支持されるまでは被選挙権を剥奪されることはないとして、立候補が可能になったものである。プーチン政権は、モスクワ市長選が現職当選確実の単なる通過儀礼にすぎないという印象を払拭するために、ナヴァリヌィの出馬自体は阻止しないことにしたものの、結果的に、その得票率が高かったことから、大統領選挙への出馬は危険であると判断したと考えられる。

　ナヴァリヌィは、2016 年 12 月に大統領選への出馬を表明してから、プーチンが 4 期目の大統領に就任する 2018 年 5 月までの間、合計 77 件の動画を YouTube にアップした [14]。特に、メドヴェージェフ（Dmitrii Medvezhev）首相の汚職摘発動画の再生数は、2021 年 10 月までに 4400 万回に達するなど、強い影響力を持った [15]。ナヴァリヌィはさらに、2021 年 1 月 19 日、ドローンを用いて撮影したプーチンの豪華別荘の告発動画を公開した。YouTube を介したロシア社会への訴求力は極めて高かったと言える。「レヴァダ・センター」が 2 月 8 日に公表した世論調査結果によれば、「動画を見た」との回答が 26％、「見ていないが内容を知っている」が 10％、「聞いたことがある」が 32％、「聞いたことがない」が 31％であった [16]。ナヴァリヌィのこの時期の活動は、ロシア政府の影響外において、無料で誰でも視聴可能な形で動画を共有できる YouTube という媒体の強みを巧みに利用した形となった。

　この事態を受けてプーチン政権は、国内のソーシャル・メディアの管理を一層強化した。ドゥーロフ退任の後、ロシアの無料メールサービスを運営する Mail.ru グループが、VKontakte の株式の 48％を取得していたが、同グループとウスマノフとの取引の結果、2021 年 12 月にガスプロム傘下の企業が VKontakte の株式の過半数を獲得するに至った。この後 VKontakte は、法執行機関と利用者データを共有するようになった。さらにウスマノフは、同年「VK」と改称した VKontakte の親会社 Mail.ru の株式を、ガスプロムの関連会社 Gazprom-Media holding と保険会社 Sogaz に売却した [17]。VK の最高経営責任者は退任し、後任に、ロシア国営通信グループ・ロステレコムの副会長であったキリエンコ（Vladimir Kirienko、キリエンコ（Sergei Kirienko）大統領府第一副長官の息子）が就任した [18]。こうして VKontakte は、プーチン政権のインナー・サークルと諜報機関の支配下に収まったのである。VKontakte を傘下に収めたことで、ロシア最大のメディア保有会社のひとつであるガスプロム・メディアは、テレビチャンネル、ラジオ局、印刷物、映画制作に加えて、ロシア社会のオンライン空間の大半を支配することになった。ロシアにおける主要な国産媒体は、政治参加のためのツールから、抑圧のための監視手段へと変貌したのである。

　自らのコントロールが及ばない、海外の通信会社の提供する媒体がロシア社会に浸透することを脅威と位置付けているプーチン政権は、訴訟を提起したり、法令違反の

科で罰金を課したりなどして、VKontakte 以外の媒体の排除を図った。ロシアにおける VKontakte の利用率は高く、月間ユーザー数は約 7,100 万人である。しかしながら、YouTube の利用も急速に拡大し、2021 年末までに 7,900 万人に達した。また、Facebook や WhatsApp など海外企業の提供する媒体の利用も急増している [19]。

（2）選挙のオンライン化

ロシアでは、2019 年 9 月 8 日に実施されたモスクワ市議会選挙で、初めてオンライン投票システムが試験的に導入された。選挙戦では、立候補届け出に必要な署名数の有効性をめぐって、登録を拒否される候補者が相次いだことを受けて、モスクワで抗議行動が毎週開催され、通算 2000 人以上が拘束された。開票の結果、「統一ロシア」とモスクワ市長の支持者（無所属）が 38 議席から 25 議席に大幅に議席数を減らす一方、ロシア共産党が 5 議席から 13 議席に、これまで議席がなかった「ヤブロコ」が 4 議席、「公正ロシア」が 3 議席を獲得し、45 議席中 20 議席を野党が占める結果となった。選挙では、3 つの選挙区で事前登録をした有権者 1 万 1,322 人のうち、1 万 369 人が電子投票を行った。

翌 2020 年 5 月、モスクワ市で行われる国政選挙における遠隔電子投票の組織と実施に関する法律が成立した。ここで遠隔電子投票とは、特別なソフトウェアを使用し、紙を使用しない投票と定義された。この法律で新たに設けられた重要な規定は、候補者推薦のための署名を遠隔操作で集められるようになったことである [20]。2020 年 6 月 25 日から 7 月 1 日にかけて行われた憲法改正に関する全ロシア国民投票では、モスクワとニジニ・ノヴゴロド州の住民が電子投票を行った。さらに 2020 年 9 月には、クルスク地方とヤロスラブリ地方で行われた下院議員の補欠選挙で、オンライン投票が試行された。続いて 2021 年 9 月の下院議員選挙においても、6 つの連邦構成主体で遠隔電子投票が実施された [21]。

オンライン投票は、世界的な潮流であり、コロナ感染拡大を通じて進められた、さまざまな政治的・社会的活動のデジタル化の流れに沿うものである。しかし、遠隔地からの電子投票の推進には、賛否両論がある。一方では、外国にいる有権者や障害のある有権者などの投票が容易になるという、明らかな利点がある。一般的に、電子投票は投票所に行かなくても投票できる便利な方法を国民に提供し、世界的な投票率の低下傾向を改善できる可能性がある。つまり、選挙におけるデジタル技術の重要な利点は、投票用紙の製造・配布コストの削減によるコスト節減、投票所での投票率の低下による投票率の低下への対策である。

他方で電子投票は、多くの有権者が見たり触れたりすることのできないブラックボ

ックスを作り出してしまう。つまり、オンライン投票に関する主な懸念は、技術的な性質に起因するものである。投票をオンラインで実施するにあたっては、その技術やシステムの提供者への依存度が高くなることを避けられない。フィッシング・ハッキングなどの悪意のある妨害の可能性をはじめ、さまざまな新たなセキュリティ・リスクが生じる。オンライン投票が操作されるリスクは、外部からのハッカーによるものだけではない。システムへの特権的なアクセス権を持つ内部関係者による可能性もある。選挙を実施する政権や選挙管理者、システム管理者のみが情報や機器にアクセスする高い権限を持つことになるため、意図的ないし偶発的に選挙結果を操作することができてしまう。そのため、かえって選挙への参加に消極的になり、透明性が不十分な結果、システムに対する信頼性が低下する可能性も指摘されている[22]。

実際、2019 年 9 月のモスクワ市議会選挙では、いくつかの重要な問題が表面化した。投票を解読するための秘密鍵はオンラインで簡単にアクセスでき、人々がいかなる投票をしたのか、追跡することが可能だったこと、統一ロシアが支持する候補者について、オフラインの結果と電子的に提出された結果との間に大きな違いがあったこと、オブザーバーによる技術的管理の可能性が非常に限られていること、投票の秘密が侵害され投票が強要されるケースがあること、などである[23]。

2020 年 6 月に実施された、憲法改正に関する全ロシア国民投票でも、システムの弱点が明らかになった。オンライン投票のウェブサイトが投票開始後数分でオフラインになっただけでなく[24]、有権者の個人情報が十分に保護されておらず、オンラインで閲覧可能だった[25]。このため、一部の有権者はシステムに二重に記録され、他の有権者は無効なパスポートで投票できた。さらに、投票所で投票した後、オンラインシステムで投票するという二重投票が行われていたことも明らかにされた[26]。

ロシアの電子投票システムの開発には、ロステレコムのほか、ウィルス対策ソフト会社のカスペルスキー社が関わっている[27]。2017 年に米国および英国政府は、安全保障上の理由から、同社のウィルス対策ソフトの使用を禁止した。FSB が、同社のソフトをスパイ行為に利用しているという疑惑が提起されたのである。これによって、同社の米国での売り上げは 25%減少し、欧米での収益が落ち込んだため、カスペルスキー社は、対ドローン・システムや、オンライン投票システムの開発に乗り出した。創業者のカスペルスキー（Evgenii Kasperskii）氏本人は、クレムリンとのつながりを繰り返し否定しているものの、同氏は、ソ連の国家保安委員会（KGB）高等学校第 4 技術学部（現在の FSB 暗号通信情報大学）の出身である[28]。

選挙監視団体「ゴーロス」のメルコンヤンツ（Grigory Melkonyants）は、ロシアにおけるオンライン投票の役割はさらに不透明になってきている、と指摘している。

彼によると、投票は、ロシア連邦政府の公共サービスに広く利用されているオンラインのインフラであるゴスウスルーギ（Gosuslugi）に登録したアカウントを利用して行われるが、2019 年のデータでは、Gosuslugi の登録ユーザー数は、国内人口約 1 億 4500 万人のうち 1 億 320 万人であり、当局によって実質的にほとんどの有権者のアカウントが管理されていることになる。他方で、「ゴーロス」のオブザーバーは、システムが内部からどのように機能しているかを確認することができないため、選挙の完全性を客観的に評価することができないのだ、という [29]。

３．開戦後

（１）デジタル抑圧とテレグラム

　広く知られているように、「特別軍事作戦」の実施が宣言された直後、ロシア軍に関する「虚偽情報」の拡散、及びロシア軍の信用失墜、ロシアに対する制裁の呼びかけを取り締まる法改正が行われた [30]。反戦を訴えること自体がロシア軍の信用を失墜させる行為と見なされることになり、ラジオ局「モスクワのこだま」、テレビ局「雨」、2021 年のノーベル平和賞を受賞した新聞「ノヴァヤ・ガゼータ」など、活動を続けていた独立系メディアはほぼすべて禁止されることになった。

　こうした状況は、ロシア政府が国内のインターネット空間に対して、効果的な支配を及ぼしているという印象を与える。世界各国の民主主義の動向を調査してきた V-Dem 研究所（スウェーデン）によれば、ウクライナへの侵攻後、2021 年は 0.10 であったロシアの民主主義スコアは、2022 年に 0.07 に低下し、ロシアに関するこれまでの調査結果において、最大の下げ幅となった。下げ幅が最も大きかった指標は「政府によるメディア及びインターネット検閲」である [31]。ただ、ロシアがインターネット規制を強化し、それが社会の自由度を低下させていることは確かであるものの、この分野におけるロシア独自の技術レベルでは、グローバルなインターネットや、海外の先端技術を用いた媒体を介した情報の流入を、国内社会から完全に閉め出すことはとうてい、不可能である。実際、先述したように、海外媒体の利用率も拡大の一途を辿っている。

　ロシア社会におけるインターネット利用率は、近年、急速に高まってきた（図 1「ロシアにおけるインターネット普及率の推移」参照）。すでに述べたように、インターネットを介した情報の流入や大衆の動員が、体制転覆の契機となることに、ロシア政府は強い懸念を持っていた。このため、早い段階から、電話通信、移動体通信、

第 2 章　ロシアにおけるデジタル権威主義

無線通信、電波通信への通信監視システム（SORM）を用いて捜査する権限が FSB に与えられており、通信事業者は、FSB の指示に従って、SORM 用の機器を通信システムに導入することなどが義務付けられていた。だが、開戦前後の状況は、こうした当局の規制が、必ずしも政権の意図通りの効果を帰結していたわけではないことを示唆している。

　第一に、国産媒体の多くは、前節で述べたような会社乗っ取りを通じて、当局の影響下に収まっているものの、多くの利用者を持つ他の有力な媒体、特にテレグラムは、現在までのところ、独立性を維持している。2017 年 9 月、ドゥーロフは、FSB がテレグラムの暗号化キーの提出を要求したこと、ドゥーロフがこれを拒否したことを公表し、当局による通信へのアクセスを企業に義務付ける反テロリズム法に違反しているとの通告を受けたことを明らかにした [32]。2018 年 4 月には、FSB に通信内容の解読技術を提供しなかったなどとして、テレグラムに対する禁止措置が取られた。しかし、禁止措置にもかかわらず、実際にはテレグラムは利用可能な状態が続いたままであった。それだけではなく、2020 年 6 月、ロスコムナゾールは正式にテレグラムの禁止措置を解除した。この背景には、コロナ感染症の拡大で、連邦政府や連邦構成主体の行政府にとっても、テレグラムの活用が不可欠となり、禁止措置を維持すること

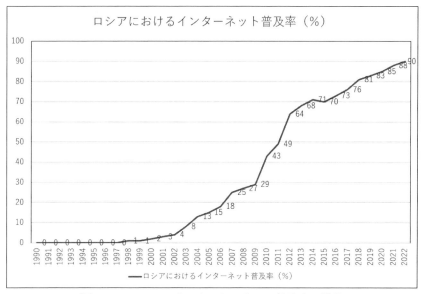

図 1：ロシアにおけるインターネット普及率の推移

（出典：Internet penetration in Russia 1990-2022, World Bank 2023.）

61

が難しくなったことがあると考えられる[33]。

さらに、開戦後、このようなテレグラムの利点は、戦争下における市民生活や、戦闘の現場からの情報発信において発揮されることになった。ウクライナ国民の多くは開戦以前の約 2 年間、新型コロナウイルス関連の情報、特に、毎日の感染者数や死者数、政府が発表する最新の健康対策関連するニュースを、テレグラムの「@COVID19_Ukraine」というアカウントから配信される公式情報から得ていた。ロシア軍がウクライナの国境に集積して以降、開戦後も、ウクライナ政府は、アカウント「@UkraineNOW」から、24 時間休みなく戦争に関わるニュースを投稿し、ウクライナ国民に政府公認の情報を伝えた。政府や政治家の公式アカウントに投稿されている情報は、いまや国民の安全を守り、ロシア政府のデマやプロパガンダを否定する重要なツールになっている。例えば、「ウクライナ軍とロシア軍の武器の見分け方」と題するメッセージで、ウクライナとロシアの戦車の写真を投稿して、一般市民でも両者を識別できるように情報提供を行ったり、ウクライナに近づいている空襲警報の投稿では、防空壕の位置が記された地図も添付されたりしている。テレグラムのこのアカウントは、国内最大級の登録者数を誇っており、ウクライナ国民が戦況を知るための頼みの綱になった[34]。

ドゥーロフは開戦直後、「何があろうと利用者の側に立つ。利用者のプライバシーは聖域だ。今、なおさらそうである」とテレグラムに投稿した[35]。ドゥーロフがテレグラムを政権に渡さない姿勢を明確にしたことにより、ウクライナ市民だけではなく、ロシア市民にとってのテレグラムの価値が急上昇した。ロシア国内でも、テレグラムを使えば、ゼレンスキー（Volodymyr Zelenskyy）大統領のメッセージや、ロシア軍による民間人居住区への爆撃の画像を見ることができる。多数の利用者が、ロシア政府が禁止したインスタグラムや、YouTube などからテレグラムに乗り換えた[36]。3 月には、テレグラムの利用者が、米メタ（旧 Facebook）の WhatsApp 利用者を上回った。モスクワの裁判所は 3 月 21 日、米メタを「過激派組織」と認定し、メタが運営する Facebook やインスタグラムなどの国内事業禁止を支持する判断を下した。WhatsApp はロシア国内事業禁止の対象とはならなかった。

ロシアの 4 大通信事業者の一つであるメガフォンが行ったモバイルインターネットトラフィックの分析によると、テレグラムのシェアは 2 月の最初の 2 週間には 48% だったが、3 月の最初の 2 週間には 63% に上昇した。一方、WhatsApp は、48% から 32% に低下した[37]。このように、メッセージ・アプリケーションに関しては、秘匿性の高いテレグラムの利用が拡大する一方で、動画共有媒体については、ロシア政府の影響下にある国産媒体（Rutube）よりも、海外媒体（YouTube）が選好されて

62

第 2 章　ロシアにおけるデジタル権威主義

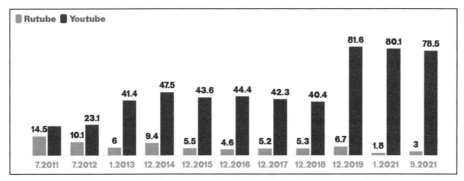

図 2：ロシアにおける Rutube と YouTube 利用者比率の推移

（出典：*Важные Истории*, 9 ФЕВ. 2022.
< https://istories.media/investigations/2022/02/09/seks-lozh-i-video/>）

いることが判明する（図 2「ロシアにおける Rutube と YouTube 利用者比率の推移」参照）。

　このようなデジタル媒体の選好と、政権への支持との間には、どのような相関関係があるのだろうか。レヴァダ・センターが発表した、2023 年 10 月時点におけるプーチン大統領への支持率の調査結果では、標本全体の平均値は 85％であった。これを利用している媒体別にみると、テレビ視聴者においては支持率が 95％、インターネット利用者では 81％、ソーシャル・メディア利用者では 86％、テレグラム利用者では 81％、YouTube 利用者では 65％であった[38]。つまり、テレビ視聴者がプーチン支持率を押し上げている一方、YouTube 利用者においては、プーチン支持率を押し下げているのである。

　第二に、これと関連して、欧米の通信会社が提供する媒体の、ロシア国内での利用率の高さが中長期的には重要となる。開戦後、Twitter（のち、「X」）などの媒体で、偽アカウントを用いたロシアからの偽情報拡散が急増した。これに対して、欧州連合（EU）は 2 月 27 日、ロシア政府系メディアを規制する方針を表明した。また、エストニアなど 4 カ国の首相も、グーグルなどに対応を求めた。動画アプリ TikTok の運営会社は 3 月 1 日、欧州で RT などによるサービス利用を禁止したことを明らかにした。米メタも 2 月 28 日、欧州でロシア政府系メディアへのアクセスを制限する方針を表明した。米マイクロソフトは同日、欧州当局の意向を受けて MSN などのサービスでロシア政府系メディアのコンテンツを非表示にした[39]。欧米の媒体が、原則として「知る権利」に配慮し、投稿への規制に慎重であったことが、ロシアが偽情報を

63

拡散させるには好都合であったが、締め出しの動きが拡大するにつれて、ロシアが影響力工作を行うことのできる空間も限定されていくことになる。

　他方、ロシアは開戦以前から、コンテンツの削除要求に従わなかったなどとして、罰金を課し、欧米媒体の締め出しを強化していた[40]。だが、ロシアでは、国家当局、企業、民間ユーザーの多くが、海外の媒体を利用している。当局といえども、国内のデジタル空間を完全にコントロールできているわけではないのだ。

　戦争が長期化するなか、ドネツク州の要衝バフムートの前線にあった民間軍事会社「ワグネル」創設者プリゴジン（Evgenii Prigozhin）は、2023 年 4 月以降、ロシア国防省に同地からの撤退をちらつかせながら支援を働きかけるようになり、それが通じないと判断すると、自らテレグラムを通じて国防省幹部を罵った。5 月には、国防省がワグネル所属の傭兵に対し、直接契約を要請したことに強く反発し、両者の関係が決定的に悪化した。6 月には部隊を引き連れて一部のロシア軍基地を掌握、首都モスクワへ進軍するという行動に出た。進軍は中止されたものの、この事態に対し、厳罰に処するとしたプーチンの発言にもかかわらず、プリゴジンがベラルーシへ亡命することが報じられるなど、ロシア内部の混乱が、テレグラムやインターネット・ニュースを通じてロシア国内、そして世界中に伝わった。8 月には、モスクワ北西部のトベリ州で発生した航空機の墜落で、プリゴジンは死亡したと報道された。9 月の統一地方選挙を前に、不測の事態につながる要素は一掃されたのである。

（2）選挙のオンライン化

　投票を通じて政治に参加する市民が増えることは、本来、政治参加を向上させるはずである。ロシアにおいてもオンライン投票が、遠隔地や過疎地における投票や障がい者の投票を便利にする一面がないとは言えない。だが、選挙結果の捏造が可能になり、検証可能性が制限されることで、選挙監視システムが事実上解体されるなどによって「官製選挙」化が一層進んでいるとも指摘されている[41]。

　9 月 8 から 10 日にかけて実施された統一地方選挙では、21 の知事・首長選で統一ロシア候補 19 人を含む現職が勝利し、プーチン政権は、混乱を収めてその安定性を示した形となった。地方議会選では、2 地域を除いて、統一ロシアの候補が 7 割の議席を占めた。政権側が強引に実施したウクライナ東部・南部 4 州の議会選では、政党名を選ぶ投票となり、統一ロシアの得票率は、ドネツク州（76%）、ルハンシク州（72%）、ザポリージャ州（66%）、ヘルソン州（63%）だった[42]。

　11 月 6 日、プーチンは大統領選挙に出馬することをようやく公にし、14 日には、大統領選挙に関する改正法案が成立した[43]。この改正法は、大統領選挙の投票所での

第 2 章　ロシアにおけるデジタル権威主義

メディアの取材を新たに制限する内容が盛り込まれるなど、オンライン投票の公正性の検証を実質的に困難にするものである。戦争を継続したままの選挙戦において、電子投票は、「圧勝」演出を可能にする有力な手段となるであろう。実際、2024 年 3 月 15 日から 17 日かけて投票が行われた大統領選挙では、投票率 77.44％、得票率 87.28％でプーチンが圧勝した。新たな任期は 2030 年までの 6 年間である。

4．おわりに

　ロシアの事例に見られるように、デジタル技術は、政治参加だけではなく、抑圧の効果をも劇的に向上させている。オンライン・プラットフォームに依存する人々が増加すればするほど、権威主義政権が、高度なデジタル技術を、市民を拘束し抑圧するため利用する可能性も高まる。デジタル技術は今後も、監視・抑圧、正統性・政権の維持、政治・経済的影響力の拡大、戦争の効果的実施など、さまざまな場面に利用されていくであろう[44]。

　反戦が反プーチンにならないのはなぜか、という問いにはいくつもの回答が可能であるが、本章の検討からは、現在までのところ、プーチン政権によるデジタル抑圧が一定の効果を挙げているから、という答えになる。ただ、上述のように、この状況は、マフィア的手段を通じた株式の取得による通信会社の経営権略奪という手法によって維持されているものであり、多くの抜け穴や漏れがある。

　ロシアの現状は、デジタル技術を用いた政治的抑圧は、権威主義体制と市民社会や反体制勢力との関係において、体制側に有利に作用する傾向にあるとの指摘を、概ね実証するものである。だが、デジタル技術の進展が常に政治権力の側を利するとは限らない。秘匿性の高いテレグラムは、犯罪やデジタル・プロパガンダにも利用されうる一方で、戦闘の現場から、政権に対する不満を提起し、また、人権団体が、市民から、不当な拘束や選挙違反の事実に関する通報を集積するために利用されるなど、重要な役割を果たし続けている。従って、選挙が予め結果の決まった儀式と化しているとしても、プーチン政権の安定性を当然視しすぎることは危険である。現状の欺瞞性が、市民の意識をいかなる意味で、どの程度変化させているのかを、過度な期待を戒めつつ、しかし過小評価することなく、評価していくことが求められている。

注

[1] Erica Franz, Andrea Kendall-Taylor, Joseph Wright, *Digital Repression in Autocracies*, V-Dem Working Paper, 2020: 27, p.3.

[2] Sergey Sanovich, "Russia: The Origins of Digital Misinformation," Samuel C. Woolley, Philip N. Howard (eds.), *Computational Propaganda: Political Parties, Politicians, and Political Manipulation on Social Media*, Oxford: Oxford University Press, 2018, pp.21-40.

[3] Andrei Soldatov and Irina Borogan, *The Red Web: The Struggle between Russia's Digital Dictators and the New Online Revolutionaries*, NY: Public Affairs, 2015.

[4] Grigorii Golosov, "The regional roots of electoral authoritarianism in Russia," *Europe-Asia Studies*, Vol.63, No.4, June 2011, pp.623-639.

[5] Marielle Wijermars, "The Digitization of Russian Politics and Political Participation," Daria Gristenko et. al. (eds.), *The Palgrave Handbook of Digital Russia Studies*, Switserland, Palgrave Macmillan, 2021, pp.15-32.

[6] 油本真理「プーチン大統領の再登板と「反体制派」の時代―政治体制の正統性をめぐる攻防―」『ロシア・東欧研究』第 45 号、2016 年、47-61 頁。

[7] Mischa Gabowitsch, *Protest in Putin's Russia*, Cambridge: Polity, 2016.

[8] «Наблюдатели: вал нарушений на выборах в Госдуму,» *ВВС*, 4 декабря 2011.

[9] Andrei Soldatov and Irina Borogan, *The Red Web: The Struggle between Russia's Digital Dictators and the New Online Revolutionaries*, NY: Public Affairs, 2015, pp.90-91.

[10] Nickolay Kononov, "The Kremlin's Social Media Takeover," *New York Times*, March 10, 2014.

[11] Soldatov, pp.275-279.

[12] Kononov, op.cit.

[13] Ibid.

[14] Sofya Glazunova, "Four Populisms' of Alexey Navalny: An Analysos of Russian non-systemic opposition discourse on YouTube," *Media and Communication*, Vol.8, No.4, October 2020, pp.121-132.

[15] Sofya Glazunova, *Digital Activism in Russia: The Communication Tactics of Political Outsiders*, Switzerland: PalgraveMacmillan, 2021, pp.132-135.

[16] 背景は不明ながら、このページは既に削除されている。
<https://www.levada.ru/2021/02/08/film-dvorets-dlya-putina/>

[17] Polina Ivanova, "Kremlin penetrates deeper into online world of Russians," *Financial Times*, 9 December 2021.

[18] "Russia's VK Appoints Son of Kremlin Insider as New CEO," *Moscow Times*, 13 December 2021.

[19] Ivanova, op.cit.

[20] Федеральный закон от 23 мая 2020 г. N 152-ФЗ "О проведении эксперимента по организации и осуществлению дистанционного электронного голосования в городе федерального значения Москве," Российская газета, 25 мая 2020г.

第 2 章　ロシアにおけるデジタル権威主義

[21] «Памфилова оценила шансы многодневного голосования на выборах в Думу,» РБК, 2 февраля 2021г.

[22] International Foundation for Electoral Systems, *Considerations on Internet Voting: An Overview for Electoral Decision-Makers*, IFES White Paper, April 2020.

[23] «Мэрия (случайно?) позволила расшифровать голоса на выборах в Мосгордуму. Мы это сделали и нашли кое-что странное Вы тоже можете попробовать,» *Медуза*, 13 сентября 2019г.　なお、ロシア検察庁は、「憲法秩序の基盤とロシア連邦の安全に脅威を与える」として、独立系メディアサイト「メドゥーザ」を「好ましくない組織」に指定し、ロシア国内での運営を事実上禁止した。また、ロシア国民がメドゥーザやそのジャーナリストに協力することも禁じた。

[24] «Сайт онлайн-голосования по конституции перестал работать в первые минуты после его начала,» *ТАСС*, 25 июня, 2020г.

[25] «Власти фактически выложили в открытый доступ персональные данные всех интернет-избирателей В голосовании по поправкам участвовали тысячи недействительных паспортов,» *Медуза*, 9 июля 2020г.

[26] «По Конституции можно проголосовать дважды: сперва на участке, затем — электронно. Показываем как,» *Телеканал Дождь (YouTube)*, 25 июня, 2020г.

[27] «Касперский» создал систему для государственных выборов через интернет,» *Cnews*, 3 декабря 2020г.

[28] "Kaspersky diversifies from cyber security after spying allegations," *Financial Times*, 5 December, 2020.

[29] «В «Голосе» рассказали о непрозрачности новой системы онлайн-голосования: в регистрации отказывают беспричинно,» *Открытые медиа*, 13 мая 2021г.

[30] Федеральный закон 2022. Федеральный закон от 4 марта 2022 г. N 32-ФЗ «О внесении изменений в Уголовный кодекс Российской Федерации и статьи 31 и 151 Уголовно-процессуального кодекса Российской Федерации,» *Российская Газета*, 4 марта 2022г.

[31] V-dem Institute, *Democracy Reort 2023: Defiance in the face of Autocratization*, Gothenburg, Sweden: V-dem Institute, 2023, p.36.

[32] "Telegram CEO Durov Says Russia's FSB Demands Messenger's Encryption Keys," *RFE/RL*, 27 September, 2017.

[33] «Это урон престижу госвласти,» *Коммерсантъ*, 22 апреля, 2020г.

[34] Matt Burges, "When war struck, Ukraine turned to Telegram," *WIRED*, 3 March, 2022.

[35] "Telegram founder commits to Ukraine user privacy," *BBC*, 8 March 2022.

[36] Sam Schechner, "Telegram Thrives Amid Russia's Media Crackdown," *Wall Street Journal*, March 18, 2022

[37] 『ロイター通信』2022 年 3 月 22 日。

[38] «Одобренин органов власти, рейтинги политиков, дела в стране,»ЛевадаЦентр, 23октября 2023г.

[39] Shannon Bond, "Facebook, Google and Twitter limit ads over Russia's invasion of Ukraine,"

NPR, 27 Feburary 2022.

[40] "Russian Court Fines Twitter, Google, TikTok For Refusing To Delete Content," *RFE/RL*, 27 May, 2021.

[41] «Эксперты: ДЭГ несёт риски фальсификации и нарушения тайны голосования,»*РОСКОМСВОБОДА*, 12 сентября 2022г.

[42] 『ロイター通信』2023 年 9 月 11 日。

[43] Федеральный закон от 14.11.2023 г. № 530-ФЗ О внесении изменений в Федеральный закон «О выборах Президента Российской Федерации»

[44] Steven Feldstein, *The Rise of Digital Repression: How Technology Is Reshaping Power, Politics, and Resistance*, USA: Oxford University Press, 2021.

※本章は、『防衛学研究』第 70 号（2024 年 3 月、93－110 頁）掲載の論文に加筆・修正を加えたものである。

> コラム1

日本のサイバーセキュリティ政策

野呂瀬 葉子

１．日本のサイバーセキュリティ政策に関する基本事項

　日本のサイバーセキュリティ政策は、「サイバーセキュリティ基本法」（以下、基本法）に則って行われている。基本法の目的は、「経済社会の活力の向上及び持続的発展並びに国民が安全で安心して暮らせる社会の実現を図るとともに、国際社会の平和及び安全の確保並びに我が国の安全保障に寄与すること」[1]である。基本法において、政府は、3 年に 1 度「サイバーセキュリティ戦略」を策定することとなっており、この中で、基本法の目的を達成するための施策が決定される。サイバーセキュリティ戦略では、基本的な理念として、「自由、公正かつ安全な空間」の確保を目指すこと、また、施策の立案及び実施にあたっては 5 つの原則（「情報の自由な流通の確保」、「法の支配」、「開放性」、「自律性」、「多様な主体の連携」）に従うことを挙げている。これは、基本法が成立した 2014 年以来、堅持されてきた[2]。

　本コラムでは、このサイバーセキュリティ戦略に基づいて行われている日本のサイバーセキュリティ政策について、国外における取組と国内における取組の二つの観点から概観する。

２．国際場裡における日本のサイバー外交

　サイバー空間には国境がない。そのため、日本のサイバー空間を守るには、世界全体のサイバー空間を自由、公正かつ安全な空間に保つことが重要となる。日本では、外務省を中心に「法の支配の推進」、「サイバー攻撃抑止のための取組」、「信頼醸成措置の推進」及び「能力構築支援」といった外交的取組を推進している[3]。以下、各取組の内容を整理することにより、サイバーセキュリティのための国外における取組に

69

ついて俯瞰する。

（1）「法の支配の推進」

　国際場裡においては、民主主義国家と権威主義国家の間でサイバーセキュリティに関する立場の相克がある。民主主義国家は、「サイバー空間においては国連憲章などの既存の国際法が適用される」との考え方や、マルチステークホルダーアプローチ（国家のみならず企業等の非国家主体も議論や対話に参加すること）の立場をとっている。一方、権威主義国家は、国家主権に基づく国内管理を優先し、国内法に基づいて規制強化をする傾向にあり、既存の国際法のサイバー空間への適用よりも新たな規範形成が必要であるという立場をとっている。サイバー空間における国際的なルールは、主に国連総会第一委員会の「サイバーセキュリティに関する政府専門家グループ（Group of Governmental Experts: GGE）」や「オープンエンド作業部会（Open-End Working Group: OEWG）」にて議論がなされてきた。GGE は、これまで 6 回開催されてきたが、日本は 2012 年以降 4 回にわたって出席しており、積極的に議論に参加してきた。特に、議論が決裂し、「失敗した」と酷評された第 5 回 GGE の後の第 6 回 GGE において、日本政府代表である国連サイバー政策担当大使は、積極的かつ建設的な発言を行い、報告書をまとめることに貢献した。この報告書では、改めて「サイバー空間において国際法が適用されること」が確認され、過去に採択された規範に対し具体的な実施例が示されるなど、責任ある国家の行動を促進し得る非常に有意義な報告書となった。OEWG においても、日本は、いくつかの独自の提案を含む多くの提案を行い、報告書の充実に貢献した [4]。これらの報告書は、国連総会で採択され、サイバー空間に関する基本的な規範について国際的な合意を得るという有意義な結果を生んだ。

　ただし、合意に達したといえど、アメリカを中心とする欧米諸国とロシア・中国との間の長きにわたる角逐が消失した訳ではない [5]。欧米諸国は既存の国際法の適用についてより具体的な議論を進めようとしているが、ロシア・中国はサイバー空間においても国家主権が尊重されるということ以上の議論を望んでおらず、むしろ別の新たな法的拘束力のある規範を望んでいる。その結果、その先の具体的な議論は難航している。このような状況を受け、近年、一部の国で、こじれた規範作りのプロセスを調整し、前進させようとする動きがみられる。2022 年、フランスが音頭を取り 54 か国の連名で、GGE 及び OEWG において並走する議論を終わらせ、サイバー空間における国家の責任ある行動を促すための行動プログラム（PoA: Programme of Action）

70

コラム 1　日本のサイバーセキュリティ政策

の設立が提案された[6]。日本もこの共同提案国である。日本は、これまで欧米諸国と立場を同じくし、ロシア・中国による新たな規範作りに対抗する立場をとってきたが、PoA の提案に加わることにより、調整者的役割を担おうとしている。PoA では、合意が得られている部分から具体的な取組を進めることを企図している。平和主義を標榜してきた日本にとって、大国間の相克を調整し、合意された規範に基づく実践を牽引することは適役であり、今後のさらなる積極的な取組に期待したいところである。

（2）「サイバー攻撃抑止のための取組」

「サイバー攻撃抑止のための取組」以外の三つの取組は、これまで「サイバー外交の 3 本柱」として掲げられてきた取組であった。「サイバー攻撃抑止のための取組」は、2022 年頃から、従前の 3 本柱に並んで新たに項目として書き起こされた取組であり[7]、サイバー攻撃抑止の重要性の高まりが表れている。

現在、「サイバー攻撃抑止のための取組」として行っていることは、主にパブリック・アトリビューションである。パブリック・アトリビューションとは、サイバー攻撃の実行者あるいはその背後にある国家を政府が名指しで非難することである。日本政府は、これまで名指しで非難することに対して消極的であったが、一転し、パブリック・アトリビューションを行うようになった。2017 年には北朝鮮によるマルウェア WannaCry でのサイバー攻撃について、2018 年には中国人民解放軍を背景に持つ APT10 と呼ばれるグループによるサイバー攻撃について、2021 年には同じく中国人民解放軍を背景に持つ APT40 及び Tick と呼ばれるグループによるサイバー攻撃について、外務報道官談話を発出し、公式に非難している。

パブリック・アトリビューションには、サイバー攻撃の抑止、サイバー攻撃への対処・防御、規範設定といった機能がある[8]。日本は、基本的にファイブ・アイズ諸国に同調してパブリック・アトリビューションを行っている。これは、サイバー攻撃への抑止・対処のみならず、国際的な規範作りのプロセスにおいて同志国と連携して権威主義国家に対抗するための土壌づくりとも言えるだろう。

（3）「信頼醸成措置の推進」及び「能力構築支援」

サイバー空間における活動により生じる誤解や誤算が予期せぬエスカレーションをもたらすことを防ぐため、日本は、多くの国・地域とサイバーに関する協議、談話を行い、相互理解の深化及び信頼醸成を図ってきた。これまでに日本が二国間協議を行った国は、アメリカ、オーストラリア、イギリス、フランス、ドイツ、ロシア、イン

ド、韓国、イスラエル、エストニア、ウクライナ及びヨルダンの 12 ヶ国に上り、多国間協議は、EU、NATO、ASEAN 及び中韓と行っている。

日本は安全保障の観点からインド太平洋地域を重視しており、特に ASEAN との連携強化を図ってきた。2018 年にはマレーシア、シンガポールとともに、サイバーセキュリティに関する ASEAN 地域フォーラム会期間会合を立ち上げ、サイバーセキュリティのために取り組む事項を議論するなど、アジア・太平洋地域の安全保障環境の向上を目指した取組を行っている。

また、一部の国や地域におけるサイバーセキュリティ上の脆弱性が日本を含む世界全体のリスクとなり得ることから、日本は ASEAN を中心に能力構築支援を行っている。2018 年には、バンコクに「日 ASEAN サイバーセキュリティ能力構築センター」を設立し、人材育成プロジェクトや機材供与などを実施してきた [9]。また、2021 年 12 月に、サイバーセキュリティ戦略本部は「サイバーセキュリティ分野における開発途上国に対する能力構築支援に係る基本方針」を決定し、これまでの ASEAN における能力構築支援の成果や経験をもとに、ASEAN のみならずインド太平洋地域内の他の国への支援も強化していく考えである [10]。また、2022 年 5 月に行われた日米豪印首脳会合において「日米豪印サイバーセキュリティ・パートナーシップ」を立ち上げ、インド太平洋地域における能力構築支援を促進していこうとしている。これらの取組は、単なる技術提供にとどまらず、サイバーセキュリティに対する日本の考え方や価値観を浸透させることも狙っており、インド太平洋地域に同志国・連携国の輪を広げていこうとしている。

以上、述べてきた通り、日本は、自由、公正かつ安全なサイバー空間を実現するために、国外で様々な取組を行っている。欧米諸国と足並みを揃え、「サイバー空間において既存の国際法が適用される」という立場を明示し、権威主義国家による自国優先の規範作りに対抗しつつ、平行線をたどる議論を前進させようと尽力している。国際的な議論の場への貢献のみならず、日本自ら二国間協議や多国間協議を積極的に行い、信頼関係の構築を図るとともに、特に、インド太平洋地域、ASEAN との連携を重視し、サイバーセキュリティに関する能力構築支援を行うとともに価値観の浸透を図ることで、アジア・太平洋地域において自由、公正かつ安全なサイバー空間を実現しようとしている。

3．国内におけるサイバーセキュリティ政策

　国際場裡におけるサイバー外交では積極的な姿勢を見せる一方、国内に目を転じると、国内におけるサイバーセキュリティ、特にサイバー安全保障分野における対応能力は、欧米主要国に遅れをとっており、変革の必要性に迫られている。ここからは、国内におけるサイバーセキュリティ政策について概観する。

（1）日本のサイバーセキュリティの戦略的姿勢の転換
　日本のサイバーセキュリティは令和 4 年 12 月に閣議決定された「国家安全保障戦略」で転換を迎えた。それまでの日本のサイバーセキュリティに係る戦略的姿勢は、専守防衛に則った防御姿勢であり、攻撃性のない方法でサイバーセキュリティを行ってきた。近年では、「積極的サイバー防御」という言葉が公的文書の中で見られるようになったものの、基本的には法改正等を必要としない受動的なサイバーセキュリティにとどまっていた [11]。新たな国家安全保障戦略では「能動的サイバー防御」という言葉を使用し、攻撃的な手法を使ってサイバー防御を行うことのできる体制を整備することとなった。

（2）転換の背景
　かつては犯罪目的が主流であったサイバー攻撃であったが、今では国家を背景に持つアクターが高度化、巧妙化したサイバー攻撃を仕掛け、国家の安全保障を揺るがしかねない事態となっている。例えば、今般のロシアによるウクライナ侵攻において、ウクライナは侵攻前から、ロシアからの猛烈なサイバー攻撃を受けていた。特に、無慈悲な攻撃の先駆けとなった身代金を要求するランサムウェアの亜種である NotPetya は有名である。NotPetya による攻撃はワイパー攻撃と呼ばれ、感染するとサーバ内のデータを一瞬で暗号化し、二度と使えなくする。さらに、NotPetya は自己繁殖能力を持ち、国内、海外へと瞬時に飛び火する。2017 年にロシアが仕掛けた NotPetya による攻撃で、ウクライナのインフラ関連、小売業、物流企業は一斉にシステムダウンし、国内のシステムのみならず、同時にそれらの企業の海外の PC に飛び火し、世界規模の被害を出した。このようなワイパー攻撃は、侵攻前後にも多く仕掛けられ、軍事作戦の効果を促進させるハイブリッド戦の一端を担った。
　また、NotPetya のようなデータ（情報資産）を対象にしたものだけでなく、民衆の心理を対象にした攻撃もある。例えば、ウクライナでは、開戦前、ロシアからのハ

ッキングにより、中央当局と地方当局の 70 のウェブサイトが暗転し、「気をつけよ、最悪のことが起こるぞ」といった脅迫メッセージが表示されたり [12]、ウクライナの大手ラジオ局から「ゼレンスキー大統領が病院に運ばれて、深刻な状態にある」というような偽情報が放送されたりした [13]。このように、サイバー攻撃は、データ消去により物理的な妨害を行うだけでなく国民の不安を煽り、政府へゆさぶりをかけることができ、ハイブリッド戦における非軍事的手段の主要機能を担うようになっている。

　ただ、ロシアによる侵攻前後のサイバー攻撃はすべてがうまくいったわけではなく、思いの外、成功していないという評価を受けている [14]。非常に巧妙なロシアのサイバー攻撃から国家の財産や国民を守り切ることは容易ではないが、ウクライナはアメリカをはじめとする西側諸国の多大な支援を受けつつ、相当な自助努力を行うことでロシアのサイバー攻撃をある程度無力化することに成功した [15]。例えば、米軍サイバーコマンドとの共同で行った「ハントフォワード作戦」により、ウクライナ国内の鉄道輸送システムにワイパーが仕掛けられていることを発見し、発動前に駆除することができた。強固なサイバー防御力がなければ、侵攻劈頭に国民は大きな混乱に陥り、戦局に影響を与えたかもしれない [16]。日本がサイバーセキュリティ政策を大きく転換させた理由として、ウクライナ侵攻におけるサイバー空間での攻防の激甚ぶりは大きいものであっただろう。

（3）サイバー空間における戦略の区分

　さて、日本のサイバーセキュリティ政策の転換について紐解く前に、サイバーセキュリティに関する基本的事項を確認しておきたい。

　まず、サイバー空間における戦略は、「サイバー防御」と「サイバー攻撃」に区分することができる。サイバー攻撃とは、コンピュータシステム、サイバー情報、プログラムなどを変更・妨害・欺騙・劣化・破壊するための意図的な行動ないしは、サイバースペースを利用して物理的対象を攻撃・妨害・破壊するためのサイバー手段の活用を指す [17]。サイバー防御は、サイバー攻撃に対し抑止・対処することであるが、これはさらに「受動的サイバー防御」と「積極的サイバー防御」の 2 つに大別される。受動的サイバー防御は、基本的に、攻撃を受けた後に対処することに主眼を置いた防御であり、対処の対象は我側のネットワークやサーバである。積極的サイバー防御は、受動的サイバー防御とサイバー攻撃の間に含まれる様々なプロアクティブな防御のことを指す [18]。この定義によると、積極的サイバー防御には受動的なものから攻撃的なものまで幅がある。この中には、「個人や企業が各々のネットワーク内で行う活動」、

コラム1 日本のサイバーセキュリティ政策

「政府等が国内ネットワークの内側で行う活動」及び「政府等が敵ネットワークに侵入して行う活動」が含まれる。それぞれの分類にどのような手法が含まれるのか、次頁の表「サイバー防御およびサイバー攻撃の各分類における具体的手法（一例）」にまとめた。積極的サイバー防御という言葉の語感からは、「攻撃的な手法による防御」を連想するかもしれないが、積極的サイバー防御はそれだけではない。むしろ、積極的サイバー防御では、「リアルタイム性」を重視している。積極的サイバー防御には様々な定義があるが、「リアルタイムに検知、分析、特定、緩和するための積極的・機動的な対策」であることが言われている。個人や企業が各々のネットワーク内で行う防御行為は、攻撃性はないものの、リアルタイム性を向上させ機動的な防御を可能にするという点で、積極的サイバー防御に分類されている。

（4）転換後のサイバーセキュリティ政策

　これまでの日本は、「専守防衛」の立場からサイバーセキュリティにおいても攻撃性のない受動的なサイバー防御を行ってきた。次頁の表で言うと、これまでの日本が行ってきたのは、「受動的サイバー防御」と「積極的サイバー防御」のうち「個人や企業が各々のネットワーク内で行う活動」の部分での対策であった。現行規則では、アクセス権限を有していないシステムにアクセスすることは「不正アクセス禁止法」に抵触するため、この範囲にとどまっていた。しかし、サイバー攻撃に関する国際的ルールと称されるタリン・マニュアル2.0[19]では、他国のネットワークへ侵入して、主権侵害に及ばないレベルの活動をすることは合法とされている。サイバー空間における諜報活動も合法である。また、主権侵害に及ばない攻撃（例えば、民間のサイバーインフラの機能喪失）に対して、同種の対抗措置を行うことが認められている。また、サイバー武力攻撃が発生した場合又は窮迫した場合、サイバー空間における手段を含め自衛権を行使できることとなっている[20]。攻撃を受けた場合、あるいは未然に防ぐ目的で敵対者の攻撃行動を妨害する行為は、均衡性が保たれる場合、許されることとなっている。すなわち、表内の「積極的サイバー防御」のうち「政府等が敵ネットワークに侵入して行う活動」は合法とされている。また、「政府等が国内ネットワークの内側で行う活動」については、各国の国内法で規定されるものであるが、自国の領土内にあるシステムは国家の統治権の対象となり、防衛目的で国家主体がアクセスすることができることが一般的であり、各国は国内ネットワーク内における防御のための対策を講じている。これに対し、日本では、いかなるアクターも他のネットワークに侵入することは、国内外問わず、目的問わず禁止されている。

75

表 サイバー防御およびサイバー攻撃の各分類における具体的手法（一例）

分類			具体的手法
サイバー防御	受動的サイバー防御		・ファイアウォール ・ウイルス対策ソフト ・ウイルススキャン ・修正パッチ 等
	積極的サイバー防御	個人や企業が各々のネットワークの内側で行う活動	・情報共有 ・ターピット（メールサーバの受信の反応を遅らせることでリストからの削除を狙う） ・サンドボックス（疑似コンピュータを用意し、怪しいメール等は一度そこで開いて確認する） ・ハニーポット（囮によりシステムへの不正侵入を誘い敵の攻撃手法等を分析する） ・カナリヤトラップ（大量の偽ファイル（個々の偽ファイル）を使い重要なファイルを隠す） ・スレット・ハンティング（個々に埋め込まれたマルウェアを能動的に探し出す） ・ビーコン（警告／情報通知）（不正なファイル削除を通知したり、通信先の情報を提供する） ・ダークネットでの情報収集
		政府等が国内ネットワークの内側で行う活動	・ボットネットのテイクダウン（マルウェアに感染したコンピュータを攻撃側の指揮PCから切り離す） ・ホワイトワーム（被害者のコンピュータに侵入し、盗難中のデータを暗号化し、被害者へ通知する）
		政府等が敵ネットワークに侵入して行う活動	・レスキュー・ミッション（攻撃側のコンピュータに侵入し、盗まれた情報を回収する）
サイバー攻撃			・ハックバック ・承認を得ずに外部ネットワークへ侵入し情報破壊

出所：Center for Cyber and Home and Security "Into the Gray Zone: The Private Sector and Active Defense against Cyber Threats" p.10, Figure 2を参考に作成

コラム1　日本のサイバーセキュリティ政策

　しかし、昨今のサイバー攻撃の脅威の急速な高まりを受け、日本では、2022年12月に閣議決定された「国家安全保障戦略」において、「サイバー安全保障分野での対応能力を欧米主要国と同等以上に向上させる」とした上で、サイバーセキュリティに係る戦略的姿勢を「能動的サイバー防御」へ転換させた。この能動的サイバー防御という言葉は、英文では"Active Cyber Defense"と表されており、基本的には、先の表の積極的サイバー防御と同義である。

　国家安全保障戦略では、能動的サイバー防御のための体制整備に必要な措置として、①「重要インフラ分野を含め、民間事業者等がサイバー攻撃を受けた場合等の政府への情報共有や、政府から民間事業者等への対処調整、支援等の取組を強化する」、②「国内の通信事業者が役務提供する通信に係る情報を活用し、攻撃者による悪用が疑われるサーバ等を検知するために、所要の取組を進める」及び③「国、重要インフラ等に対する安全保障上の懸念を生じさせる重大なサイバー攻撃について、可能な限り未然に攻撃者のサーバ等への侵入・無害化ができるよう、政府に対し必要な権限が付与されるようにする」の3項目を挙げている。①は先ほどの表内の「個人や企業が各々のネットワーク内で行う活動」に含まれる取組であり、従来の取組をさらに強化しようとするものである。②及び③は、表内の「政府等が国内ネットワークの内側で行う活動」及び「政府等が敵ネットワークに侵入して行う活動」に含まれる取組であり、新たに拡大された部分である。

　②及び③はその目新しさゆえに注目が集まりがちであるが、①に関する取組も重要である。先ほど、積極的サイバー防御においてはリアルタイム性が重要であると述べたが、①はまさにリアルタイム性を担保する取組であり、これによりレジリエンスを高めるものである。②及び③は、より積極的なサイバー防御を可能とするために、国家が主導して新たに実施する取組であり、これまで無かった機能を新たに保有するというチャレンジングな取組である。

（5）能動的サイバー防御のための今後の取組

　まず、必要なことは法改正及び憲法との整合性の確保である。電気通信事業法第4条には「電気通信事業者の取扱中に係る通信の秘密は、侵してはならない。」等の通信の秘密に関する法令が定められている。積極的な防御策を講じるためには、悪意ある攻撃者に関する情報提供を受けることができるよう法改正が必要となる。この際、憲法第21条第2項の「通信の秘密は、これを侵してはならない。」と整合性を確保することも必要となる。また、不正アクセス禁止法第3条には「何人も、不正アク

77

セス行為をしてはならない。」と定められている。不正アクセス行為とは、アクセス権限を持たない者がサーバ等へ侵入する行為を指す。これに対し、サイバー攻撃を阻止する目的において、悪意ある攻撃者のサーバにアクセスできるよう法改正が必要である。また、刑法第 161 条の 2「電磁的記録不正作出及び供用」により、ウイルスの作成は罪に問われることとなっている。これに対し、発見したマルウェアを事前に無害化するために、悪意ある攻撃者に仕掛けられたマルウェアを無害化するためのウイルス（ホワイトワーム）を作成できるよう法改正が必要である。また、個人情報の保護に関する法律において、個人情報は常に保護対象となっているが、これについても、重大なサイバー攻撃を防止する目的で個人情報の提供ができるよう法改正が必要である。

　法改正の他、体制構築もあわせて行う必要がある。現在、インシデント等が発生した際に、民間企業に対して強制力を持って一元的に対処を行う政府組織がない。これに対して、国家安全保障戦略では、「内閣サイバーセキュリティセンター(NISC)[21]を発展的に改組し、サイバー安全保障分野の政策を一元的に総合調整する新たな組織を設置」するとしており、新たに司令塔となる組織の設立を予定している。加えて、同戦略の中で、自衛隊サイバー防衛隊の強化も予定されている。現在、国家として積極的な防御策を実施するための実行部隊がない。自衛隊サイバー防衛隊は、現行規則では、民間企業のシステムを防護することはできない。しかし、中期防衛力整備計画（2023 年 12 月 17 日閣議決定）では、今後、「我が国へのサイバー攻撃に際して当該攻撃に用いられる相手方のサイバー空間の利用を妨げる能力の構築に係る取組を強化する」とし、そのために「共同の部隊としてサイバー防衛部隊を保持する」としている。また、「サイバー関連部隊を約 4,000 人に拡充し」、「2027 年度を目途に、サイバー関連部隊の要員と合わせて防衛省・自衛隊のサイバー要員を約 2 万人体制とし、将来的には、更なる体制拡充を目指す」としている。人材確保、人材育成の課題はあるが、これらの体制構築が行われれば、新たな司令塔組織の下、自衛隊サイバー防衛隊が能動的サイバー防御のための実行部隊として積極的な防御策を講じることができるようになり、より強固な抑止及び対処が可能となるだろう。

　以上述べてきた通り、日本はこれまでの受動的防御一筋のサイバーセキュリティ体制から脱却し、能動的サイバー防御体制を築こうとしている。法整備及び体制構築など課題は多いが、日本国内のサイバー空間を自由、公正かつ安全な空間として維持するには、早急にこれらの課題を解決していかなければならないだろう。

コラム 1　日本のサイバーセキュリティ政策

注

1 「サイバーセキュリティ基本法」（2016 年 4 月 1 日施行）第 1 条。

2 「サイバーセキュリティ戦略」（2021 年 9 月 28 日閣議決定）4 頁。

3 外務省『外交白書 2023』196 頁。

4 国際連合日本政府代表部「サイバーセキュリティに関する第 6 会期国連政府専門家会合（GGE）最終会合における赤堀毅総合外交政策局審議官（サイバー政策担当大使）ステートメント」（2021 年 5 月 28 日）https://www.un.emb-japan.go.jp/itpr_ja/akahori052821.html（2023 年 11 月 30 日閲覧）；国際連合日本政府代表部「サイバーセキュリティに関する国連オープン・エンド作業部会（OEWG）最終会合における赤堀毅総合外交政策局審議官（サイバー政策担当大使）ステートメント」（2021 年 3 月 12 日）https://www.un.emb-japan.go.jp/itpr_ja/akahori031221.html（2023 年 11 月 30 日閲覧）

5 サイバー空間のルール作りに関する国連でのロシアと欧米諸国の角逐については次を参照。原田有「サイバー国際規範をめぐる規範起業家と規範守護者の角逐」『安全保障戦略研究』第 2 巻第 2 号（2022 年 3 月）238〜249 頁。

6 United Nations "Programme of action to advance responsible State behaviour in the use of information and communications technologies in the context of international security" https://digitallibrary.un.org/record/3991743#record-files-collapse-header（2023 年 11 月 30 日閲覧）

7 外務省「サイバー・イニシアチブ東京 2022 山田外務副大臣スピーチ原稿」https://www.mofa.go.jp/mofaj/files/100431283.pdf（2023 年 11 月 30 日閲覧）；外務省『外交青書 2023』196 頁。

8 瀬戸崇志「国家のサイバー攻撃とパブリック・アトリビューション：ファイブ・アイズ諸国のアトリビューション連合と SolarWinds 事案対応」『NIDS コメンタリー』第 179 号（2021 年 7 月 15 日）5〜6 頁。

9 総務省「報道資料　日 ASEAN サイバーセキュリティ能力構築センターの設立」（2018 年 9 月 7 日）https://www.soumu.go.jp/menu_news/s-news/01tsushin09_02000074.html（2023 年 11 月 30 日閲覧）

10 サイバーセキュリティ戦略本部「サイバーセキュリティ分野における開発途上国に対する能力構築支援に係る基本方針」（2021 年 12 月 14 日）

11 サイバーセキュリティ戦略本部『サイバーセキュリティ 2019（2018 年度報告・2019 年度計画）』（2019 年 5 月 23 日）20 頁。

12 スコット・ジャスパー著、川村幸城訳『ロシア・サイバー侵略　その傾向と対策』（作品社、2023 年）13 頁。

13 山田敏弘「知られざるウクライナのサイバー戦争」『Newsweek 日本版』第 37 巻 37 号、18 頁、（2022.9）

14 松原実穂子「ウクライナのサイバー戦争」（新潮社、2023 年）4 頁。

[15] Austen D. Givens, Max Gorbachevsky, Anita C. Biernat, "How Putin's Cyberwar Failed in Ukraine," *Journal of Strategic Security*, Vol. 16, No. 2 (2023), pp. 109-112.

[16] 松原実穂子『ウクライナのサイバー戦争』(新潮社、2023 年) 33 頁。

[17] E.V.W.デイヴィス著、川村幸城訳『陰の戦争　アメリカ・ロシア・中国のサイバー戦略』(中央公論新社、2022 年) 29 頁。

[18] Center for Cyber and Homeland Security "Into the Gray Zone. The Private Sector and Active Defense against Cyber Threats" p. 10.

[19] タリン・マニュアルは、NATO を中心とする各国の有識者がタリンに集まって作成したサイバーに関する法的な見解を著したもので、国際社会において一定の権威を有しているものと捉えられている。

[20] 中谷和弘、河野桂子、黒﨑将広『サイバー攻撃の国際法－タリン・マニュアル 2.0 の開設－』(信山社、2023 年) 17、29、89 頁。

[21] 現在の内閣サイバーセキュリティセンターの役割は、行政各部の情報システムに対するサイバーセキュリティの確保であり、民間企業への強制力はないため、能動的サイバー防御において必要な脅威情報等の収集等を効果的に行うことができない。

■第3章■

中東におけるデジタル権威主義

―デジタル抑圧、地政学、「監視資本主義」―

溝渕 正季

この章のポイント

●中東におけるデジタル権威主義は、情報技術を悪用して反体制派を抑圧し、支配を強化している。

●「デジタル・ユートピア主義」は終焉し、「デジタル権威主義」の台頭により、抑圧的な手法が進化・効率化された。

●米国、中国、ロシアは中東の権威主義政権を支え、そのデジタル抑圧技術の発展と適用を後押ししている。

●「監視資本主義」により、個人情報は収益源として悪用され、政権の支配を維持するツールとなっている。

●サウジアラビアはデジタル権威主義の顕著な例であり、政府批判を封じるために検閲、監視、情報操作を行っている。

●サウジアラビアでは、反体制派を黙らせるためにボットやトロールを使った SNS でのキャンペーンが行われている。

●国際的な法規制や自己規制にもかかわらず、デジタル技術の悪用による権威主義体制の強化は進行しそうである。

1．はじめに

　2010 年末にチュニジアで発生した「ジャスミン革命」に端を発し、その後、中東諸国全体に広がっていった政変の連鎖、いわゆる「アラブの春」は、情報通信技術（ICTs）に対するユートピア的な見方を生み出した。反体制抗議運動の参加者たちは、お互いに Twitter（現 X）や Facebook といった SNS を通じて連帯し、独裁者に立ち向かった。エジプト出身でグーグル社の幹部であるワーエル・ゴネイム（Wael Ghonim）は、母国において自ら SNS を通じた抗議運動を主導し、後に「革命 2.0」と一連の政治変動を自画自賛した [1]。彼のこうした発言は欧米メディアでも広く紹介され、同時期に同じく SNS などを通じて活動が広がっていった「ウォール街を占拠せよ」運動などと相まって、デジタル技術に対する楽観的な見方（いわゆる「デジタル・ユートピア主義」）が世界的に醸成されていった。

　しかし、このような希望的な楽観論はすぐに鳴りを潜めることとなった。デジタル技術が抗議運動や革命家たちだけの道具ではないことを人々は忘れていたのだ。デジタル技術は同時に、市民社会を監視し、反体制派を弾圧することで、自身の支配を盤石なものとすることを望む独裁者たちの道具でもあった。そして、過去 10 年間の中東地域において、そうしたデジタル技術をより巧みに、より狡猾に利用したのは、革命家ではなく独裁者の方であった。「デジタル・ユートピア主義」は「デジタル権威主義」の台頭に道を譲ったかたちとなった。

　これまでデジタル権威主義の研究は数多く発表されてきたが、その多くは中国とロシアを対象としたものであった。だが、両国に劣らず、中東の事例はデジタル権威主義を理解する上できわめて重要である。まず、中東は現在、世界でももっとも SNS が普及した地域である。アラビア語話者の総数は世界で 4 億人を超えており、中東の 5 カ国が SNS の利用率トップ 10 にランクインしている [2]。ユーザーは 1 日に 3 時間以上 SNS を利用していることが多い。個別にみると、YouTube と TikTok のリーチ数で世界トップ 5 を占めるのは、レバノンを筆頭に、すべて中東諸国である。Instagram では中東の 4 カ国が、X（旧 Twitter）では 3 カ国が、それぞれリーチ数でトップ 20 にランクインしている [3]。こうして中東はハイテク企業や広告主にとっての巨大な市場となる一方で、規制が緩く誰でも手軽に匿名で利用でき、さらに欧米諸国による監視の目もなかなか届かない中東では、デジタル空間における偽情報やフェイク・ニュースといった問題は英語圏よりもはるかに深刻である。そして、中東の権威主義諸国

はこうした情報生態系[4]を巧みに利用している。こうした状況からも、中東地域の事例を研究対象とすることの重要性は明らかであろう。

以下、本章は以下のような構成をとる。第 1 節では、主に先行研究に依拠するかたちで、中東の権威主義諸国がいかにして自分たちの体制を盤石なものとしてきたのかを検討する。第 2 節では、そうした中東の権威主義諸国を国際社会とグローバル資本主義がいかに支えてきたのかを論じる。第 3 節では、サウジアラビアを事例として、同国政府がデジタル技術を通じて、いかに反体制派を監視・弾圧してきたのかを分析する。

2．中東の権威主義体制はなぜかくも頑健なのか？ ——抑圧・懐柔・正統化

中東[5]は世界で最も権威主義国家[6]の割合が高い地域である。米国を拠点とするNGO「フリーダム・ハウス（FH）」によると、中東諸国 22 カ国中、「自由」に分類される国はわずか 1 カ国（イスラエル）、「部分的自由」が 4 カ国（モロッコ、チュニジア、レバノン、クウェート）、残りの 17 カ国は「自由ではない」に分類されている（2023年時点）[7]。また、英国の調査会社「エコノミスト・インテリジェンス・ユニット（EIU）」が毎年出している「民主主義指数」においても、中東はサハラ以南アフリカを抑えて世界でもっとも非民主主義な地域となっている（2022 年時点）[8]。こうした傾向は、これらの指標が最初に発表された年（FH は 1972 年、EIU は 2006 年）以降、まったく変化がない（それどころか、ここ数年で民主主義からのさらなる後退が見られる）。

様々な世論調査が明らかにしている通り、中東の人々の多くは（以前と比較して現在ではさらに）自由と民主主義を望んでいる（図 1 も参照）。にもかかわらず、地域における権威主義体制の多くは、1990 年代に政治学者サミュエル・ハンチントン（Samuel Huntington）が提示した有名な民主化の「第三の波」[9]を乗り切り、さらには 2010 年末から中東全域で顕在化した「アラブの春」をしぶとく生き延び、今にいたるまでかたちを変えつつも存続している[10]。

それでは、中東地域にはなぜかくも多くの権威主義諸国が存在するのか、そしてそれら諸国の体制はなぜかくも耐久性が高いのだろうか。その理由はもちろん一つではなく、様々な要因が複合的に絡み合っているのだが、一般に、権威主義体制は自らの体制を存続させるために「抑圧」、「懐柔」、「正統化」という 3 つの手段に頼ることが知られている[11]。この点は中東の権威主義体制も同様である。いずれの体制もこれら

3つの手段を相互に組み合わせることで、自らの体制を維持・安定化させようとしている。

[出典] Arab Barometer のデータ[12]をもとに筆者作成

（1）抑圧

抑圧は権威主義的支配を決定付ける特徴であり、民主的移行や革命が成功するのは国家の強制組織（軍、警察、治安・諜報機関）が反体制運動を押しつぶす意志や能力を欠いている場合に限られる[13]。抑圧とは一般に、「国家の支配領域内において、対象者にコストを強いると同時に特定の活動を抑止する目的で、個人または組織に対して物理的制裁を実際に、または脅迫的に行使すること」と定義される[14]。民主主義体制であれば、政府による理不尽な抑圧は有権者の反発を買い、次の選挙で権力の座を引き摺り下ろされることになる。だが、権威主義体制においてはそのような心配はない。よって、通常、権威主義体制の下では、支配を維持するために暴力による抑圧が一層頻繁に用いられる。

抑圧は様々な形態をとりうるが、それは大きく「高烈度」と「低烈度」の2つに分けることができる[15]。これら2つは抑圧行為の対象と使用される暴力のタイプによって区別される。「高烈度」の抑圧とは、主として反体制派指導者のような有名な個人や団体を対象とした、あからさまな暴力の行使を意味する。具体的には、デモ参加者に対する大量虐殺、反体制派組織の弾圧やメンバーの投獄、反体制派指導者の拷問や暗殺といった手段を指している。ただし、こうした「高烈度」の抑圧にはリスクも伴い、

たとえば外交的孤立や経済制裁、そして国際法廷による訴追に至るまで、高い国際的コストを伴う可能性があるし、仮に失脚した後には悲惨な末路を辿る可能性も高い。他方で「低烈度」の抑圧とは、主として重要性の比較的低い個人や集団を対象とし、より表面化しづらく、より微妙なかたちをとることが多い。具体的には、（公式・非公式の）監視装置の使用、反体制活動家に対する民事訴訟、低強度の身体的嫌がらせや脅迫、また、特定の職業や教育の機会の拒否、集会の自由のような政治的権利の抑制といった非物理的な形態がある。こうした「低烈度」の抑圧は国内外で注目を集めることが比較的少ないかもしれないが、全体としてみた場合、反体制活動に対する効果的な抑止力となり、反体制活動の芽を摘む働きをすることが多い。

　そして実際、中東の独裁者たちはこれまでにしばしば、「高烈度」と「低烈度」の抑圧を巧みに組み合わせ、反体制運動を叩き潰してきた。彼らが行なってきた残虐行為については枚挙に暇がないが、1988 年にハラブジャのクルド人およそ 5000 人を殺戮するために毒ガスを使用したイラクのサッダーム・フセイン（Saddam Husayn）大統領、2011 年から続く内戦において自国民を大量虐殺したシリアのバッシャール・アサド（Bshshar al-Asad）大統領、そして 2018 年にトルコの在イスタンブール・サウジアラビア総領事館においてきわめて残虐な方法で反体制派ジャーナリストであるジャマール・ハーショグジー（Jamal Khashoggi）氏を殺害したムハンマド・ビン・サルマーン（Muhammad bin Salman; 以下、MbS）皇太子を想起すれば十分であろう [16]。

　また、「低烈度」の抑圧についても、上述のような具体例は中東各地で頻繁に観察することができる。中東における権威主義体制の多く——特にバアス党政権下のシリアとイラク——は「警察国家」とも称され、複数の秘密警察・治安機関（ムハーバラート）が存在し、市民の監視や反体制的言動の摘発に当たっている。治安機関は市民社会のあらゆる場面に浸透しており、タクシー運転手、レストラン店員、路上の物乞いなどが秘密警察である場合もあった。こうした監視網は、国民を恐怖という心理で支配するだけでなく、隣人、家族、友人同士が互いに互いを監視し、密告し合う社会を形成することにも繋がった。親が家で言ったことを子供が学校で喋ってしまい、教師が治安機関に通報したというケースもあったといわれる [17]。

（2）懐柔

　しかし、いかなる権威主義体制といえども、抑圧だけで自らの支配を維持し続けることはできない。抑圧は長期的に安定を維持するにはコストが掛かりすぎる。そこで、大部分の権威主義体制は抑圧に懐柔を組み合わせて用いることとなる [18]。懐柔とは、「潜在的な挑戦者に対し、その忠誠と引き換えに、意図的に利益を供与する行為」[19]〔訳

文一部改変〕と定義される。懐柔は、体制内（政治・ビジネス・軍事）エリートに向けて行われることもあれば、反体制派のメンバーや、あるいは一般大衆に向けて行われることもある。中東の場合であればさらに部族指導者や宗教指導者などを懐柔することも重要となる。

　懐柔によって提供される便益は多岐にわたる。体制内エリートに対しては、たとえば政府内の重要なポストや予算、政治的特権などがしばしば提供される。これにより、彼らに現体制と一蓮托生であることを知らしめ、体制転換やクーデターのリスクを減少させることができる [20]。また、権威主義体制下の議会や選挙は懐柔の主要なツールである。議会は主要な政治アクターらが取引を持ちかけたり政策的な譲歩を引き出す場として機能し、潜在的な反体制派を体制内に取り込むことを可能とする [21]。選挙もまた、参加資格という点で恣意的なルールを設定することで、参加資格・出馬資格を持つ者と持たざる者のあいだに分断構造を生み出し、潜在的な反体制勢力を弱体化することに利用される。さらに、出馬を許された者、とりわけ議会に議席を得た者は、体制の利害関係者となり、やがて体制存続に既得権を持つようになる [22]。

　また、そうした政治制度を利用する以外にも、たとえば、公式・非公式のパトロン・クライアント・ネットワークを通じて公共サービスを優先的に提供する、ビジネスや就労の機会を提供する、あるいは税率を優遇するといったことから、単純にモノやカネをばら撒くといったことまで、懐柔の手段は無数にある。

　世界で最も権威主義国家の割合が高い中東地域でも、抑圧に加えて、こうした懐柔の事例も無数にみられる。エレン・ラスト（Ellen Lust-Okar）が指摘するように、中東諸国で実施される選挙の大多数は「競合的クライアンテリズム」と呼ぶにふさわしいものであり、大きな制約が課された選挙は「良くても国家資源へのアクセスを巡る競合の場」に過ぎず、候補者も有権者も共に「国会議員とは、法案を策定する人物ではなく、閣僚や官僚に対して就職や許認可を斡旋したり、あるいは地位と影響力を行使することで自身の自由にできる国家資源を分配し得るような人物」であると理解しているという [23]。

　また、湾岸産油諸国の統治システムはこうした懐柔戦略の代表例である。これら諸国は伝統的に「首長統治」（sheikhly rule）、あるいは「新家産制国家」（neo-patrimonialism）と呼ばれる合議型の権威主義体制を維持しており、最高権力者はほとんどの場合において王族メンバー、部族指導者、宗教指導者、ビジネスマンといった利害関係者との幅広い協議の末、意思決定を行なってきた [24]（なお、近年、サウジアラビアや UAE などは、こうした合議型権威主義体制から指導者個人への権力の集中を特徴とする個人独裁体制へと移行しつつある。この点は後述）。同時に、湾

岸産油諸国は炭化水素資源に国家収入のほぼすべてを依存する「レンティア国家」であり、巨額の財源を通じて、体制内エリートたちや部族・宗教指導者たちに様々な特権や権力を与えると共に、自国民に対しても幅広く手厚い補助金をばら撒き、さらに住宅や福祉、そして雇用などを提供することで、国民を懐柔してきた[25]。

（3）正統化

最後に、実証的に論究することは非常に困難ではあるものの、支配の正当性もまた権威主義の安定性を説明するにあたり重要である。これは無論、「国民の政治的・文化的未熟さが権威主義体制を存続させている」、あるいは「イスラームは本質的に民主主義とは相容れない」といったような本質主義的・文化決定論的な議論を意味するものではない。そうではなく、権威主義体制は様々な手段を通じて意図的に、現体制による支配が適切であり自然であるとする信念、そしてそれを通じた服従を国民のあいだに広く浸透させてきた、とする議論である。

リサ・ウェディーン（Lisa Wedeen）は、ハーフィズ・アサド（Hafiz al-Asad; 以下、H. アサド）政権下のシリアを対象として、服従心がどのようにして人々のあいだに浸透していったのかを分析している。H. アサド政権期（1970〜2000 年）、彼の肖像画は街中のいたるところに溢れかえり、メディアは彼を「父」「全能の人」と喧伝し、それはあたかも「個人のカルト」といった様相を呈していた。シリア人たちは当然、こうしたシンボルやレトリックをまったく信じてはいなかったが、政府高官から一般市民にいたるまで、すべてのシリア人たちは「あたかもそれを信じているかのように（as if）」振舞わざるを得なかった（そしてそのことを誰もが知っていた）。こうして構造化された「『規律的・シンボル的』権力」こそが体制への服従を引き出しているのだとウェディーンは主張した。「アサドのカルトは、たとえそれが信じられていないとしても、それゆえにこそ曖昧であっても強力な社会的コントロールのメカニズムなのである」[26]。

後述するように、現時点でサウジアラビアの実質的な最高権力者である MbS もまた、2017 年以降、「MbS のカルト」とも呼びうるようなイメージを国内外で広く打ち出すべく、主としてデジタル技術を通じてポピュリスト的政策を矢継ぎ早に打ち出してきた[27]。それが現状どの程度成功しているかは推測するより他にないが、少なくとも MbS 自身は支配の正統性という点をきわめて重視していることは間違いない。

*

ここまで、権威主義体制が自らの体制を存続させるために依存する３つの手段——抑圧、懐柔、正統化——について詳しくみてきた。近年急速な発展を遂げるデジタル技術は、こうした手段をより低コストで、より効果的に実行することを可能としている。中東（だけではないが）の権威主義体制は過去 10 年間、デジタル技術に多額の投資を行ってきた。その結果、これまで様々な手法を通じて反体制勢力に対して優位に立ってきた権威主義体制は、現状、デジタル空間においても明白な優位に立っている。

３．地政学・グローバル資本主義・情報生態系

　前節では、中東地域における権威主義の頑健性について、主として自国民に対する政策という側面から検討を加えてきた。他方で、これまであまり論じられてこなかった地政学的側面（権威主義体制を支援し、民主化勢力を弱体化させる外部主体を指して、しばしば「ブラック・ナイト」と呼ばれる[28]）、そしてグローバル資本主義と情報生態系という側面もまた、実際には無視し得ない重要性を有している。

（１）米国—「非リベラルな覇権秩序」の追求
　米国が覇権国として本格的に中東に関与し始めたのは冷戦終結以降であるが、その際に追求された目的は、主として石油およびそれを運搬する海上輸送経路（シーレーン）防衛、イスラエルの安全保障、そして米国に敵対的な勢力の打倒あるいは封じ込め、という３つであった。他方で、ビル・クリントン（Bill Clinton）政権が対外政策の柱として大々的に掲げたような自由主義経済と民主主義の世界的拡大を目指す（「関与と拡大」）戦略が米国の対中東政策に反映されることは決してなかった[29]。
　たとえばクリントン政権は、米国とイスラエルに対して最も敵対的であり、地域で最も危険な修正主義国家であると（少なくともワシントンからは）認識されていたイランとイラク（とりわけイラク）を同時に封じ込めるという戦略（「二重の封じ込め」）を対中東政策の柱とした。そして、これを実行するためにはペルシャ湾岸地域に米軍を常時展開させておく必要があったことから、湾岸諸国それぞれと防衛協力協定を締結すると共に、それら諸国の権威主義的統治体制については黙認（あるいは積極的に支援）してきた。イスラエルと和平を締結した国々（エジプトとヨルダン）も同様に、その権威主義的統治体制は黙認され、その上米国からは手厚い政治・経済・軍事的支援を受けることができた[30]。

第3章　中東におけるデジタル権威主義

同様に、ことあるごとに「政治的自由の拡大はイスラーム過激主義を弱体化させる」「自由を犠牲にして安定を勝ち取ることなどできない」と訴えてきたジョージ・W・ブッシュ（George W. Bush）政権であったが、（典型的な権威主義体制である）サウジアラビア王室とは昵懇の関係にあり、また 2006 年 1 月のパレスチナ立法評議会選挙において民主的に——この点については国際社会も称賛を送っている——勝利を収めたハマースを「テロ組織」と断じ、パレスチナに事実上の経済制裁を科すなど、対中東政策において自由や民主主義といった価値よりも（物質的な）国益を追求する姿勢は明らかであった。

そして、こうした姿勢はその後も、ドナルド・トランプ（Donald Trump）政権下はもとより、「変化」を掲げたバラク・オバマ（Barak Obama）政権や、「民主主義と専制主義の競合」を唱えたジョセフ・バイデン（Joseph Biden）政権といった民主党政権下でも、基本的に変化はなかった。

このように、米国の対中東政策は一貫して「ブラック・ナイト」としての役割、つまり同盟国であるイスラエルや親米権威主義諸国を通じて、中東で「非リベラルな覇権秩序」を維持することを追求してきたのであり、自由や民主主義といった価値や理念の実現が目指されることは決してなかった[31]。こうして中東の権威主義諸国は、米国による熱心な支援と後押しを得て、その支配をさらに強固なものとしてきたのである。

（2）中国・ロシア——「世界を独裁体制にとって安全にする」

加えて、近年、中東地域において急速にその影響力とプレゼンスを拡大しつつある中国とロシアの役割にも触れておくべきであろう。

中国は 2013 年以降、習近平国家主席の肝煎りで始められた「一帯一路」政策を軸に、中東地域に深く関与するようになっていった。中国の対中東政策における特徴としては以下の 3 点を指摘できる。第 1 に、「ゼロ・エネミー」あるいは「オール・フレンズ」と称されるような、イデオロギーや体制の違いを超えてあらゆる国家・非国家主体と平等に関係を構築している点。第 2 に、あくまで経済的な関与のみに焦点を当て、米国のように前方展開基地を建設したり軍事紛争に直接介入したりといったことは極力避けるという姿勢。そして第 3 に、他国の内政には関与しない（主権尊重・内政不干渉）という原則である。

2017 年に世界最大の原油輸入国となり、2020 年には世界最大のエネルギー消費国となった中国は、全原油輸入量の 50％以上を中東（特にペルシャ湾岸諸国）から輸入しており、中国にとって中東は第一義的にエネルギー供給元としてきわめて大きな価

89

値を持っている。また、エネルギー以外の分野においても、中東は中国にとって魅力的な貿易・投資先である。実際、その取引額は近年急速に拡大しており、既に中国は中東諸国への世界最大の貿易相手国となっている。そして、こうした経済的な関係を梃子として、2023年3月には長年にわたって敵対していたサウジアラビアとイランのあいだの国交正常化を主導するなど、政治面での存在感も増してきている[32]。

　ロシアもまた、2015年に始まったシリア内戦への軍事介入を契機として、それまでの中東不介入政策を大きく転換することとなった[33]。ウラジーミル・プーチン（Vladimir Putin）大統領はシリア内戦をそれ自体としてではなく、米国をはじめとする西側諸国との関係性を転換する契機、さらには国際秩序を修正するための梃子として捉えていた[34]。対シリア政策において有効な戦略を打ち出せないでいたオバマ政権を横目に、ロシアは2016年末までにシリア内戦の潮目を変え、アサド政権側の軍事的優位を確立し、シリア国家の完全崩壊を防ぐことに成功した。2019年頃にはアサド政権が存続することはほぼ確定的な状況となった。こうしてプーチン政権は、シリア内戦を通じて、自国が中東情勢を左右し得る存在、米国と肩を並べる大国であることを内外に証明しようとした。

　そして実際、プーチン政権の試みはある程度奏功し、2021年2月に始めたウクライナ侵攻によって欧米諸国から厳しい批判と制裁を向けられる一方、現時点でも中東諸国との政治・経済面での関係は変わらず継続している。2023年8月に開催されたBRICS首脳会談では、メンバー国（ブラジル、ロシア、インド、中国、南アフリカ）が、アルゼンチン、イラン、エジプト、エチオピア、サウジアラビア、UAEの6カ国に対してBRICS加盟を呼びかけたが、これも欧米諸国がロシアや中国の孤立化を目論むなかで、「世界の多極化」を目指すロシア（そして中国）の意向が強く働いた結果である。

　そして、中国とロシアは事あるごとに、2000年に始まった一連の「カラー革命」から「アラブの春」まで、ユーラシア大陸のあらゆる場所での民主化の動きを「欧米諸国による陰謀」であると断定し、それに対抗すること強調している[35]。このように、中ロ両国もまた、一貫して中東地域の権威主義的政権を積極的に支援してきた。特に中国は、主権尊重・内政不干渉という外交原則以上に、「世界を独裁体制にとって安全にする」ことを積極的に外交目標とすらしていると指摘される[36]。さらに、次節で詳しく論じるように、両国によって提供されるデジタル技術は権威主義諸国にとって体制維持のための強力なツールとなっている。このように、中東の権威主義体制がかくも頑健であり続ける要因として、「ブラック・ナイト」としての両国の役割もまた、米国のものと同様、無視し得ない要因であろう。

（3）グローバル資本主義と情報生態系

　ショシャナ・ズボフ（Shoshana Zuboff）が近著『監視資本主義』のなかで論じたように、デジタル技術の急速な発展に伴い、様々な個人情報は収益性の高い商品となった。ズボフは「監視資本主義」を次のように説明する。

　　監視資本主義は人間の経験を、行動データに変換するための無料の原材料であると一方的に要求する。これらのデータの一部は、製品やサービスを向上させるために使われるが、残りは占有的な行動余剰（behavioral surplus）と宣言され、「人工知能」と呼ばれる先進的な製造プロセスに送られ、わたしたちの行動を予測する予測製品（prediction products）へと加工される。最終的にこれらの予測製品は、新種の行動予測市場（behavioral futures markets）で取引される。その市場をわたしは行動先物市場と名づけた。監視資本主義者はこうした取引から莫大な富を得た。なぜなら、わたしたちの未来の行動に賭け金を投じようとする企業は無数にあるからだ。[37]

　つまり、利用者がインターネットを検索したり、あるいは Facebook や X（旧 Twitter）のようなプラットフォームにアクセスしたり個人情報を投稿したりする際、企業側はそれらの行動データを一方的に収集し、利用者が興味を示すと予想される情報を提供するために利用する。そこから、情報を解析するアルゴリズムを用いることで、本来の利用目的をはるかに超えて利用者個人に関する様々なことを推測することができる。「監視資本主義」の危険性は、プラットフォームやハイテク企業が、利用者の限られた同意の下に、それらの個人情報を自由に商品化してしまう点にある。そして、世界中の利用者たちは誰に強制されたわけでもなく、個人情報を自発的に企業へ提供し続けている[38]。

　こうした「監視資本主義」という情報生態系は、権威主義体制ときわめて親和性が高い。というのも、こうして収集された様々な個人情報は、国民を監視・抑圧し、反体制的な動きを未然に発見・阻止し、自身の支配を正統化したいと望む権威主義体制にとって、きわめて高い価値を持つからだ。世界中の権威主義体制（その命運は「わたしたちの未来の行動」に懸かっている）は欧米のハイテク企業・サイバーセキュリティ企業・広告企業（「監視資本主義者」）らにとっては最良の顧客である（権威主義体制は民主主義体制と比較しカネ払いも格段に良い）。新自由主義の論理に則り、収益性を最重要視するそれらの企業は、そうした権威主義体制の依頼を受け、彼らの望む

個人情報を提供し、また彼らにとって都合の悪い情報が利用者の目に触れないようアルゴリズムによってキュレーションされたコンテンツを表示する[39]。

　また、とりわけ中東地域に関していえば、欧米諸国はこうした現状を積極的に黙認している。欧米諸国にとって、中東の権威主義諸国がデジタル技術を通じてその支配を一層強固なものとすることは都合が良い。その上、権威主義体制と密接な関係にあるという自国の「二重基準」を覆い隠すためにも、デジタル技術は重要なツールとなっている。他方で、中国とロシアはこうした情報生態系を世界中の権威主義諸国に対して積極的に移植しようと試みている[40]。

　要するに、中東の親欧米権威主義諸国と欧米諸国、そしてハイテク企業の三者は、それぞれ「権威主義体制の持続」という点に共通の利益を見出し、互いに協働しているのだ。こうしたグローバル資本主義と情報生態系もまた、中東の権威主義を支える重要な側面である。

4．中東におけるデジタル権威主義—サウジアラビアを中心に

　デジタル権威主義とは一般に、国内外を問わず、人々を監視、操作、抑圧、懐柔、統制するために、そして自らの体制を正統化するために、デジタル情報通信技術を利用している権威主義体制と定義される。その手法は非常に多様であり、インターネット遮断のような比較的初歩的な戦術から、反体制派の信用を貶めるための SNS 上でのフェイク・ニュース、偽情報キャンペーン、都合の悪い情報を「かき消す」ためのボット（一定のタスクや処理を自動的に遂行するようにプログラムされたアプリケーション）やトロール（「荒らし」）を用いた欺瞞的なコンテンツの拡散・増幅、潜在的な反体制派の行動を監視し予測するための AI の利用、そして標的を絞ったサイバー攻撃やハッキングまで、様々なものがある。

　エリカ・フランツ（Erica Frantz）らによれば、こうしたデジタル技術は一般に権威主義体制の維持に資するという。伝統的な抑圧と同様、デジタル技術を通じた抑圧は反乱のコストを引き上げ、反体制運動が人々を動員する能力を制限する。その上それは、伝統的な抑圧戦術自体のコストをも下げ、その効果を高めるといった効果も持つ。また、デジタル技術を通じた抑圧は、従来型の抑圧と比べて能力開発のためのコストが低い。市民を効果的に監視するための大規模なマンパワーはデジタル権威主義には必要ない。さらに、抑圧のための技術は輸入に依存することができる。中国やイスラエルは今や世界中の権威主義体制にスパイ活動や情報収集のソフトウェアを販売して

第 3 章　中東におけるデジタル権威主義

いる[41]。加えて、デジタル技術に依存することで拷問や投獄のようなより「高烈度」な抑圧がエスカレートする傾向もあるという。結果、デジタル権威主義はそうでない権威主義と比べて抗議行動を経験するリスクが低くなる[42]。

以上を踏まえ、本節では、「新たなデジタル大国」[43]とも称されるサウジアラビアの事例を中心に、中東におけるデジタル権威主義のありようについて分析していく。

（1）MbS の台頭と個人支配型権威主義の形成

2017 年 6 月に皇太子に任命されて以降、サウジアラビアは実質的に、若き指導者ムハンマド・ビン・サルマーン（1985 年生）によって率いられてきた。

2015 年 1 月、第 6 代国王アブドゥッラー（Abd Allah bin 'Abd al-'Aziz Al Sa'ud）の崩御に伴い、その異母弟である父サルマーン（Salman bin 'Abd al-'Aziz Al Sa'ud）が第 7 代国王に即位したことで、併せて首相を兼ねると、同日にサルマーン国王が発した勅命によって MbS は国防大臣、王宮府長官、国王特別顧問に親任された。同年 4 月にはサルマーン国王が新たな勅命を発し、アブドゥッラー前国王の崩御に伴い皇太子兼第一副首相に昇格したばかりのムクリン・ビン・アブドゥルアズィーズ（Muqrin bin 'Abd al-'Aziz Al Sa'ud）が退任、副皇太子兼第二副首相のムハンマド・ビン・ナーイフ（Muhammad bin Nayif）が内務大臣と政治安全保障評議会議長兼務のまま王位継承順第 1 位の皇太子兼第一副首相に昇格、MbS は国防大臣と経済開発評議会議長兼務のまま王位継承順第 2 位となる副皇太子兼第二副首相に昇格となった。その後、2017 年 2 月、「対テロ戦争」における貢献に対して米中央情報局（CIA）からジョージ・テネット・メダルも受賞した実力者ナーイフが勅令によって解任され、MbS が皇太子就任に加え、第一副首相、政治安全保障評議会議長に就任した（2022 年 9 月には首相へ昇格）。

こうして MbS は、高齢（1935 年生）のサルマーン国王に代わってサウジアラビアの顔となり、主要な権力中枢、そして軍の最高司令官となった。また、サウード家との歴史的盟約によってサウジアラビア国家を築き上げ、その宗教的権威によってサウジアラビア政府のイスラーム的正統性を担保してきたワッハーブ派のウラマー（法学者）を脇に追いやった[44]。サウジアラビア史上、これほど若くして権力を一手に握った王子は他に存在しない。

MbS の台頭により、サウジアラビアの権威主義体制は、それまでの伝統的な合議型から指導者個人への極端な権力集中を特徴とする個人支配型へと急速に変容したとしばしば指摘される[45]。実際、MbS は 2017 年以降、国内外で広く物議を醸すような大胆な政策を独断的に次々と実行してきた。

93

たとえば、2016 年には石油依存体質からの脱却を目指す長期経済計画「ビジョン2030」が発表され、同年 4 月には宗教警察（勧善懲悪委員会、「ムタワ」）からイスラーム法違反者をその場で逮捕する権限を剥奪した。2018 年には映画館を合法化し、女性による自動車運転免許の取得も解禁され、女性がスタジアムでスポーツを観戦することもできるようになった。また、2016 年に新設された総合娯楽庁主導の下、人気のある欧米のアーティストによるライブ、カーレース、競馬、ボクシングの試合、有名サッカー選手の大量獲得、映画や演劇をフィーチャーしたようなイベントなど、様々な施策が矢継ぎ早に実施された。こうした一連の政策は、若く、啓蒙的で、エネルギッシュな未来の君主としての皇太子の評判を高め、2018 年 9 月には雑誌『ニューズウィーク』の表紙を MbS の顔写真と「アラビアを再び偉大にする」（Make Arabia Great Again）というスローガンが飾るに至った。国内的には、こうしたポピュリスティックな政策により、全人口の 63%を占める 30 歳未満（2022 年統計）の若者たちのあいだで MbS に対する支持と期待が急速に高まった。

　他方で、こうした表面上の華々しい改革と新自由主義的経済政策とは裏腹に、最高権力者となった MbS は暴力的で残虐な弾圧を国内外で強化していった。彼は皇太子就任以前から、2015 年 3 月にはイエメンへの軍事介入を、2016 年 1 月にはイランと密接な繋がりを持つシーア派聖職者のニムル・ニムル（Nimr al-Nimr）師の処刑を、それぞれ断行していた。さらに、MbS が皇太子に任命されてから数カ月も経たないうちに、数百人に及ぶ有力王子やビジネスマンたちが拘束され、リヤドのリッツ・カールトン・ホテルに軟禁された。これは「汚職撲滅キャンペーン」の名を借りた大規模な粛清に他ならなかった。加えて、2018 年 10 月には、反体制派ジャーナリストとして著名なハーショグジーをトルコのサウジアラビア領事館にて残忍な方法で殺害した。MbS はこの事件の首謀者であると広く考えられている。対外的にも、2016 年 1 月にはイランと、2017 年 6 月にはカタルと、それぞれ国交を断絶し（前者とは 2023 年 3 月に、後者とは 2021 年 1 月に、それぞれ国交正常化）、これは中東全域を巻き込む緊張と分断を生み出すこととなった。こうした MbS の過度に好戦的で人道的問題を伴うような政治手法は、現在に至るまで国内外で深刻な軋轢を生み出してきた。

　そして、そんな MbS によってとりわけ重点的に強化されたのが、デジタル空間を通じた弾圧であった。

（2）サウジアラビアにおけるデジタル権威主義の諸相

　中東が世界で最も権威主義国家の割合が高い地域であることは先に触れたが、なかでもとりわけサウジアラビアは自由や民主主義の欠如した国家であり、ほぼすべての

第 3 章　中東におけるデジタル権威主義

政治的権利と市民的自由に制限が課されている。「フリーダム・ハウス（FH）」の調査によると、サウジアラビアは中東諸国のうちの下から 2 番目の自由度となっている（最下位はシリア）。体制は権力維持のために、広範な監視、反対意見の犯罪化、石油収入に支えられた公共支出に依存している。女性や宗教的少数派は、法律上も実際にも、広範な差別に晒されている。人口のおよそ 4 割を占める外国人労働者の労働条件は搾取的なものが多い [46]。

　そんなサウジアラビアではデジタル空間もまた厳しい制限の下にある。当局はその絶対的な権力を利用して、個人のオンライン活動や個人がアクセスできる情報を厳しく制限している。既に述べた通り、その手法は非常に多様であり、かつ、通常は複数の手法が複合的に組み合わされて用いられる。以下でみていく検閲や言説の支配といった手法は、あくまでその一例に過ぎない点に注意が必要である。

ア．検閲

　検閲は、権威主義的な政権が抑圧のためにデジタルツールを使用する最も明白な方法であろう。体制側は様々なソフトウェアや AI を通じて不都合な言説やアカウントを特定し、物理的な抑圧（逮捕、拘束、拷問など）をはじめとして、サービス停止やアクセス制限、オンライン言論の犯罪化などを通じて、デジタル空間という新しい公共圏において反体制的意見を封殺しようとしている。

　サウジアラビアにおいても検閲とハイテク監視システムが広く用いられており、当局は、有害、違法、反イスラーム的、あるいは攻撃的とみなされるコンテンツを禁止する規則に基づき、様々なウェブサイトをブロックしている。さらに、サウジアラビア政府やその政策に対する批判は、オンラインであろうとなかろうと許されない。政府に批判的な内容を掲載するニュースサイトはブロックされる。たとえば、ロンドンを拠点とするオンラインニュース Middle East Eye や、同じくロンドンを拠点とする Al-Araby al-Jadeed のウェブサイトなどは国内ではアクセスできない [47]。カタル、イラン、トルコの一部のニュースサイトは、これら諸国とサウジアラビアとの政治的緊張が続く中、2017 年、2018 年、2020 年にそれぞれブロックされた [48]。イランの同盟勢力が持つニュースサイトもブロックされており、レバノン・ヒズブッラーが所有するベイルートの放送局 al-Manar のウェブサイトや同組織に近い al-Mayadeen 放送局、イエメンのフーシー派が運営するウェブサイトなどにはアクセスできない [49]。その他、当局は、暴力的な過激派コンテンツを発信するウェブサイトや、ポルノ、ギャンブル、麻薬に関わるようなウェブサイト、あるいはサウジアラビアの反体制派が海外で設立した国民議会党や様々な人権団体のウェブサイト・ソーシャルメディアページをブロ

ックしている。LGBT+のコンテンツも広くブロックされている[50]。

さらに当局は、広範なウェブサイト、ブログ、チャットルーム、ソーシャルメディアサイト、電子メール、テキストメッセージを定期的に監視しており、それらは国家安全保障と社会秩序を維持するためと正当化されている。サウジアラビア政府はこれまでにオンライン監視システムに多額の投資を行ってきたが、特にイスラエルのNSO Groupが開発したスパイウェアはサウジアラビア人活動家や反体制派を標的にするために長期にわたって使用されてきた[51]。

近年では、たとえば、サウジアラビア人の著名な女性人権活動家ルジャイン・ハスルール（Lujayin al-Hathlul; 2018年5月から2021年2月にかけて刑務所に収監されていた）のiPhoneにNSOのスパイウェア・ペガサスが侵入していたことの直接的な証拠が発見されたと報じられた[52]。彼女は他の大勢の人権活動家たちと同様、以前から当局の厳しい監視下にあった。ハスルールのデバイスから得られた調査結果により、アップル社は2021年11月、NSOがアップル社とそのユーザーを標的として攻撃を行うよう設計された製品を開発し、それが米国の連邦法および州法に対する「重大な」違反であるとして、連邦裁判所にNSOを訴えた[53]。翌月、ハスルール自身も、彼女のiPhoneに対するハッキングに関与したと主張する3人の元米情報機関および軍関係者と、UAEのサイバーセキュリティ企業ダークマターを訴えた[54]。

さらに、監視の対象は自国民に留まらず、国外の反体制派や外国人ジャーナリストも標的となっている。2021年10月、『ニューヨーク・タイムズ』紙のジャーナリスト、ベン・ハバード（Ben Hubbard）がサウジアラビアによるものと思われる複数回の電話ハッキングを受けたという報道がなされた。トロント大学に拠点を置くオンライン監視機関シチズン・ラボの調査によると、彼がサウジアラビアについて報道し、MbSに関する本を執筆していた2018年6月から2021年6月にかけて、NSOのペガサスによって標的にされていたことが判明した[55]。2018年10月にサウジアラビア当局によって殺害されたジャーナリスト、ハーショグジーのモバイル端末もまた、ペガサスに感染していた。

イ．言説の支配

さらにサウジアラビア政府は、不都合な言説やアカウントを特定し、反体制的意見を封殺することに加えて、ボットやトロールを駆使し、政府に批判的なアカウントの信頼性を低下させたり、体制翼賛的・国威発揚的なメッセージ、「MbSのカルト」、フェイク・ニュース、あるいは偽情報（disinformation）・誤情報（misinformation）・悪意ある情報（malinformation）[56]でデジタル空間を埋め尽くそうとしてきた。

第 3 章　中東におけるデジタル権威主義

　2018 年 3 月、MbS によるロンドン訪問の際、MbS の顔写真を載せたビルボードが街中に溢れかえり、同時に Twitter（現 X）上では#welcome Saudi Crown Prince、#A New Saudi Arabia、#Mohammed bin Salman in London などのハッシュタグが一斉にトレンド入りした。しかしその後、これらのハッシュタグは多くがボットによるものであり、サウジアラビアに戦闘機や兵器を供給している防衛企業 BAE Systems の元社員であるアダム・ホシエルが設立した Arabian Enterprise Incubators が関与していたことが判明した。イエメン戦争が泥沼化し、イエメンでは「世界最悪の」人道危機が生じるなか、国際的な批判に晒されるサウジアラビアは欧米でのイメージ回復を図ろうと、この PR 事業には 100 万ポンド以上の費用をかけたと報じられている [57]。

　また、政府系「トロール・ファーム」は、政府に批判的なアカウントに対して日々侮辱や偽情報、強迫的なメッセージを送り続けている。たとえば、リヤドのある「トロール・ファーム」では、サウジアラビア人の若者数百人が雇用されており、あたかもコールセンターのように、従業員たちが複数の SNS を操作し、シフト制で業務にあたっている。彼らは Twitter（現 X）の広告に掲載されていた「月給約 10,000 サウジアラビアリヤル（約 3,000 ドル相当）でツイートしてくれる若者を募集」という求人広告に反応し、Twitter（現 X）自体で仕事を見つけた。上司たちは日常的に、イエメンでの戦争や女性の権利といったデリケートなテーマについて、都合の悪い言説を封殺する方法を議論している。そして、WhatsApp や Telegram のようなアプリのグループチャットを通じて、従業員たちに、脅迫、侮辱、威嚇すべき人物のリスト、埋めるべき毎日のツイートノルマ、増強すべき体制翼賛的なメッセージ、反体制派を嘲笑したり挑発したりするためのミームなどを送る。従業員たちは、指定されたトピックに関する会話をツイッターで探し、それぞれが運営する複数のアカウントからメッセージを投稿する。時に論争的で都合の悪い言説が盛り上がりをみせると、彼らはポルノ画像を送りつけたり横槍を入れたりして、そうしたテーマからユーザーたちの注意を逸らす。

　多くの SNS プラットフォームでは簡単に偽の ID で複数のアカウントを作成することでき、たとえば 6 人がそれぞれ 30 種類の偽アカウントを操作することで、実際には 180 人をオンライン上で装うことができる。仮に、各自が 1 日 9 時間「勤務」し、それぞれのアカウントで 15 分に 1 回でもメッセージを投稿すれば、1 日あたり 6,480 メッセージにもなる。Twitter（現 X）では 1 人のユーザーが 1 日に最大 2,400 件のツイートを投稿できることを考えると、理論上、一つの「トロール・ファーム」が 1 日に 50 万件近い投稿をすることも可能となる [58]。

　「トロール・ファーム」はまた、言説空間の操作以外にも様々な「仕事」を行なっ

ている。たとえば、イエメン戦争を取材するジャーナリスト・アイオナ・クレイグ（Iona Craig）は、2018 年、自身の Twitter（現 X）のフォロワーが 2 週間で一気に 16,000 人も増加したことに気がついたという。当時、彼女の総フォロワー数は約 48,000 人であったため、この流入は彼女の総フォロワー数の 33% を占めたことになる。アカウントを分析したところ、クレイグをフォローし始めた 16,000 のアカウントは、2017 年 11 月から 2018 年 4 月にかけて作成されたボットであることが判明した。大量フォローの正確な目的は不明だが、Twitter（現 X）のアルゴリズムがアカウントを停止するきっかけを作るために、フォローされているアカウントの質を下げようとしたのではないかと推測され、その背後にはサウジアラビアや UAE の「トロール・ファーム」の存在が指摘されている。イエメンのアナリスト、ヒシャム・オメイジー（Hisham Al-Omeisy）は、「偽のフォロワーはアカウントの信頼性、エンゲージメント率を低下させ、極端な場合にはツイッターのルール違反（フォロワーを買っていると疑われるような場合）を前提にアカウントの停止につながる可能性がある」と説明している。そして彼はまた、イエメンの国際 NGO や人権団体が同じ問題に直面しているとも指摘した。オメイジーもクレイグもアカウントを停止されることはなかったが、当局の監視対象であること懸念したクレイグは自分のアカウントを制限することに決め、事実上の自己検閲を行うことになった [59]。

5．おわりに

　ここまで、本稿では、中東におけるデジタル権威主義の諸相について論じてきた。近年、権威主義体制が自らの体制を存続させるために依存する 3 つの手段——抑圧、懐柔、正統化——は、デジタル技術の急速な発展・拡散に伴い、急速な進化を遂げた。これにより、中東の権威主義諸国はこれらの手段をより低コストで、より効果的に実行することができるようになった。

　さらに、中東の権威主義諸国は地政学的な「ブラック・ナイト」に恵まれており、米国をはじめとする欧米諸国、そして中国やロシアといった同じ権威主義諸国から継続的な支援を受けている。加えて、グローバル資本主義と情報生態系、あるいは「監視資本主義」という側面についても同様に、デジタル権威主義の存立基盤として重要であった。中東の親欧米権威主義諸国と欧米諸国、そしてハイテク企業の三者は、それぞれ「権威主義体制の持続」という点に共通の利益を見出し、互いに協働している。

　その上で、中東におけるデジタル権威主義の代表例として、「新たなデジタル大国」

第 3 章　中東におけるデジタル権威主義

とも称されるサウジアラビアの事例を取り上げ、そのありようについて具体的にみてきた。サウジアラビアは近年、MbS 主導の下、様々なソフトウェアや AI を通じて不都合な言説やアカウントを特定し、物理的な抑圧（逮捕、拘束、拷問など）をはじめとして、サービス停止やアクセス制限、オンライン言論の犯罪化などを通じて、デジタル空間という新しい公共圏において反体制的意見を封殺しようとしてきた。同時に、ボットやトロールを駆使し、政府に批判的なアカウントの信頼性を低下させたり、体制翼賛的・国威発揚的なメッセージ、「MbS のカルト」、フェイク・ニュース、あるいは偽情報・誤情報・悪意ある情報でデジタル空間を埋め尽くそうとしてきた。

　こうしたことからも明らかな通り、現状、少なくとも中東地域においては、デジタル技術の急速な発展は反体制勢力よりも権威主義体制側を大きく利する結果となっている。そして、投資できる資源の絶対量に圧倒的な格差が存在することから、そして「監視資本主義」が人々の欲望を刺激し続ける限り、こうした傾向は今後ますます進展していくことだろう。国際的な法規制や企業による自己規制はたしかに一定の有効性を持ちうるが、結局、代替的なツールや手段は常に確保されている。「デジタル権威主義」が再び「デジタル・ユートピア主義」に道を譲るという可能性については、少なくとも予見しうる未来においては、悲観的にならざるを得ない。

注

[1] Wael Ghonim, *Revolution 2.0: The Power of the People is Greater than the People in Power* (Fourth Estate, 2012).

[2] アラブ首長国連邦（UAE）が 100%以上で 1 位となっており（なお、この数字は重複アカウントや偽アカウントによるものと考えられる）、以下、バハレーン（2 位、98.7%）、カタール（3 位、96.3%）、レバノン（6 位、90.5%）、オマーン（7 位、90.5%）と続く。

[3] Damian Radcliffe, Hadil Abuhmaid and Nii Mahliaire, "Social Media in the Middle East 2022: A Year in Review," School of Journalism and Communication, University of Oregon (March 2023).

[4] 笹原和俊によると、情報生態系は次の 3 つの主体によって構成される。第 1 に、情報の発信者・受信者であり、それぞれが認知バイアスや社会的影響力などをもった「人間」。第 2 に、マスメディアや SNS など情報拡散の舞台となる「プラットフォーム（媒介者）」。第 3 に、情報拡散のスピードや規模を飛躍的に増大させる「デジタルテクノロジー」である。笹原和俊『フェイクニュースを科学する：拡散するデマ、陰謀論、プロパガンダのしくみ』（化学同人、2018 年）。

[5] 本稿では、中東地域を、モロッコ、チュニジア、アルジェリア、リビア、エジプト、スーダン、イスラエル、パレスチナ自治区、シリア、レバノン、トルコ、ヨルダン、サウジア

99

ラビア、イエメン、バハレーン、カタル、クウェート、アラブ首長国連邦（UAE）、オマーン、イラン、アフガニスタン、パキスタンの 22 カ国からなる地域と定義する。

6 本稿ではさしあたり、民主主義体制を「統治者が競争的な選挙によって選ばれる」政治体制を意味する言葉、そして権威主義体制を「民主主義体制ではない」体制一般を指す言葉として用いることとし、「独裁体制」や「専制主義体制」と「権威主義体制」は互換可能な言葉として用いる。エリカ・フランツ（上谷直克・今井宏平・中井遼訳）『権威主義：独裁政治の歴史と変貌』（白水社、2021 年）19-20 頁。

7 Freedom House, Global Freedom Status. なお、チュニジアは 2020 年の段階では「自由」に分類されていた。

8 The Economist Intelligence Unit, *Democracy Index 2022: Frontline democracy and the battle for Ukraine* (2023).

9 サミュエル・ハンチントン（坪郷實・中道寿一・藪野祐三訳）『第三の波：20 世紀後半の民主化』（三嶺書房、1995 年）。

10 André Bank, et al., "Authoritarianism Reconfigured: Evolving Forms of Political Control," in Marc Lynch, et al., eds., *The Political Science of the Middle East: Theory and Research Since the Arab Uprisings* (Oxford University Press, 2022).

11 Johannes Gerschewski, "The Three Pillars of Stability: Legitimation, Repression, and Co-optation in Autocratic Regimes," *Democratization*, Vol. 20 No. 1 (2013), pp. 13-38.

12 Arab Barometer, *Democracy in the Middle East and North Africa: Five Years after the Arab Uprisings* (October 2018).

13 Eva Bellin, "The Robustness of Authoritarianism in the Middle East: Exceptionalism in Comparative Perspective," *Comparative Politics*, Vol. 36, No. 2 (2004), pp. 139-157; Ronald Wintrobe, *The Political Economy of Dictatorship* (Cambridge University Press, 1998).

14 Christian Davenport, "State Repression and Political Order," *Annual Review of Political Science*, No. 10 (2007), p. 1.

15 Lucan A. Way and Steven Levitsky, "The Dynamics of Autocratic Coercion after the Cold War," *Communist and Post-Communist Studies*, Vol. 39, No. 3 (2006), pp. 387-410.

16 Lisa Blaydes, *State of Repression: Iraq under Saddam Hussein* (Princeton University Press, 2018); Samer N. Abboud, *Syria: Hot Spots in Global Politics*, 2nd ed. (Polity, 2018); Alex J. Bellamy, *Syria Betrayed: Atrocities, War, and the Failure of International Diplomacy* (Columbia University Press, 2022); Madawi al-Rasheed, *The Son King: Reform and Repression in Saudi Arabia* (Oxford University Press, 2020).

17 Blaydes, *State of Repression*; Kanan Makiya, *Republic of Fear: The Politics of Modern Iraq* (University of California Press, 1989).

18 大澤傑『独裁が揺らぐとき：個人支配体制の比較政治』（ミネルヴァ書房、2020 年）。

19 フランツ『権威主義』137 頁。

20 Beatriz Magaloni, *Voting for Autocracy: Hegemonic Party Survival and its Demise in Mexico* (Cambridge University Press, 2009); Milan W. Svolik, *The Politics of Authoritarian Rule* (Cambridge University Press, 2012).

第 3 章　中東におけるデジタル権威主義

[21] Jennifer Gandhi, *Political Institutions under Dictatorship* (Cambridge University Press, 2008).

[22] 東島雅昌『民主主義を装う権威主義：世界化する選挙独裁とその論理』（千倉書房、2023年）；Jennifer Gandhi and Ellen Lust-Okar, "Elections Under Authoritarianism," *Annual Review of Political Science*, Vol. 12 (2009), pp. 403-422; Ellen Lust-Okar, *Structuring Conflict in the Arab World: Incumbents, Opponents, and Institutions* (Cambridge University Press, 2005).

[23] Ellen Lust-Okar, "Competitive Clientelism in the Middle East," *Journal of Democracy*, Vol. 20, No. 3 (2009), p. 124.

[24] Michael Herb, *All in the Family: Absolutism, Revolution, and Democracy in Middle Eastern Monarchies* (State University of New York Press, 1999); F. Gregory Gause III, *Oil Monarchies: Domestic and Security Challenges in the Arab Gulf States* (Council on Foreign Relations, 1994).

[25] 松尾昌樹『湾岸産油国：レンティア国家のゆくえ』（講談社、2010 年）；Hazem Beblawi, "The Rentier State in the Arab World," in Hazem Beblawi and Giacomo Luciani, eds., *The Rentier State* (New York: Croom Helm, 1987); Steffen Hertog, *Princes, Brokers, and Bureaucrats: Oil and the State in Saudi Arabia* (Cornell University Press, 2010).

[26] Lisa Wedeen, *Ambiguities of Domination: Politics, Rhetoric, and Symbols in Contemporary Syria* (The University of Chicago Press, 1999), p. 24.

[27] Al-Rasheed, *The Son King*.

[28] Julia Bader, "Propping Up Dictators: Economic Cooperation from China and Its Impact on Authoritarian Persistence in Party and Non-Party Regimes," *European Journal of Political Research*, Vol. 54, No. 4 (2015), pp. 655-672; Jakob Tolstrup, "Black Knights and Elections in Authoritarian Regimes: Why and How Russia Supports Authoritarian Incumbents in Post-Soviet States," *European Journal of Political Research*, Vol. 54, No. 4 (2015), pp. 673-690.

[29] Jason Brownlee, *Democracy Prevention: The Politics of the U.S.-Egyptian Alliance* (Cambridge University Press, 2012); Amaney A. Jamal, *Of Empires and Citizens: Pro-American Democracy or No Democracy at All?* (Princeton University Press, 2012); Sean Yom, *From Resilience to Revolution: How Foreign Interventions Destabilize the Middle East* (Columbia University Press, 2016).

[30] Rashid Khalidi, *Brokers of Deceit: How the U.S. Has Undermined Peace in the Middle East* (Beacon Press, 2013). この点につき、たとえばジェラルド・フォード（Gerald Ford）政権で国防長官を勤めたジェームズ・シュレジンジャー（James Schlesinger）は後年、次のように率直に論じている。「米国以外の社会においても民主主義こそがもっとも適切な統治形態であると、そのように考えたいと我々は真剣に望んでいるのであろうか。… おそらくこれは、イスラーム世界においてもっとも明確に突き付けられた問いであろう。我々はサウジアラビアの体制転換を真剣に望んでいるのだろうか。答えは単純にノーだ。何年にもわたって我々はその体制を維持しようとしてきた。ときに民主主義勢力が地域において優勢であった時でさえ、我々はそうしてきた」。James Schlesinger, "Quest for a

101

Post-Cold War Foreign Policy," *Foreign Affairs*, Vol. 72, No. 1 (January 1992), p. 20.

[31] 溝渕正季「冷戦終結以降の中東地域秩序と米国：地域安全保障複合体（RSC）の議論を手掛かりとして」川名晋史編『共振する国際政治学と地域研究：基地、紛争、秩序』（勁草書房、2019 年）；溝渕正季「米国の対中東政策：『非リベラルな覇権秩序』の興亡」Synodos（2021 年 6 月）。

[32] 溝渕正季「協調か競合か：中東地域秩序をめぐる米中間の角逐」『防衛学研究』第 68 号（2023 年 3 月）21-47 頁; Jonathan Fulton, ed., *Routledge Handbook on China-Middle East Relations* (Routledge, 2022); Dawn C. Murphy, *China's Rise in the Global South: The Middle East, Africa, and Beijing's Alternative World Order* (Stanford Univ Press, 2022).

[33] Anna Borshchevskaya, *Putin's War in Syria: Russian Foreign Policy and the Price of America's Absence* (I.B. Tauris, 2021).

[34] Dmitri Trenin, *What Is Russia Up to in the Middle East?* (Polity, 2017).

[35] 実際、2022 年 2 月 4 日、北京冬季オリンピック開会式に出席するために中国を訪問したプーチン大統領と習主席は、「新時代の国際関係とグローバルな持続可能な発展についての共同声明」を発表し、そこでは明確に「ロシアと中国は、外部勢力が両国共同の周辺地域の安全と安定を破壊することに反対し、外部勢力がいかなる口実であれ、主権や国家の内政に干渉することに反対し、カラー革命に反対する」と述べられている。"Russia-China Joint Statement on International Relations," (February 4, 2022).

[36] Michael Beckley and Hal Brands, "China's Threat to Global Democracy," *Journal of Democracy*, Vol. 34, No. 1 (January 2023), pp. 65-79. 裴敏欣は「権威主義国家が国内では権威主義を維持しながら、海外ではリベラリズムを実践することなど、単純に不可能である」と指摘している。Minxin Pei, "Assertive Pragmatism: China's Economic Rise and Its Impact on Chinese Foreign Policy," IFRI Security Studies Department (Fall 2006).

[37] ショシャナ・ズボフ（野中香方子訳）『監視資本主義：人類の未来を賭けた闘い』（東洋経済新報社、2021 年）8 頁。

[38] Marc Owen Jones, *Digital Authoritarianism in the Middle East: Deception, Disinformation and Social Media* (Oxford University Press, 2022).

[39] 「私が Facebook で過ごした 3 年間で、外国政府が自国民を欺くために私たちのプラットフォームを膨大な規模で悪用し、国際的なニュースを引き起こそうとする露骨な試みを複数回発見した」と元 Facebook 社員のソフィー・チャン（Sophie Zhang）は告発している。彼女は「Facebook Site Integrity fake engagement team のデータ・サイエンティストとして働き」、「選挙などに影響を与えるボット」を扱っていたという。「真実は、私たちは単に彼らを止めるのに十分な関心を持たなかったということだ」。Craig Silverman, Ryan Mac and Pranav Dixit, *BuzzFeed News* (September 15, 2020).

[40] Thorsten Benner, "An Era of Authoritarian Influence? How Democracies Should Respond," *Foreign Affairs* (September 15, 2017).

[41] 中国は 1990 年代初頭に「グレート・ファイアウォール」と呼ばれる複合的なデジタル監視システムを開発し、以来、データのフィルタリングや検閲の継続的な戦略に加えて、包括的で広範な大衆監視のインフラを整備してきた。「スカイネット」や「シャープアイズ」のような様々なプロジェクトを通じて、中国共産党政権は複数のテクノロジーと高度に洗

練された AI ツールを統合し、ビデオ監視、身体運動マッピング、画像収集、顔認識、指紋データベース、電話スキャン、医療・金融記録、オンライン行動、さらには社会信用システムなど、大量のデータを収集・分析している。そして、そうしたテクノロジーは「デジタル・シルクロード」構想を通じて、中東を含む少なくとも 18 カ国に輸出されている。イスラエルのスパイウェア産業もまた、中東を含む世界中の権威主義諸国に輸出されている。中国の監視ツールキットが公共の大規模監視インフラに依存しているのに対し、イスラエルの攻撃的サイバー能力と監視プログラムは、個人デバイスのハッキングや私的通信チャネルの傍受など、標的を絞った技術に強いとされる。イスラエルはパレスチナ占領地で実際に高度な監視技術を用いており、固定電話、スマートフォン、テキストメッセージ、電子メールを精査して情報を収集している。サウジアラビア政府がジャマール・ハーショグジーとその家族や友人が使っていた通信チャンネルに侵入した際にも、イスラエルのスパイウェアが使われていた。Tamara Kharroub, "Mapping Digital Authoritarianism in the Arab World," Arab Center Washington DC (February 3, 2022); Mark Mazzetti, Ronen Bergman and Matina Stevis-Gridneff, "How the Global Spyware Industry Spiraled Out of Control," *New York Times* (December 8, 2022).

[42] Erica Frantz, Andrea Kendall-Taylor, and Joseph Wright, "Digital Repression in Autocracies," V-Dem Users Working Paper, The Varieties of Democracy Institute, No. 27. (2020). なお、この研究によれば、1946 年から 2000 年にかけて 198 の権威主義政権が倒れたうちのおよそ 3 分の 1 がクーデターによるものであった。この時期の抗議行動は政権崩壊理由の 16% に過ぎない。他方で、2001 年から 2017 年まで、クーデターは政権崩壊理由の約 9% に過ぎなかったのに対し、抗議行動は 23% に及び、クーデターの 2 倍以上の頻度で権威主義政権を崩壊させている。この意味で、権威主義体制にとって、大衆的な抗議運動をデジタル技術で封じ込めることは体制内エリートを懐柔することと少なくとも同程度には重要である。

[43] Jones, *Digital Authoritarianism in the Middle East*, p. 31.

[44] Stéphane Lacroix, "Saudi Arabia and the Limits of Religious Reform," *Review of Faith and International Affairs*, Vol. 17, No. 2 (2019), pp. 97-101.

[45] Christopher M. Davidson, *From Sheikhs to Sultanism: Statecraft and Authority in Saudi Arabia and the UAE* (Oxford University Press, 2021).

[46] https://freedomhouse.org/country/saudi-arabia/freedom-world/2023.（2023 年 11 月 29 日最終閲覧）

[47] Jasper Jackson, "Saudi Arabia, UAE and Egypt Block Access to Qatari-owned News Website," *Guardian* (January 5, 2016).

[48] Fatemah Alharbi, Michalis Faloutsos, and Nael Abu-Ghazaleh, "Opening Digital Borders Cautiously Yet Decisively: Digital Filtering in Saudi Arabia," USENIX (August 2020).

[49] "Saudi Arabia Blocks Al-Manar and Al-Mayadeen TV Channels, Websites," Yalibnan (January 5, 2016).

[50] "No Access: LGBTIQ Website Censorship in Six Countries," OONI (August 31, 2021).

[51] なお、シチズン・ラボによると、2021 年 12 月、サウジアラビア当局は NSO のペガサスから、北マケドニアを拠点とする「傭兵スパイウェア開発者」サイトロックスが配布する

スパイウェア・プレデターに切り替えた可能性が高いという。Bill Marczak, et al., "Pegasus vs. Predator Dissident's Doubly-Infected iPhone Reveals Cytrox Mercenary Spyware," Citizen Lab (December 16, 2021).

[52] Joel Schectman and Christopher Bing, "Insight: How a Saudi Woman's iPhone Revealed Hacking around the World," *Reuters* (February 18, 2022). なお、ペガサスはアプリの脆弱性を利用したり、ターゲットを騙して悪意あるリンクをクリックさせることでモバイル端末にインストールされる。また、iMessage の脆弱性を悪用してゼロクリック攻撃（ターゲットによる操作なしに実行可能な攻撃）された事例も確認されている。端末がペガサスに感染すると、攻撃者は理論上端末のあらゆるデータを収集できる。攻撃者はメッセージ、通話、写真、電子メールを抽出したり、秘密裏にカメラやマイクを有効化したり、WhatsApp、Telegram、Signal などの暗号化メッセージアプリのメッセージを閲覧できる。Stephanie Kirchgaessner, et al., "Revealed: Leak Uncovers Global Abuse of Cyber-surveillance Weapon," *Guardian* (July 18, 2021).

[53] Nicole Perlroth, "Apple Sues Israeli Spyware Maker, Seeking to Block Its Access to iPhones," *New York Times* (November 23, 2021); Ronen Bergman and Mark Mazzetti, "The Battle for the World's Most Powerful Cyberweapon," *New York Times Magazine* (January 28, 2022).

[54] Alan Suderman, "Saudi Activist Sues 3 Former U.S. Officials over Hacking," ABC News (December 10, 2021).

[55] Ben Hubbard, "I Was Hacked. The Spyware Used Against Me Makes Us All Vulnerable," *New York Times* (October 24, 2021).

[56] ここでは、偽情報を「個人、社会集団、組織または国に危害を与えるため、虚偽、かつ故意に作成された情報」（たとえば、虚偽の文脈、偽のコンテンツ、加工されたコンテンツ、操作されたコンテンツなど）、誤情報を「虚偽の情報ではあるが、危害を引き起こす意図で作成されたものでない情報」、悪意ある情報を「事実に基づく情報であるが、個人、組織、または国に危害を加えるために使用される情報」（リーク［漏えい］、ハラスメント、ヘイトスピーチなど）という意味で、それぞれ使用している。

[57] Dania Akkad, "MBS, and the Million-dollar Saudi Charm Offensive You Can't Ignore," Middle East Eye (March 12, 2018).

[58] Katie Benner, et al., "Saudis' Image Makers: A Troll Army and a Twitter Insider," *New York Times* (October 20, 2018); Jones, *Digital Authoritarianism in the Middle East*, p. 64.

[59] "Twitter Bots and Fake Accounts 'Blocking News from Yemen'," Yemen Watch (November 22, 2017).

■第4章■

東南アジアにおけるデジタル抑圧および
影響力工作と市民社会

木場 紗綾

この章のポイント

● 東南アジアの一部の国々では、政権がデジタル抑圧と影響力工作を用いて市民社会の活動領域に影響を与えている。

● デジタル抑圧には、政府に批判的な意見を持つ市民への監視や中傷が含まれる。

● しかし場合によっては、野党や市民社会は議会制度などを用いて、デジタル抑圧に対する批判的な対抗言説を作ることもある。

● 中国からの影響力工作は、フィリピンなどの国々において深刻な懸念事項となっている。

● タイとフィリピンの事例は、市民や市民社会のアクターが、権威主義的なデジタル抑圧や外国からの影響力工作に対して、積極的に反応し、対応していく役割を果たしうることを示している。

● 政府だけでなく市民社会のアクターが、影響力工作に関する情報を共有し、警戒を呼びかける役割を担っている。

１．目的

　本稿の第一の目的は、選挙が実施されている複数の東南アジアの国々において、政権側が体制維持や政策の正当化のために「デジタル抑圧（digital repression）」をどのように用い、それが各国の国内の社会運動や、あるいは、メディアや NGO による広範な市民社会組織の自律的な活動にどのような影響を与えているか、そのうえで市民社会の側が、そうした抑圧にどのように対応しているかを明らかにすることである。

　東南アジアの政治体制は多様であり、市民による自由な選挙自体が存在しないブルネイ、ベトナム、ラオス、あるいは 2021 年クーデター以降も軍政が続くミャンマー、深刻な選挙不正・投票操作が指摘されているカンボジアなどでは、民主主義の制度が定着する機運はなかなか高まらない。一方で、タイ、フィリピン、インドネシア、マレーシアといった国々では、定期的に選挙が行われており、選挙キャンペーンを含む市民の政治運動や、政権に批判的な勢力による社会運動、ならびにデジタル空間での政治運動も、（監視や抑圧を受ける可能性はあるとはいえ、）ある程度は許容されている。よって本稿では、政権によるデジタル抑圧がどのように行われているかではなく、デジタル抑圧によって市民活動の空間にどのような影響が生じており、市民らがどれほど柔軟にそれに反応、対応しているのかを明らかにしたい。

　その際、本稿ではタイの事例を扱う。その理由は、デジタル抑圧を定義することの困難さに起因する。近年では多くの国で、さまざまな政治勢力が、意見の異なる他者の情報について、その真偽に関係なく一律に「フェイクニュース」とのレッテルを貼る現象がみられる。フィリピンやインドネシアの大統領選挙においても同様であり、ある野党政党の主張する、野党側からの「デジタル抑圧」やフェイクニュースが本当に「抑圧」あるいは「フェイク」なのかを、ひとつひとつ検証することは難しい。それに比べると、タイでは 2014 年のクーデター以降 2019 年まで軍政が続き、さらに 2023 年までは元陸軍司令官でクーデター首謀者のプラユット・チャンオーチャ大将が首相の座に就き、刑法に定められた不敬罪を理由に、体制に批判的な市民を監視、抑圧してきた明白な証拠が指摘されている。王室とその守護者である軍を中心とした、権威主義と親和性の高い「エスタブリッシュメント」（既得権益層）と、それらに批判的な層との対立の構図がはっきりしていることが、タイ社会の特徴である。それに加えて、本書で取り上げられている、より権威主義色の強い国々とは異なり、情報がまったく隠蔽されているわけでもないため、デジタル抑圧の動向に関する分析が比較的

第 4 章　東南アジアにおけるデジタル抑圧および影響力工作と市民社会

容易である。

　第二の目的は、主に中国からの、ディスインフォメーション（偽情報）やフェイクニュースの流布を含む影響力工作が、東南アジア諸国においてどれほど深刻なのか、市民は他国からの影響力工作をどのように認知しているのか、その一端を探ることである。東南アジア各国において、中国政府あるいは中国のエージェントによるさまざまな影響力工作の存在はたびたび指摘されるものの、実際にそれらがどのように行われているかといったエビデンスを得ることは極めて困難である。本稿ではこの問題に対する市民の関心が高まっているフィリピンの事例を取り上げるが、フィリピンですら、主要英字紙において影響力工作を懸念する上下両院議員らや識者の声が端的に紹介されることはあっても、事実をベースとしてその実態を解明しようとした研究は、筆者の見る限り、ほとんどないと言ってよい。

　そのため、本稿は主に第一の問いを解き明かすことに重きを置き、第二の問いに対しては断片的な情報から推測を行うにとどめる。

　本稿の結論は以下の 3 点である。

　第一に、政権によるデジタルを用いた抑圧は、政権に批判的な市民の訴追や逮捕といった物理的な抑圧には至らなくとも、社会運動全体、ひいてはメディアや市民による自律的な活動を弱体化させている。2020 年以降のタイでは、王室に批判的な発言をする 10 代や 20 代の活動家らが、デジタル技術によって監視され、インターネット上で中傷された結果、法廷で争うことを余儀なくされ、時間、資金、エネルギーを浪費せざるを得ない状況に追い込まれた。タイのデジタル抑圧について多くの論文を発表しているジャンジラ・ソンバットプンシー（Janjira Sombatpoonsiri）は、社会運動に共鳴するほとんどの一般市民は、自分自身ではデジタル抑圧を経験することはないものの、一部の活動家が「見せしめ」のように中傷を受ける姿に恐怖を感じており、このことが、デジタル空間における社会運動の大衆動員のコストを大幅に引き上げていると指摘している[1]。

　第二に、しかしながら、こうした政府による監視や抑圧について調査を行い、議会の場で告発するような野党の動きもみられる。特にタイにおいては、若年層から圧倒的な支持を集める政党が、議会で政府の検閲の手法を厳しく追及する動きもみられる。同国では、タイ王室を擁護する王党派市民と政権支持者らが、体制維持（レジーム・セキュリティ）のために防御的なナラティブを作って拡散することも積極的に行われているが、若年層にそうしたナラティブが十分に浸透しているとはいえない。つまり、デジタル権威主義と、それに対する市民の反発は拮抗しうる。

　第三に、国外アクター、特に中国からの影響力工作に対しては、市民社会、特にメ

107

ディアや知識人の役割が重要である。市民社会の諸アクターはそうした事柄に対して
きわめて敏感であり、ジャーナリズムは具体的な事例を報じて市民に警戒を呼び掛け
る役割をも担いうる。

　東南アジア諸国の国家は総じて、影響力工作に関する調査の手法を持っておらず、
したがって、有効な手立てを講ずることもできていないように見える。国防省および
国軍、インテリジェンスは、インターネット上での偽情報の拡散は、将来のハイブリ
ッド戦争にも通ずるとして警戒を強めており、官僚や知識人も懸念を示しているが、
各国政府がデジタル空間における影響力工作を制度的に調査したり取り締まったりする
る動きは、今のところ見られない。この分野においては、国家よりも非国家の市民社
会のアクターの動きが重要となる可能性がある。

2．東南アジアのデジタル権威主義に関する先行研究

（1）民主主義の後退

　東南アジア諸国連合（Association of Southeast Asian Nations：ASEAN）に加盟す
る 10 ヶ国のうち、半数は権威主義的体制を敷いている。ブルネイは国王による個人
支配であるし、ミャンマーでは 2021 年 2 月のクーデター以降、軍政が続いている。
ベトナムとラオスは一党支配である。

　シンガポールでは選挙自体は公正に実施されているが、政府がメディアを統制して
反対勢力の台頭を抑圧しており、優位政党である人民行動党が 9 割以上の議席を占め
続けてきた[2]。

　タイ、フィリピン、インドネシア、マレーシア、カンボジアでは定期的に選挙が行
われているが、市民の政治活動の自由度はまちまちであるし、選挙によって権威主義
的なリーダーが選出される事例も相次いでいる。フィリピンやインドネシアを含め、
1970 年以降の「第三の波」によって民主化を果たした国々で、2010 年以降、「民主主
義の後退」が相次いでいることは世界的な傾向である。クーデターのようにわかりや
すい一方向的な制度の破壊ではなく、選挙で選ばれた為政者が制度を巧みに改変して
権威主義的支配を強めるタイプの後退が目立つ。川中豪『競争と秩序』は、新興民主
主義国の民主主義の「揺らぎ」のパターンを描く[3]。同書によると、東南アジアで特
に顕著なのは、①秩序維持を強く望む有権者が権威主義的なリーダーを選ぶ現象、②
選挙をしても社会経済的格差が解消されず、市民が選挙に期待を失う現象である。

　①の典型例はタイ、カンボジアである。両国では選挙は行われているものの、選挙

108

第 4 章　東南アジアにおけるデジタル抑圧および影響力工作と市民社会

の前後に有力な野党が解党命令を受けるといったパターンが続いている。与党政治家が司法などに介入して野党に解党命令を下し、「民主主義の外形を整えながら、巧みに民主主義の制度を利用して、権威主義的な権力独占が維持されている」[4]。それにもかかわらず、一定数の市民がそうした為政者を支持し続ける。その背景には、政治が混乱することに比べれば、権威主義的であっても「強い」リーダーを求めたいという有権者の思惑や、「強い」現職リーダーから既得権益を得ている層の存在がある。

　1970 年代から 80 年代にかけての東南アジアでは、テクノクラート（技術官僚）やクローニー（取り巻き）を囲い込んで、反対派の声を封じ込めてでも開発主義を主導する「ストロングマン」と呼ばれる権威主義的なリーダーが力を持っていたが、現代においてみられるのは、既得権益を守りつつも汚職対策など一部の行政改革にも取り組み、一定の層の市民に支持されながら長期的に権力を維持することを志向する新たな「ストロングマン」であるという違いがある[5]。

　②の典型例はインドネシアとフィリピンである。社会保障の諸制度が制度化されず、貧困層が上位階層の者に庇護を求め、政治的支持と引き換えに便益を得る取引主義的なパトロネージ社会が残存する。これらの国々、あるいは自治体では、政治家や政治家の意を汲む官僚らが、社会福祉事業を選択的に実施する。たとえば、政権与党の支持者の多い地域にはより多くの社会開発事業や救援物資を配当し、野党支持者の多い地域には露骨に差をつける。選挙のたびに、市民は「勝ち組」と「負け組」とに分断され、行政による制度的ではなく、恩顧に基づく人間関係に救済を求める[6]。こうした社会では、市民は自分の人生を変えるかもしれない選挙（特に地方首長選挙や地方議会選挙）に熱狂する。

　新型コロナウイルス感染症（COVID-19）以前から、東南アジアの国々では民主主義の後退がみられ、市民の自由な活動空間は縮小していた[7]。タイでは、2014 年のクーデターで権力を掌握したプラユット元陸軍司令官が 2023 年まで首相を務めた。インドネシアでは、ジョコ・ウィドド政権が国家汚職防止委員会の権限を制限し、国家に批判的な市民の活動を規制してきたと批判されている[8]。フィリピンでは、2016 年から 2022 年まで大統領を務めたロドリゴ・ドゥテルテが、政権に批判的な反対派の声を弾圧し、ジャーナリストや活動家の迫害を行った[9]。マレーシアでは、2018 年に政権交代を果たしたパカタン・ハラパン改革派政権が 2020 年初めには再び退陣し、1975 年から 2018 年まで政治を支配していた優位政党を中心とするマレー人中心の民族主義連合が政権に返り咲いた[10]。ミャンマーでは、アウン・サン・スー・チー政権が抜本的な政治改革を実現できないまま、2021 年 2 月の軍事クーデター以前でさえ、国軍が議会の一定議席を握り、政治に大きな影響力を行使してきた[11]。タイ、インド

109

ネシア、フィリピンでは、選挙運動におけるフェイクニュースの蔓延も深刻な問題となっている[12]。

　しかし本稿が注目したいのは、フィリピン、インドネシア、タイ、マレーシアでは少なくとも選挙が定期的に行われており、市民社会は完全に抑圧されているわけではないという点である。米国開発庁（United States Agency for International Development：USAID）が東南アジアと南アジアにおいて、各国の市民社会組織（Civil Society Organizations：CSO）に対する政府の規制の強弱やCSOのアドボカシー能力の高低などを測定し数値化した「CSO 持続可能性指標（Civil Society Organization Sustainability Index：CSOSI）によると、2015年以降、東南アジア各国の市民社会組織は政府からの規制を受けるようになっているものの、全体として弱体化したり、自律性を失ったりしているわけではない[13]。

　むしろ、デジタル抑圧を機に、市民社会組織が危機感や連帯を共有し、権威主義に対抗する可能性もあるのではないだろうか。

（2）デジタル抑圧

　インドネシア、フィリピン、タイでは近年、政権による反対派の抑圧が、戒厳令の公布や令状なし逮捕といった直接的な暴力よりも、デジタル抑圧という新たな方法によって行われてきた。デジタル抑圧は、国家の能力及びリソースをもって反対意見を法的に取り締まる。東南アジアのほとんどの国は、新型コロナウイルス感染症が拡大した 2020 年以前に情報関連法やサイバー法を可決し、違反容疑者に重い罰則を課していた[14]。

　世界の民主主義を測定するツールを開発している Variety of Democracy（V-Dem）プロジェクトのワーキングペーパーは、政権がデジタル技術を利用して市民の自由な活動を抑圧する「デジタル抑圧」を以下の指標から測定している[15]。

　（a）政府のデジタル抑圧の程度
　　　・政府によるソーシャルメディアの検閲
　　　・政府によるソーシャルメディアの監視
　　　・政府によるソーシャルメディアの閉鎖
　　　・政府によるインターネットの閉鎖
　　　・政府によるインターネットサイトの選別・除外
　　　・政府による代替ソーシャルメディアの作成

第 4 章　東南アジアにおけるデジタル抑圧および影響力工作と市民社会

（b）政府のデジタル能力
　　・政府のサイバーセキュリティ能力
　　・政府のインターネット閉鎖能力
　　・政府のインターネットサイトの選別・除外能力
　　・政府のオンラインコンテンツ規制能力

　USAID が 2021 年 8 月に発表した「デジタル権威主義に関する先行研究：最終告書」
もこれらの指標を参照し、（b）が（a）を上回る、つまり政府が十分な能力を有して
抑圧を実施している東南アジアの国家として、1966 年以降のシンガポールと、1958
年から 2018 年までのマレーシアを挙げている。他方、（a）が（b）を上回る、つまり
能力以上の抑圧を行っている東南アジアの国家として、1980 年以降のカンボジア、
1976 年以降のラオスが挙げられている[16]。
　デジタル抑圧には、対象となる組織や人物への物理的な訴追や迫害だけでなく、政
府に批判的な世論や社会運動を事前に防止することも含まれる。検閲や監視の手法も、
人海戦術的なものから、ハイテクのスパイウェアによるものまでさまざまである。
　ソンバットプンシーらは、シンガポールとベトナムで最も頻繁に使用されるデジタル
抑圧の形態は「オンライン・ユーザーの訴追」、カンボジアでは「インターネットコ
ンテンツの選別・除外」、マレーシアとタイでは「ソーシャルメディアの監視」である
と指摘する[17]。インドネシアとフィリピンでは、「政府がソーシャルメディアを使って
偽情報を流布させる」手法が著しく、ミャンマー政府は「インターネットコンテンツ
の閉鎖」の頻度が高いという。
　事例ベースの研究だけでなく、量的調査を通じてデジタル権威主義の実態を解明し
ようとする研究も進んでいる。スリヤイらは、タイでの調査を通じ、「ソーシャルメ
ディアで何らかの政治的グループに参加している者は、フェイクニュースに対する受容
度が高まる可能性がある」と結論付けている[18]。ただし、この分野における計量政治
学的な調査には方法論的にも予算的にも限界があり、同研究も、それがなぜなのかと
いった因果関係を説明するには至っていない。

3．デジタル抑圧と社会運動、市民の反応：タイの事例

（1）タイにおけるデジタル弾圧
　本稿では、デジタル抑圧が政府に批判的な世論や社会運動にどのような影響を与え

るのかを示すために、タイの事例を用いる。その理由は先述の通り、タイの場合は軍や王党派の市民といった「権力側」と、それらに批判的な層との対立の構図がはっきりしているためである。

タイでは、2014年クーデターによって選挙民主主義が否定される以前から、独立機関とされながらも政治性を帯びた憲法裁判所や汚職取り締まり委員会による特定政党の解党命令、党員の政治活動禁止命令などが発出されてきた。また、刑法112条に基づき、王室に批判的な言動を行ったものは「不敬罪」として訴追される可能性がある。

タイは近年、王立警察サイバー犯罪捜査局（Royal Thai Police's Cyber Crime Investigation Bureau）、デジタル経済社会省のアンチフェイクニュースセンター（Anti-Fake News Center affiliated with the Ministry of Digital Economy and Society）、陸軍サイバーセンター（Cyber Centre）などの国家機関のインフラと能力を急速に開発している。これらの部隊は、国外からのサイバー攻撃だけでなく、国内の治安維持に寄与するための要員を採用し、訓練を行っている。タイの国家安全保障政策2019 - 2022（National Security Policy and Plan 2019–2022）によると、タイにとっての主要な安全保障上の脅威は、第一に、イスラーム教徒が多いタイ深南部の3県の治安維持であり、第二に、デジタル社会運動を通じて王政を批判する勢力の排除である。2014年のクーデター後に成立した2016年コンピューター犯罪法（Computer Crime Act）、2019年サイバーセキュリティ法（Cybersecurity Act）、2019年国家情報法（National Intelligence Act）などはいずれもその目的に沿っている。

パタニー、ヤラー、ナラティワートの3県を含むいわゆるタイ深南部での監視は、いまだに人海戦術によるところが多い。こうした戦術は、1960年代から70年代に、国軍の傘下にある国内治安維持司令部（Internal Security Operations Command：ISOC）によって、共産党の鎮圧作戦の心理情報戦（Information Operations）として活用されたノウハウを援用している。現在、ISOCはタイ深南部の3県において、準軍組織、民兵組織を活用した心理戦を実施している[19]。ISOCは1,000名以上の一般軍人や高校生から成るサイバー部隊を有し、隊員らにソーシャルメディアのコンテンツ作成に関する研修を受けさせ、月額1,500バーツ（約6,000円）の日当を支払っていると言われている。これらは主に、治安維持目的で、3県の反乱勢力の動向を監視するものである。

一方で、2014年クーデター後に成立したプラユット前政権は、スパイウェアを使用して、反体制派、特に王室に批判的な活動家らの携帯端末から個人情報を抽出してきたと指摘されている。2021年11月、王室に批判的な17名の活動家らが、自分たちの携帯電話が、スパイウェア「ペガサス（Pegasus）」によって攻撃されたという警告

第 4 章　東南アジアにおけるデジタル抑圧および影響力工作と市民社会

をアップル（Apple）社から受け取った[20]。ペガサスはもともと、軍事作戦や法執行、あるいはテロ対策などの合法的な目的のために開発されたスパイウェアである。17 名は、前年にタイ各地で行われた王政改革を求めるデモの主要メンバーであった。

2022 年 11 月には、Facebook を運営するメタ（Meta）社が、タイの少なくとも 26 人の Facebook ユーザーに対し、彼らのアカウントが高度な攻撃の標的になっているとの警告を送った[21]。これらのアカウントは、2020 年から 2021 年にかけて反体制的な社会活動に参加したか、2022 年 11 月にバンコクで開催されたアジア太平洋経済協力（(Asia-Pacific Economic Cooperation: APEC）会議に反対するデモに関与した活動家らのものであることが判明した。

スパイウェアを通じた監視は、10 年前から始まっていたとみられている。各種報道によると、タイ警察は 2013 年にイタリアのハッキングチーム（Hacking Team）社からスパイシステムを 31 万米ドルで購入した。そして 2014 年のクーデター前後、国軍も同様のシステムを購入したとみられている[22]。同システムは、携帯電話の電子メール、ショート・メッセージ、通話履歴をハッキングすることができ、検索履歴のスクリーンショットを撮り、通話音声を録音し、携帯電話内蔵のカメラを起動し、グローバル・ポジショニング・システム（GPS）を乗っ取ることもできるとされている。2015 年に本件がウィキリークス（WikiLeaks）で暴露された際、プラユット首相はスパイシステムの調達・利用を完全に否定し、軍の調達の機密情報であるとして、一切の情報開示を拒んだ。

2020 年から 2021 年にかけてのタイ全土で起こった王室改革を求めるデモに際し、警察、軍だけでなく、王党派の市民団体のサイバー部隊は、ソーシャルメディアをこぞって監視した。当局は 2021 年までに、これらの社会運動体の内部の計画、資金源や支持者に関する情報を入手したとみられている。ソンバットプンシーはこれらの監視の対象となった活動家らにインタビューを行っている[23]。それによると、活動家らは騒乱罪で警察から家宅捜索をうけて起訴されただけでなく、オンラインによる中傷キャンペーンの対象とされた。治安機関だけでなく、王党派の市民団体がソーシャルメディア上で、2020 年から 2021 年の抗議活動参加者を「国家を憎む者」、「外国人の従者」と罵り、さらには、活動家らの個人的な経済状況や、活動家同士の揉め事を暴き、こうした活動家は透明性のない、道徳的に欠陥がある人物であるとして攻撃したという。中傷は、社会運動への動員を大きく妨害した[24]。

さらには、王党派に加担する一般市民が、活動家らを刑法 112 条違反として告発することが奨励されていたという。「タイサイバーいじめ被害者支援センター（Thailand Help Center for Cyber Bullying Victims）」[25]という市民グループは、刑法 112 条に基

113

づく告訴を準備するノウハウについて訓練を受けており、ターゲットとする活動家を疲弊させるために、意図的に彼/彼女らの住居から遠く離れた県の警察署に告訴状を提出するという[26]。タイの人権弁護士団体 Thailand Lawyers for Human Rights によると、2020 年 11 月から 2022 年 11 月までに、112 条違反を根拠とした訴訟は 239 件あり、うち 109 件が一般市民からの訴えによるものであったという[27]。

このように、デジタル抑圧は、活動家らに逮捕、起訴といった物理的なダメージを与えるだけでなく、中傷による精神的なダメージをも負わせる効果をもたらしている[28]。

（2）デジタル抑圧に対する市民の抵抗

国軍によるスパイウェア・ペガサスの使用を批判するハッシュタグ #ペガサスは、2022 年 7 月だけで、Twitter（現・X）上で 1 億 2,300 万インプレッション（ツイートが読まれた合計回数）に達した[29]。これは、若年層から多くの支持を集める野党の前進党が、この問題を議会で追求したことによる。

前進党および、その前身で 2020 年 2 月に憲法裁判所によって解党命令を下された新未来党はかねてより、国軍が心理情報戦を通じてタイ深南部の人権活動家の尊厳を傷つけ、市民に他者への憎悪を植え付け、タイを分断してきたと指摘してきた。2021 年には、前進党の 2 名の議員が、「デジタル経済社会省傘下のアンチフェイクニュースセンターは党派性を帯びており、中立ではない」と指摘した。2022 年 7 月には、前進党のピチャーン・チャオワパッタナウォン議員が警察の会計報告書を追跡し、当局がスパイウェアを調達していたことを暴いたうえで、国家がペガサスを用いて市民のインターネットユーザーを攻撃していたと述べた[30]。

議会でのこうした指摘を受け、多くのソーシャルメディアのユーザーらが、政府に対する憤怒を表明した。スパイウェアに感染した疑いがある場合、どこで自分のデバイスを検査してもらえるかといった情報をデジタル空間で共有するユーザーも相次いだ。2022 年 11 月には、ペガサスの標的となったタイ人 8 名が、イスラエルに本拠を置く製造会社を告訴した[31]。

国会議員らは疑惑の追及のため、関連政府機関から証拠を入手し、当局を召喚し、疑わしい調達予算に異議を唱え、立法措置を求めることができる[32]。軍事機密に相当する予算はその限りではないとはいえ、このような立法上の監視やその他の関連する民主的メカニズムが維持されれば、野党議員らの活動は、当局による監視を恐れる一般市民の共感を呼び、デジタル抑圧に歯止めをかける何らかの法的措置がとられる可能性も考えられる。

第 4 章　東南アジアにおけるデジタル抑圧および影響力工作と市民社会

4．中国からの影響力工作：フィリピンの事例から

　さて、外国、特に中国からのデジタル抑圧に対しては、東南アジア諸国は、国家レベルでも市民レベルでも、その捜査や見極め、予防において、まだ有効な手立てを講ずることができているとは言えない。

　現在、中国からのデジタル工作にもっとも脆弱なのは、南シナ海における係争を抱え、中国とたびたび物理的にも対峙・衝突しているフィリピンである。2014 年以降、南シナ海の海上では、中国とフィリピンの漁船の衝突や海警、沿岸警備隊の船舶の衝突が続いている。フィリピンは 2014 年、同盟国である米国との間で防衛協力強化協定（Enhanced Defense Cooperation Agreement：EDCA）を締結し、米軍がフィリピン国軍の基地をローテーション利用することができる措置を取った。2023 年 3 月には、利用される予定の 9 つの基地が発表され、そこには、ルソン島北端の 2 つの基地が含まれている [33]。米国が東沙諸島における将来の紛争を念頭に置いていることが見て取れる [34]。フィリピンのルソン島北端から台湾最南端の距離は約 250km、フィリピン最北端のバタネス諸島からは 142km である。日本の石垣島から台湾は 270km、与那国島西部から台湾は 111km であることを考えると、この距離がどれほど近いかは想像に難くない。さらに、台湾に居住するフィリピン人の移住労働者は 15 万人にのぼる。

　南シナ海問題については、大衆レベルでもエリートレベルでも、対中脅威認識が明らかに高まっているように見える一方で、台湾有事に対する世論には大きな温度差がある。

　シンガポールのシンクタンク、ISEAS ユソフ・イシャク研究所のエリート・サーベイは、「もし台湾海峡で紛争が勃発したら、あなたの国は次のうちどれを選択すべきだと思いますか」との質問を行っている。2022 年に収集、2023 年に発表されたデータによると、フィリピンでは「武力の行使に反対し、外交的な解決を求める」との回答が 54.5％と最も多く、続いて、「台湾に対して軍事的支持を用意する」が 20.2％、「中立の立場をとる」が 13.1％、「侵略に対する制裁を行う」が 12.1％であった。「中国を支持する」との回答はゼロであった。「台湾に対して軍事的支持を用意する」と回答した者の割合は、フィリピンが ASEAN 加盟国の中で最も多くなっている [35]。

　別のエリート・サーベイでも、「中国が台湾に侵攻した場合、フィリピンは台湾防衛のために軍事協力すべきだ」と回答したエリートの割合は 30％に満たない [36]。さらに同調査では、「政府が『一つの中国原則』を支持している限り、中国と台湾の間の紛争はフィリピンには影響しない」との回答者は 35％に及び、「フィリピンは将来起こり

115

うる台湾をめぐる軍事紛争に際しては米国をサポートする責任がある」との回答は、20％にも満たない。

2024年4月には米国で日米フィリピンの3カ国首脳会談が初めて実施された。これに先立ち、米国のシンクタンク戦略国際問題研究所（Center for Strategic and International Studies: CSIS）は2022年9月より、米日フィリピン、米豪フィリピンという3ヶ国での民間レベルでの防衛協力対話を推進している[37]。筆者も2022年9月と2023年9月に、それぞれ2日間にわたって開催された対話に出席し、フィリピンの政策エリートらと議論を行った。そこでは、中国からの影響力工作の深刻な脅威が議論された。北部ルソン地域、特にマルコス一族の地盤である北イロコス州には中国企業が小規模インフラやアグロビジネス、再生可能エネルギーなどに投資していると言われており、同州ラワグ市には2007年から中国領事館が設置されている。北部ルソンの地方首長らや地方のビジネス界は中国からの投資に期待している。

2024年4月現在、フィリピン北部を中心に、自治体首長やビジネスパーソンらがインターネット上で、国軍基地に米軍を受け入れるべきではないとする主張を繰り返し、西側民主主義に懐疑的なナラティブを拡散し、さらには、特定の政治家らを「米国のスパイ」であるとする中傷を繰り返している。たとえば、中国に親和的な州知事が、EDCAで定められた国軍基地に米軍が立ち入ることを声高に拒む事例もある[38]。

筆者がインタビューした国防・外務官僚らは、「いくらテクノクラートが対応を協議しても、中国から経済的誘導を受けている上下両院議員や財界ロビイストが議会での決議を拒めば、台湾に軍を派遣することはできない」と述べた[39]。

物事に白黒をつけ、敵と味方、あるいは善と悪とを分けて市民を煽るナラティブは、権威主義と親和性が高い。しかしながら、これらはマルコス政権そのものをターゲットにしたものではなく、中国政府による作戦なのか、あるいは自主的な動きなのかを特定する明確な証拠はなく、学術的な分析もいまだに発表されてはいない。

そのような中で、フィリピンの主要英字紙の一つであるフィリピン・スター紙のジャーナリストであるクリスティーナ・チーが2024年1月に書いたヘッドライン記事[40]は注目に値する。その内容は以下のとおりである。

2023年7月から8月にかけて、4人のフィリピン人ジャーナリストと、フィリピン大学教授で海事・海洋法研究所所長のジェイ・バトンバカル (Jay Batongbakal)[41] は、不明の情報源から、7通の電子メールとショート・メッセージを受け取った。内容は、ベトナムが南シナ海において防衛インフラを建設している疑惑があるとのもので、市民の意識を中国からベトナムにそらす意図があるとみられる。

116

第 4 章　東南アジアにおけるデジタル抑圧および影響力工作と市民社会

メッセージはいずれも、記者とバトンバカルに対し、南沙諸島でのベトナムの軍事拠点の建設計画に関する内部情報を提供すると申し出つつ、フィリピンの主権に対するベトナムの脅威を強調し、さらなる連絡があればさらなる情報を提供するとしていた。それらのメッセージには次のような内容が含まれる。

・自分は、南沙諸島における　ベトナムの建設計画に関するベトナム軍の機密文書を持っている。
・自分は、我が国（フィリピン）の海洋主権を懸念するフィリピン人であるが、安全上の理由から匿名にさせていただいている。
・ベトナムは防波堤や防潮堤、2つの埠頭を建設し、滑走路を拡張している。

別の電子メールは、ベトナムの建設会社で働くフィリピン人従業員を名乗るもので、以下の内容を含んでいた。
・自分は義憤に駆られ、ベトナムからの報復のリスクをもいとわず、会社の機密情報を公開する用意がある。これは、フィリピン政府が南シナ海でのベトナムの攻撃的な動きを認知し、我が国の主権と国益を守るために直ちに行動する必要性を認識するためのことである。

この電子メールを受け取ったフィリピン人ジャーナリストの一人は、その主張を裏付ける文書の提出を求め、これに対して送信主は、ベトナムが建設しているとされる軍事インフラの詳細を記した表と、これらの計画された構造の説明を含む2つのPDFファイルを送ってきた。しかし、ファイルには写真やビデオは含まれておらず、公式のレターヘッドや署名もなかった。ジャーナリストらは直接の面談を申し込んだが、送信主は面会を拒否したという。

フィリピン沿岸警備隊のジェイ・タリエラ（Jay Tarriela）報道官も、一部のジャーナリストから、中国の海洋での攻撃的な行為に対するフィリピン市民の注意を、ベトナムのほうに仕向けることを目的とした電子メールを受け取った事実を認識していると述べている。

バトンバカルは、匿名のある者からViber[42]で、ベトナムの軍事化に関するレポートを受け取ったが、「その目的は、人々に不安を与え、知識人である自分に、ベトナムについて書かせることであった。その者が指摘しているサンゴ礁の埋め立て報告はすでに監視されており、2019年と2021年だったと思うが、米国のシンクタンクによって二度（衛星写真付きで）報告された事実であるため、私は反応しなかった」と述べて

117

いる。*数日後、シンガポール海事研究所を名乗る者が同氏に、ベトナムの問題について書くのであれば、当社のチャネルを通じて記事を公開する、追加の資金やその他の支援が必要な場合は知らせてほしい旨を連絡してきたという。また、環境活動家を名乗る別の者も、同氏に対して、西フィリピン海でのベトナムによる破壊活動疑惑についての記事を書くよう依頼するメールを送り、ベトナムを中国と明確に比較したという。*

記事によると、これらのメッセージの送信者の氏名は実在するものであるかどうか確認できず、一部の送信者の所属組織も存在が確認できなかったという。

興味深い点は、送信者らが、フィリピンの主要メディアや、国際的に認知され、発信力の高いバトンバカルのような人物をターゲットとして、彼らにフィリピン市民向けの記事を書かせようと仕組んでいる点、さらには、中国礼讃論を流布するのではなく、ベトナムをスケープゴートとし、「ベトナムはもっとひどいことをおこなっている」とする情報操作を行うことで、ASEAN の協調性を乱そうとしていることである。

フィリピンの軍人や退役軍人は、こうしたインターネット上での偽情報の拡散は、将来のハイブリッド戦争にも通ずるとして警戒を強めている。官僚や知識人も懸念を示しているが、フィリピン政府がこうしたデジタル空間での中傷の実態を調査したり、取り締まったりする枠組みは、現在のところ存在しない。いうまでもなく、東南アジア全体で、外国からの影響力工作に対抗するような動きや何らかの国際協調が生まれることは考えにくい。

5．結論

本稿では、選挙を維持していながら、政権が何らかの手法でデジタル権威主義的な市民抑圧を試みる余地のある東南アジアの国々を事例に、政権側の手法ではなく、市民側がどのように対応しているかに着目して論じてきた。

タイの事例は、デジタル抑圧は市民に恐怖を植え付け、社会運動を弱体化させうるが、しかし市民は決して、デジタル権威主義に対する受け身的存在ではないことを示している。むしろ、野党議員らは政府がデジタル技術を使用した恣意的な監視を行っていることを問題視し、議会で追及まで行っている。

また、外国からの影響力工作については、データやエビデンスは少ないながらも、フィリピンのジャーナリストと研究者がメディアに暴露したある事例が、こうした工

第 4 章　東南アジアにおけるデジタル抑圧および影響力工作と市民社会

作活動が一般市民を対象とするのではなくエリート層にターゲットを絞り、彼らに偽情報や真偽を織り交ぜた情報を流すことで間接的な世論捜査を狙う意図があることを示唆している。本稿で取り上げたケースでは、ジャーナリストと大学教員のいずれもが情報と情報源とを不審に思い、逆にフィリピン国内メディアに一連の情報の存在を開示したことで事実が明るみに出た。

　政府が対策を講ずることができない現状であっても、フィリピンのジャーナリズムがこうした事例を報道し、市民に注意を喚起していることは注目に値する。影響力工作への対策という、政府による制度化が難しい、きわめて新しい分野であるからこそ、非国家主体である市民社会の個人や団体の持つ専門性、経験と知見に基づく良識、不測の事態に対応できる柔軟性、そして市民に対する効果的な発信力といった特性は、デジタル時代において、ますます重要になってくると考えられる。

注

1　Janjira. Sombatpoonsiri, "Digital repression of protest movements: #WhatshappeninginSoutheastAsia." *Kyoto Review of Southeast Asia,* Issue 35. (2023). https://kyotoreview.org/issue-35/digital-repression-of-protest-movements-whatshappeninginsoutheastasia/

2　東南アジア各国の国の民主主義の度合いやそれを測定する手法などについては、川中豪「民主主義と権威主義」川中豪、川村晃一『教養の東南アジア現代史』(ミネルヴァ書房、2020 年) などを参照。

3　川中豪『競争と秩序——東南アジアにみる民主主義のジレンマ』(白水社、2022 年)

4　同上、9 ページ。

5　外山文子、日下渉、伊賀司、見市建編著『21 世紀東南アジアの強権政治—「ストロングマン」時代の到来』(明石書店、2018 年)

6　木場紗綾「フィリピン—共助から公助へ—」日下部尚徳、本多倫彬、小林周、髙橋亜友子編著『アジアからみるコロナと世界　我々は分断されたのか』(毎日新聞出版、2022 年)

7　Aurel, Croissant, and Lorenz, P. Eds., Comparative politics of Southeast Asia. An introduction to governments and political regimes. (Springer 2017)

8　Marcus. Mietzner, "Sources of resistance to democratic decline: Indonesian civil society and its trials". *Democratization,* 28(1), 2021. 161–178.

9　Marites Danguilan Vitug. 2020. "Amid the Pandemic, a Killing, Arrests and Crackdown on Freedom" *CSEAS NEWSLETTER,* 78. 2020. https://covid-19chronicles.cseas.kyoto-u.ac.jp/en/post-013-html/

10　Aurel, Croissant, and Lorenz, P. "Malaysia: Competitive authoritarianism in a plural society." A. Croissant & P. Lorenz (Eds.), *Comparative politics of Southeast Asia. An introduction to governments and political regimes.* (Springer　2017)

11　Aurel, Croissant, and Diamond, L. "Introduction: Reflections on democratic backsliding in

Asia." *Global Asia,* 15(1), 2020. 8–14.

[12] 見市建、茅根由佳編著『ソーシャルメディア時代の東南アジア政治』（明石書店、2022年）

[13] United States Agency for International Development (USAID). *2021 Civil Society Organization Sustainability Index for Asia.*2022.

[14] Janjira. Sombatpoonsiri, Securitizing 'fake news': Policy responses to disinformation in Thailand. In A. Sinpeng & R. Tapsell (Eds.), *From Grassroots Activism to Disinformation: Social Media in Southeast Asia.* ISEAS Yusof-Ishak Institute　2020.

[15] Erica, Frantz, Andrea Kendall-Taylor, Joseph Wright. 2020. *Digital Repression in Autocracies.* Users Working Paper Series 2020:27. The Varieties of Democracy Institute, University of Gothenburg. 2020.

[16] United States Agency for International Development (USAID). *Digitized Autocracy Literature Review: Final Report.* Prepared under Contract No.GS-10F-0033M / 7200AA18M00016, Tasking N042. August 2021.

[17] Janjira Sombatpoonsiri, and Dien Nyugen An Luong. 2022. *Justifying Digital Repression Via Fighting 'Fake News': A Study of Four Southeast Asian Autocracies.* (ISEAS Yusof-Ishak Institute. 2022)
https://www.iseas.edu.sg/articles-commentaries/trends-in-southeast-asia/justifying-digital-repression-via-fighting-fake-news-a-study-of-four-southeast-asian-autocracies-by-janjira-sombatpoonsiri-and-dien-nguyen-an-luong/

[18] Surachanee Sriyai, and Akkaranai Kwanyou."Being a Member of an Online Group Can Make You More Accepting of Fake News: The Case of Thailand" *ISEAS Perspective.* (ISEAS–Yusof Ishak Institute 2024)
https://www.iseas.edu.sg/articles-commentaries/iseas-perspective/2024-12-being-a-member-of-an-online-group-can-make-you-more-accepting-of-fake-news-the-case-of-thailand-by-surachanee-sriyai-and-akkaranai-kwanyou/

[19] Puangthong. Pawakapan, Infiltrating Society: *The Thai Military's Internal Security Affairs.* ISEAS Yusof-Ishak Institute. 2021.

[20] Apple tells Thai activists they are targets of 'state-sponsored attackers' *The Guardian,* November 25, 2021
https://www.theguardian.com/world/2021/nov/25/apple-tells-thai-activists-they-are-targets-of-state-sponsored-attackers　（2024 年 2 月 10 日閲覧）

[21] Prachatai. November 17, 2022. https://prachatai.com/journal/2022/11/101457　（2024 年 2 月 10 日閲覧）

[22] Thai PM denies buying spyware for use on opposition　AA. July 22, 2015.
https://www.aa.com.tr/en/politics/thai-pm-denies-buying-spyware-for-use-on-opposition/23913（2024 年 2 月 10 日閲覧）

[23] Janjira. Sombatpoonsiri, "Digital repression of protest movements: #WhatshappeninginSoutheastAsia." *Kyoto Review of Southeast Asia, Issue* 35. 2023.
https://kyotoreview.org/issue-35/digital-repression-of-protest-movements-whatshappeni

nginsoutheastasia/

[24] 同上。

[25] 同市民グループは、「いじめ」という語を、「王室に対するいじめ」という意味で使用している。なお、同グループは 2023 年 9 月に活動を停止したものの、同じネットワークにある People's Center to Protect the Monarchy Group は引き続き活動を続けている。

[26] Mapping 112 lawsuits, citizens against citizens," Voice TV Online. October 29, 2021, https://voicetv.co.th/read/xZ3RycdVl （2024 年 2 月 10 日閲覧）

[27] Thailand Lawyers for Human Rights ウェブサイト "Numbers of those charged with Article 112 from 2020 to 2022," 22 November 22, 2022. https://tlhr2014.com/archives/23983 （2024 年 2 月 10 日閲覧）

[28] Janjira. Sombatpoonsiri, "Digital repression of protest movements: #WhatshappeninginSoutheastAsia." Kyoto Review of Southeast Asia, Issue 35. 2023.https://kyotoreview.org/issue-35/digital-repression-of-protest-movements-whatshappeninginsoutheastasia/

[29] Janjira. Sombatpoonsiri, "Digital Repression Deliberated: The Importance of Parliamentary Scrutiny." Fulcrum. December 21, 2022. https://fulcrum.sg/digital-repression-deliberated-the-importance-of-parliamentary-scrutiny/

[30] Ibid.

[31] Pegasus victims sue NSO in Thailand: It's time for spyware accountability, *AccessNow*, November 15, 2022. https://www.accessnow.org/press-release/thailand-pegasus-lawsuit/ （2024 年 2 月 10 日閲覧）

[32] Janjira. Sombatpoonsiri, "Digital Repression Deliberated: The Importance of Parliamentary Scrutiny." *Fulcrum.* December 21, 2022. https://fulcrum.sg/digital-repression-deliberated-the-importance-of-parliamentary-scrutiny/

[33] *ABS-CBN News.* "FAST FACTS: Expanded US access to Philippine military bases."April 5, 2023. <https://news.abs-cbn.com/spotlight/04/05/23/fast-facts-philippine-bases-us-soldiers-can-use> （2024 年 2 月 10 日閲覧）

[34] もっとも、フィリピンのマルコス大統領は 2024 年 1 月までに一度も、EDCA と台湾とを関係づける発言をしたことはない。大統領の公式発言としてはあくまでも、EDCA は南シナ海でのフィリピン軍の海上保安能力向上と、米フィリピンの共同対処に期するものであるとされてきた。

[35] ISEAS–Yusof Ishak Institute. *The State of Southeast Asia: 2023 Survey Report.* (2023) https://www.iseas.edu.sg/wp-content/uploads/2025/07/The-State-of-SEA-2023-Final-Digital-V4-09-Feb-2023.pdf

[36] Amador, Julio, Aries Arugay, Deryk Baladjay, Justin Baquisal, and Charmaine Misalucha-Willoughby. *Results of the 2022 National Security Survey.* (2023)

<https://www.amadorresearchservices.com/_files/ugd/58aa99_816b2faebc4143789ee773
16255ca842.pdf> （2024 年 2 月 10 日閲覧）

[37] チャタムハウス・ルールで実施され、参加者リストも公表はされていないが、2022 年の議論は、次の報告書にまとめられている。Canter for Strategic and International Studies. "Building a U.S.-Japan-Philippines Triad" February 1, 2023. <https://www.csis.org/analysis/building-us-japan-philippines-triads>（2024 年 2 月 10 日閲覧）

[38] "Pro-China governor opposes PH-US live-fire drills," INQUIRER.net. January 13, 2022. <https://newsinfo.inquirer.net/1539757/pro-china-gov-opposes-ph-us-live-fire-drills> （2024 年 2 月 10 日閲覧）

[39] 2023 年 2 月 26 日および 3 月 1 日、マニラ首都圏にて筆者インタビュー。

[40] Cristina Chi "Influence ops target journalists, expert as China vessels patrol West Philippine Sea," *Philstar,* January 19, 2024. （2024 年 2 月 10 日閲覧） <https://www.philstar.com/headlines/2024/01/19/2327000/influence-ops-target-journalists-expert-china-vessels-patrol-west-philippine-sea >

[41] バトンバカルは、南シナ海問題について最も積極的に発言している法学者の一人である。

[42] ソーシャルメディアサービスの一つ。

※本稿は『防衛学研究』第 70 号に掲載した論文を加筆修正したものである。

コラム2

台湾のサイバー空間における脅威と対策

荊 元宙

（五十嵐 隆幸訳）

1．はじめに

　近年の紛争は、サイバー攻撃によってその様相が複雑化し、被害の範囲も広がりが増している。例えば、2022 年 2 月にウクライナへの軍事侵攻を開始したロシアは、通常の軍事作戦に加え、ウクライナの政府機関や重要インフラに対して大規模なサイバー攻撃を行い、ウクライナ社会を麻痺させることで国民の戦意を揺さぶろうとした。また、2023 年 10 月にイスラエルとパレスチナのイスラム組織ハマスの間で始まった紛争では、ハマス側がイスラエル政府のウェブサイトのみならず、防空ミサイルシステム「アイアン・ドーム」に対してもサイバー攻撃を仕掛けたことが伝えられている。この 2 つの紛争において繰り広げられたサイバー攻撃は、当事国の政府機関のみならず、それぞれの支持者によって結成されたハッカー集団も加わっていることが特徴として挙げられる。

　ロシアによるウクライナ侵攻後、台湾では「今日のウクライナは、明日の台湾」というフレーズとともに、中国による台湾侵攻への不安が広がった。ロシアとウクライナ間の紛争やイスラエルとハマス間の紛争は、台湾にとって絶好の教訓となっており、台湾海峡で紛争が生起した場合、台湾が極めて深刻なサイバー攻撃を受けることが予想される。実際に「平時」において台湾が受けているサイバー攻撃の頻度は世界一に上り、その大半は中国からのものと言われている。その激しさは侵攻前夜の様相を呈しており、もはや台湾海峡は平時と戦時の区別がつかなくなっている。台湾の政府は警戒感を募らせており、「情報セキュリティは国家安全保障である」と呼びかけ、サイバーセキュリティ強化のために具体的な措置を講じている。

123

2．台湾の情報通信ネットワークに対する脅威

　イスラエルのサイバーセキュリティ企業であるチェック・ポイント・ソフトウェア・テクノロジーズ社が発表した「サイバーセキュリティレポート 2024」によると、2023 年の第 1 四半期から第 3 四半期にかけて、世界中で発生したサイバー攻撃は、2022 年の同時期と比較して週平均で 3%増加し、特に台湾が最も攻撃を受けた地域であったことが報告されている。

　特に近年、台湾のエネルギー、運輸、金融、通信などの重要インフラに対するサイバー攻撃が増えており、次の三つの代表的な手法が多用されている。

　一つ目は、分散型サービス妨害（DDoS）攻撃である。これは、攻撃対象となる Web サーバーに対し、複数のコンピューターから同時に大量のデータを送りつけ、サービスの中断や利用停止をもたらすことを狙いとしている。

　二つ目は、マルウェアである。これは、重要インフラのコンピューターシステムなどに対し、ランサムウェア、トロイの木馬、スパイウェア、ワームなどのマルウェア（悪意のあるソフトウェア）を侵入させることで、情報を窃取するほか、プログラムの改ざんやシステムの破壊などにより、混乱を引き起こすことを狙いとしている。

　三つ目は、持続的標的型攻撃（advanced persistent threat, APT）である。これは、特定の個人または組織を標的とし、長期間にわたって重要な情報を収集する手法である。通常の標的型攻撃は比較的短期間に行われるが、APT 攻撃は相当長期間にわたって情報の窃取やシステムの破壊など繰り返す。また、通常の標的型攻撃が金銭や機密情報など攻撃側の利益に結びつくことを目的としているのに対し、APT 攻撃は相手側に損害を与えたり、活動を妨害したりすることが主な目的としている。

　台湾は、以上のようなサイバー攻撃を受けているが、メディアの報道、国際的な情報機関やサイバーセキュリティ企業が行った調査や分析によると、中国の関与が指摘されており、それは主に以下の組織などに区分される。

（1）持続的標的型攻撃（advanced persistent threat, APT）組織

　APT 組織は、しばしば大規模なサイバー攻撃に関与していると非難される。例えば、中国のハッカー集団「APT41」は、台湾、シンガポール、マレーシア、日本、韓国、米国、インド、オーストラリアなど、アジア太平洋地域の国々を標的に知的財産や国家機密の窃盗、経済的利益のためのサイバー攻撃などを繰り広げている。

　台湾のサイバーセキュリティ専門家は、「APT41」の背後に中国国家安全部がいる

124

と推測している。「APT41」を含め、中国大陸を拠点に活動するハッカー集団は 30を超えると見積もられている。

（2）中国人民解放軍サイバー空間部隊

中国人民解放軍は 2015 年 12 月 31 日に「戦略支援部隊」と称する組織を新設し、同部隊の「サイバーシステム部」がサイバー攻撃を担当することになった。そのサイバー攻撃は、主に台湾の防衛、外交、経済などにかかわる重要インフラを標的としており、平時は検出されない状態でネットワーク内に潜み、戦時に起動して重要インフラを破壊するように設計されている。

なお、2024 年 4 月 19 日に中国人民解放軍は戦略支援部隊を廃止し、新たに「情報支援部隊」を設立すると同時に、戦略支援部隊の宇宙部門とサイバー部門を発展的に解消し、「軍事宇宙部隊」と「サイバー空間部隊」を新編している。

（3）中国の国家安全部門と情報機関

中国の国家安全部門や情報機関が情報収集や監視のためにサイバー攻撃に関与している可能性が指摘されるほか、民間のハッカー集団が政府や軍の支援を受けてサイバー攻撃を仕掛けていることが指摘されている。

3．台湾に対するサイバー攻撃の事例

近年、中国は、軍事行動とサイバー攻撃を連携させる形で台湾を威嚇することが増えている。その典型的な例として、2022 年 8 月のナンシー・ペロシ（Nancy Pelosi）米下院議長の電撃訪台が挙げられる。在任中の下院議長が台湾を訪問するのは 1979年の米中断交以来 2 人目であり、下院議長は大統領継承順位で副大統領に次ぐ地位にあることから、ペロシの訪台は中国の強い反発を招いた。そのため、中国はペロシの離台後、直ちに台湾周辺で軍事演習を実施すると発表し、その水面下で台湾に対するサイバー攻撃を開始した。

ペロシが台湾を訪問している間、総統府、外交部、国防部がサイバー攻撃を受けたほか、コンビニエンスストアや台湾鉄道の電光掲示板がハッキングされ、簡体字で「老婆の訪台は、祖国の主権に対する重大な挑戦である」というキャプションが表示された。また、台湾のテレビ番組には、中国の魅力を喧伝するような画像や映像が盛

んに放映されていた。ペロシ電撃訪台の直後に、中国当局が台湾の人々の目に映る形で迅速かつ大々的にサイバー攻撃を仕掛けてきたということは、平時から準備が整っていることを示している。

また、伝統的なスタイルの戦争は主に軍事施設を標的としているため、被害を必要最小限に抑えることができたが、サイバー戦争の時代になると、主な攻撃対象は重要インフラへと変わり、社会活動の破壊を主眼に置いた一種の無差別攻撃へと変化した。現代国家における重要インフラは高度に情報化されているため、重要インフラに対するサイバー攻撃は、国家運営や社会活動を麻痺させ、多大な経済的損失や人的不安をもたらすことになる。

例えば、ロシア軍の情報機関が支援するハッカー集団である「サンドワーム」は、2015年冬にウクライナの電力システムに対してサイバー攻撃をかけ、25万人が停電に見舞われるなか極寒のクリスマスイブを過ごした。また、2017年には、大手欧米企業に対してサイバー攻撃をかけ、マルウェアによって医薬品、ソフトウェア、貨物輸送にかかわる経済活動を麻痺させた。このサイバー攻撃でウクライナの金融、鉄道、郵便などのシステムが停止し、病院は診療を続けることができなくなり、経済社会活動は大きな打撃を受けている。ウクライナ国家安全保障局（NSS）が2023年8月に発表した報告書によると、サンドワームがウクライナ軍の作戦システムへの侵入を試みている。

現在、中国のハッカー集団は、台湾の政府機関、エネルギー企業、水道施設、通信事業者、金融機関などの重要インフラをサイバー攻撃の標的にしている。デジタル発展部（省に相当）が発表した「2022年国家情報セキュリティ報告書」によると、中央銀行、交通通信部、行政院原子力委員会など十数機関の情報セキュリティスコアの平均はいずれも60点から70点の合格ラインにあるものの、外部からの攻撃に対して強靭だとは言うことができず、台湾の重要インフラが深刻なサイバーセキュリティの脅威に直面していることを示している。

実際、このようなケースは台湾ですでに発生している。2019年8月、台湾の多くの病院が同時にランサムウェア攻撃を受け、病院の業務システムファイルが暗号化されて使用できなくなった。さらに2020年5月、「台湾中油」のすべてのガソリンスタンドで管理システムが機能しなくなり、翌日には別の「台湾プラスチック」からもシステムの異常が報告された。その後、台湾の調査局が米国の協力を受けて調査したところ、台湾中油と台湾プラスチックに対するサイバー攻撃は、中国政府が支援するハッカー集団の一つである「APT41」によるものと判明した。また、2021年3月には、台湾の大手PCメーカーAcerがランサムウェアの被害に遭い、その1ヵ月後に

コラム2　台湾のサイバー空間における脅威と対策

は Apple 社 MacBook の大手サプライヤーである Quanta もランサムウェア攻撃を受けた。

　実際のところ、上述のケースは台湾に対するサイバー攻撃の一部に過ぎず、その多くは機密扱いのため公開することができない。そのため、中国のハッカー集団による台湾へのサイバー攻撃が増加傾向にあるものの、その公表数が少ないことにより、一般の人々がサイバーセキュリティの深刻さを過小評価する問題が生じている。

４．台湾の政府によるサイバー攻撃への対応

　台湾の政府は、増え続けるサイバー攻撃に対応するため、2017 年 7 月に国防部内に分散していた組織を統合し、「情報通信電子戦コマンド」を新編した。

　2019 年 1 月には、台湾で初めての情報セキュリティに関する法律として「情報通信安全管理法」が施行された。この法律は、情報セキュリティ管理にかかわる政府機関、企業、各種組織の義務と責任を規定している。その後、2022 年 8 月に行政院は、デジタル発展部（省に相当）を新設し、同部が「情報セキュリティの強化と関連産業の発展奨励」を所掌することになった。そして 2023 年 5 月には、「重要インフラ保護強化法」が立法院を通過し、重要インフラに損害を与えた者に対して刑事罰が科せられるように規定された。

　なお、2023 年 12 月に米国議会で可決された 2024 会計年度の「国防授権法」（NDAA）によると、米国国防総省は台湾との軍事デジタル・セキュリティ協力構築プログラムを開始することが義務付けられた。同プログラムには、軍事ネットワーク、インフラ、システム等の安全維持、サイバー空間における悪意のある行為に対する対抗などが含まれ、今後、中国のサイバー攻撃に対し、台湾は米国のさらなる協力を得て対応していくことになる。

　このほか、台湾の政府は、国家安全保障を理由に中国ブランドの情報通信製品の使用を禁止するよう国際機関などに要請している。また、2020 年に米国が提起した「クリーン・ネットワーク」構想に参加し、通信ネットワークから中国など信頼性の低い国から供給される情報通信機器や 5G インフラを排除する取り組みを進めている。

　台湾に対するサイバー攻撃の頻度は、今や世界最多の規模に達しているが、DDoS攻撃を受けた総統府、外交部、国防部などのウェブサイトが短期間で運営を再開できたことは、台湾の政府が講じたサイバーセキュリティ対策の成果として評価すること

127

ができる。しかし、AI やディープフェイクのような新たな技術がもたらす課題を前に、台湾の政府機関は手を緩めることなく、民間セクターと協力してハイテク時代の包括的なセキュリティ・ソリューションを研究し、サイバーセキュリティ体制を強化していかなければならない。

　将来、台湾海峡で紛争が起きる場合、ミサイル攻撃や航空攻撃などに先立ち、サイバー空間での攻防が繰り広げられることであろう。台湾に対するサイバー攻撃は、既に台湾の生存にかかわる死活的な問題となっており、台湾はその試練に立ち向かっている。

■第5章■

ラテンアメリカの権威主義体制とデジタル技術

―権威主義化が進むエルサルバドルを事例として―

大場 樹精

この章のポイント

●2010年代半ばに見られたラテンアメリカの権威主義体制は、中国との経済関係強化に間接的に支えられ、統治へのデジタル技術の導入にも中国の影響が見られた。

●エルサルバドルのブケレ政権は、高い支持率を背景に権威主義化を進めており、特にSNSを利用した政治活動や国内外の対応が特徴的である。

●ブケレ大統領はデジタル技術、特にSNSを用いて自身の支持基盤を強化し、批判的な声への対抗や政策のアピールに活用している。

●治安対策としてギャングへの強硬策を実施し、これが一般市民からの高い支持を受けているが、国際人権団体からは人権侵害の懸念が提起されている。

●米国との関係は、ブケレ政権の権威主義的な動きやビットコインの導入等の政策により、悪化傾向にある。

●中国とは経済関係を強化する動きが見られ、中国の影響力がエルサルバドル内で増す可能性がある。

●エルサルバドルにおけるデジタル・アジェンダの推進やビットコインの法定通貨化などは、これらが成功を収めているかどうかは不明確である。

●ラテンアメリカ地域各地で、1980年代以降の民主主義体制への不満が高まっており、今後デジタル技術を駆使する権威主義者が増加する可能性が危惧される。

1．はじめに

　現在のラテンアメリカは、世界の中で西欧・北米に次いで民主主義国が多い地域である。V-Dem(Varieties of Democracy)研究所の 2023 年の報告書[1]によると、自由民主主義国と選挙民主主義国に住む人口を合わせると地域総人口の 87％に上り、権威主義国に暮らす人の数は地域全体の 12％に留まっている。

　しかしながら、地域では民主主義の後退も懸念されている。同報告書はブラジル、チリ、エルサルバドル、グアテマラ、ハイチ、ニカラグア、ウルグアイ、ベネズエラにおいて 10 年前と比較して権威主義化が見られることを指摘する[2]。なかでも唯一「選挙民主主義国」から「選挙権威主義国」に分類上も変化するほど数値に急激な悪化が見られるのが、エルサルバドルである[3]。SNS を駆使し、高い支持率を維持していることで知られるナジブ・ブケレ（Nayib Bukele）氏が、2024 年 3 月現在大統領を務める。0 から 1 で表され、1 に近いほど民主主義的である「自由民主主義指標(Liberal Democracy Index :LDI)」は、0.15 で報告書の対象となっている 179 カ国中 132 位である。2024 年 2 月に実施された大統領選挙に、本来は憲法で連続再選が認められていないものの出馬し、再選を果たしたばかりである。

　ブケレ大統領の下で、エルサルバドルはなぜ権威主義化し、それにもかかわらずなぜ政権は高い支持を得ているのか。デジタル技術はどのように用いられているのか。他国の影響は見られるのか。本稿はこれらの問いに答えることを目的としている。

　エルサルバドルを取り上げる理由の一つは、権威主義化しているにもかかわらず、ブケレ政権が高い支持を集めている背景を理解することが、現在のラテンアメリカにおける民主主義の後退を理解するために不可欠であると考えられるためである。ブケレ政権の権威主義化は民主主義の後退であることは論を俟たないが、ブケレ氏への支持はラテンアメリカに広がる 1980 年代以降の民主主義体制および既存政党に対する不満の裏返しとしても理解できよう。

　また、エルサルバドルは、2018 年に台湾から中国に国交を切り替えた国であり、中国の影響について検証することができる事例としても位置付けられる。ラテンアメリカにおける民主主義の後退は、中国の台頭と中国とラテンアメリカ諸国の関係構築と並行して進んだことで、欧米諸国を中心に一層の危機感をもって受け止められている。1980 年代以降のラテンアメリカにおける民主主義は、資金援助等の条件として民主主義の深化を求めてきた米国の政策の影響もあって維持されてきた面もある。しかし、今では中国が資金援助の

130

第 5 章　ラテンアメリカの権威主義体制とデジタル技術

場面において、米国に代わる存在になっている。中国の資金援助は、そうした条件を設けていないため、中国の存在感が増す中でラテンアメリカの民主主義が後退する可能性が指摘されている。

　以下、まずラテンアメリカにおける 1980 年代の民主化と、2010 年代後半の権威主義化について整理することから始める。そのうえで、ブケレ政権成立の背景、権威主義化の経緯およびブケレ政権の特徴であるデジタル技術の利用を明らかにする。国際関係の影響も検証する。最後に、権威主義化する過程におけるデジタル技術の役割についてまとめたうえで、エルサルバドルおよびラテンアメリカにおける民主主義について今後の見通しを提示する。

2．1980 年以降のラテンアメリカ政治

（1）1980 年代の民主化

　ラテンアメリカで権威主義体制および独裁体制 [4]から現在の民主主義体制への移行が始まるのは、1970 年代末であった [5]。1978 年のドミニカ共和国に始まり、ニカラグア（79 年）、エクアドル（79 年）、ペルー（80 年）、そして 90 年におけるチリの民主化まで 14 カ国が民主化し、2000 年のメキシコにおける一党支配体制の終焉をもって、キューバ以外のすべての国が民主主義国となった。

　軍事政権型の権威主義国が多かった南米における民主化は、軍政による人権侵害への批判が高まり、経済運営失敗への不満が増大する中での、民主化勢力の活動を受けたものであった。軍部は支持を失っていたものの、多くの場合は民政移管のプロセスは軍部が主導する形で進んだ。同じ時期に民主化が起こった背景には、経済危機、軍事政権による人権侵害への批判の高まりを含め、国際的に民主主義重視の傾向が強まったことが指摘できる [6]。

　他方で中米では、政治を支配していた軍部と反体制派の左派による内戦（エルサルバドル、グアテマラ）、あるいは左派革命政権と米国の支援を受けた反政府ゲリラ勢力による内戦（ニカラグア）を経て、軍部主導で民政移管が行われた。民政移管後は、左派の反政府勢力も政党として二大政党制の一翼を担うという形が採られた。また、一党支配が続いていたメキシコでは、選挙での競争を制限していた措置が徐々に解除されていき、1999 年の大統領選挙で覇権政党以外の候補者が勝利する形での民政移管であった [7]。

　その後 30 年余り、ラテンアメリカでは必ずしも民主制の維持に有利と言えない社会状況が続いたものの、民主主義はいくつかの危機に直面しながらも維持された [8]。これは、軍政と民政が交互に支配してきたラテンアメリカ政治における転換点と評価された [9]。その要因

131

としては、紛争や弾圧の記憶 [10]が強い国があること、またそれらの国を中心に民主主義を維持しようとする地域的な枠組みが機能した点が指摘される [11]。また、民主化を経済支援の条件にするなど、米国の態度も重要であった。

　ただし、民主主義の質の悪さも指摘されてきた。その一つは、統治機構に問題がある場合で、民主化以前の体制が残した制度や状況が原因となっている。チリなど、軍部が民主化を主導した国々で、軍の発言力や特権を維持するための制度が残存している事例が広く見られる。第二に、大統領が強い権力を握って政策を強引に遂行するため、三権分立など民主的統治機構の重要なルールが軽視される場合がある。アルゼンチンのカルロス・メネム(Carlos Menem)大統領、ペルーのアルベルト・フジモリ(Alberto Fujimori)大統領、ベネズエラのウゴ・チャベス(Hugo Chávez)大統領にこの傾向が見られた [12]。チャベス大統領の場合、従来の二大政党制に不満を抱く貧困層を中心とする市民に改革を進める姿勢が強く支持され、強引な統治を支持する人が少なくなかったものの、次第に後戻りのできない権威主義化の道を辿っていく。

（2）2010 年代半ばの権威主義化

　ベネズエラの権威主義化が顕著になったのは、世界的にも民主主義の動揺や後退が危惧され始めた時期で [13]、ラテンアメリカでは民主化から 30 年余りが経過した時期であった。テキサス大学のウェイランド(Kurt Weyland)は 2013 年に、左派ポピュリストが率いるこれらの国々の権威主義化に警鐘を鳴らしていた。とりわけ、ポピュリストが民主主義に及ぼす影響を危惧していた。ポピュリストにとって支持層の動員は直接行うものであり、それを仲介する制度は統治を妨害するものだとみなされる傾向があるためである。またポピュリストは、反体制派に対して「民衆の敵」だとレッテルを貼ることで、競争的な政治空間が閉鎖される可能性もある。この状況が危惧される国として、ウェイランドはチャベス率いるベネズエラと、それに倣った特徴が見られたボリビアとエクアドルを挙げた [14]。これら 3 か国では実際のところ、1980 年代以降改善してきた民主主義体制を測る代表的な二つの指標（ポリティ指標・フリーダムハウス指標）の双方が悪化していた [15]。

　これら 3 カ国は、イデオロギー面では急進左派と分類される大統領が政権を担った国々である [16]。その中心にいたのが、ベネズエラのチャベスであった。チャベスは、1999 年に選挙を経て大統領に選出されると、新しい 1 院制の議会を発足させることを決めたほか、制憲議会を招集し大統領の再選禁止条項をなくすなど、大統領の権限強化を進めた。反対派の政治・社会勢力に対する抑圧を強めると同時に、司法、選挙委員会も影響下に置いた。経済面では、石油価格が高騰する中で石油部門の国営化、徹底的な所得分配政策を断行した。地方レベルでは住民の参加が促進された側面もあるが、国政レベルでは決定権はチャ

第 5 章　ラテンアメリカの権威主義体制とデジタル技術

ベス大統領にあり、市民の声を受けて決定が変更されることはなかった[17]。

　こうして自身に権力を集中させたチャベスは、2013 年に他界するまで 11 年以上大統領職に留まった。ボリビアのエボ・モラレス(Evo Morales)大統領（2006 年～2019 年）、エクアドルのラファエル・コレア(Rafael Correa)大統領（2007 年～2017 年）、ホンジュラスのセラヤ(Manuel Zelaya)大統領（2006 年～2009 年）は、チャベスの統治方法に倣い、制憲議会を設けることで大統領の権限を強化し、その長期化を図った[18]。

　これらの 3 ヵ国では、デジタル技術も体制強化に利用された。インターネットの遮断はいずれの国で行われた。全面的な遮断ではなく、反政府運動へとつながるようなインターネット空間での行動を制限することを意図した方法が採られ、民主化団体や活動家個人に対するサイバー攻撃、野党および反政府ジャーナリストのメールの検閲が 2011 年以降しばしば行われていた。なお、インターネット設備への投資を行わないことや停電も、インターネットの接続を遮断するための手段の一つだとされる。政府は、トロールファームやボットも駆使し、プロパガンダだけでなく、政治に関する議論をかく乱させる目的で誤情報の拡散も行った[19]。

　統治方法にはキューバの影響も多く見られたが、統治に利用されているデジタル技術には、中国の影響も見られる。たとえば、2016 年にベネズエラが導入した祖国カード(Carnet de la Patria)は、ZTE（中興通訊）社の技術が用いられている。ロイター社の報告[20]によると、貧困対策としてチャベス大統領が身分証プログラムの導入を検討していたところ、2008 年に当時のベネズエラ司法相の訪中が本格的な導入のきっかけになった。カードには、所有者の誕生日、家族構成、職業および収入、資産保有状況、病歴、社会プログラムの受給歴、ソーシャルメディア情報、政党への加盟状況等が集められている。ベネズエラ市民は、現在では祖国カード無しには食料の配給や社会プログラムを受け取ることができない。政府は体制派の動員に協力することで祖国カードを通して現金を給付するなど、市民に対してカード取得を促している。なお、中国はデータ収集については把握していないとしている[21]。

　また、エクアドルでは、2008 年の北京五輪の際に訪中した政府関係者が監視システムを視察した後に、2011 年に犯罪対策の名目で導入された。中国は導入に必要な資金を融資し、エクアドルは変わりに石油埋蔵量の「多く」を中国に輸出することに合意した。ファーウェイ社と China National Electronics Import & Export Corporation (CEIEC)が立ち上げ、コレア大統領退任後も運用は続いている[22]。

　デジタル技術面での影響のみならず、中国の台頭はこの時期の左派政権を経済面から支える役割も果たしていた。従来は米国を中心とする国際金融機関からの援助が不可欠だったラテンアメリカにおいて、産油国を中心に多額の融資を与えたほか、その融資も手伝い

133

中国に対する輸出によって石油収入が増加したベネズエラがこれら隣接国を経済的に支える構図が成立した [23]。同時多発テロを受けて米国の外交・安全保障面の関心がテロとの戦いにシフトし、ラテンアメリカに対する関与が低下した時期でもある。その中で、ベネズエラが中心となった米州ボリバル同盟(ALBA)やブラジルが中心となった南米諸国連合(UNASUR)といった米国抜きの地域機構が発足するなど、ラテンアメリカで左派政権を中心に脱米国依存が進んだ時期でもある。

3. エルサルバドル・ブケレ政権の権威主義化

（1）エルサルバドルの基本情報

エルサルバドルは、中米地峡の太平洋側に位置する。西をグアテマラ、北をホンジュラスと接する国土は九州の約半分ほどの2万1040平方メートルで、人口は約649万人（2020年）を数える。主要産業は、輸出向けの繊維縫製産業と、コーヒーや砂糖といった農業である。GDPは69,314ドルで、ラテンアメリカのスペイン語圏諸国の中でニカラグアに次いで経済規模が小さい。

その歴史は、1841年に中米連邦共和国が解体する形で独立したことに始まる。1931年から1982年までは半世紀にわたり軍事独裁体制が継続した。軍政期の末期からは、冷戦下で政府と反政府の左翼ゲリラ間で激しい内戦が展開され、約7万5000人の犠牲者を生んだ。1992年に、政府と左派勢力ファラブンド・マルティ民族解放戦線(Frente Farabundo Martí para la Liberación Nacional: FMLN)との間で和平合意が成立した。

内戦終結後は、内戦当事者による二大政党が選挙を通じて勢力を拮抗させながら政治的安定が維持されてきた。1989年から20年間は、右派の国民共和同盟(Alianza Republicana Nacionalista : ARENA)が4期連続で政権を担っていたが、2009年に左派FMLNが初めての政権交代を果たす。ただし、2000年代半ば以降は勢力が拮抗し、どちらの政党も広い支持を獲得する目的で有名人候補者を大統領選挙に擁立した。また、政党内での権力争いや集票を目的とした政党によるギャングとの取引が明らかになり、政党に対する国民の信頼は低下していった [24]。

このように、選挙が実施されているにもかかわらず、市民にとって重要な関心事である治安、汚職、格差が解消されなかったことで、政党に対する期待は著しく低下していった。調査によると、二大政党のいずれかを支持すると回答する人の割合は、2009年の50.8%から2018年には26%に激減していた。人口の62.4%が「選挙は時間の無駄」と考えていたほど選挙に対する信頼や期待が失われていた [25]。メレンデス・サンチェス（Meléndes

第 5 章　ラテンアメリカの権威主義体制とデジタル技術

Sánchez）は、民政移管を安定させる目的で有力なエリートが守られたことにより、民主主義を安定させることには成功したものの、市民の声を反映した政治の実現が阻害されたと指摘している。そして、これがブケレ選出の要因だったとしている[26]。既存の政党に対する不満が蓄積していたところ、二大政党以外から出馬したアウトサイダーであるブケレが、ポスト内戦期からの脱却を主張し支持を集めたのである。

（2）ブケレ政権の成立と権威主義化

ア．大統領就任まで

　レザージャケットにスキニージーンズ、キャップにサングラスを身にまとい、X（旧ツイッター）のプロフィール欄で「世界一クールな大統領」と自ら名乗るブケレ大統領は、1981年首都サンサルバドルに生まれた。父はパレスチナ系の有力な企業経営者で、左派 FMLN支持者であった。ブケレは大学を中退した後に家業である公共関係企業に従事し、その後広告会社を起こした。

　政界でのキャリアは、2011 年に首都の西隣りに位置するラリベルタ県の人口 7000 人のヌエボ・クスカトラン市長選に FMLN から立候補したことに始まる。ARENA 候補を相手に勝利し 2012 年に市長に就任すると、当時から SNS を駆使したことでその名が知られるようになっていった。3 年後には、大統領職のための登竜門と言われる首都サンサルバドル市長選に、FMLN からの後押しを受け出馬し勝利を収めた。しかし、党内対立先導や女性蔑視発言などを理由に党から 2017 年 10 月に除名処分を受ける。ブケレ自身は、従来から革命の思想を重視する FMLN とは一定の距離を画する発言をしていた[27]。

　こうして所属政党を失ったブケレは、2019 年の大統領選に立候補しようと、政党結成に向けた団体として「新たな理想（Nuevas Ideas: NI）」を創設する。ところが、新党結成の試みは二大政党からの妨害に合い、選挙には右派 ARENA を除名された元大統領が結党した第 3 党「国民統合のための大連合(Gran Alianza Naciona: GANA)」から出馬した。

　ブケレは、内戦終結後から続く二大政党体制からの脱却を掲げ、「変化」をキーワードに選挙キャンペーンを展開した。治安回復と汚職撲滅を国の最重要課題として位置づけ、キャンペーンが始まった 2018 年 10 月時点から世論調査ではもっとも多くの支持を集めた（46%～50%）。市長時代から SNS を駆使し、若者の間での支持獲得にも成功した。

　大統領選挙は 2019 年 2 月 3 日に実施され、ブケレ候補は 53%の得票率で勝利した。二大政党 ARENA と FMLN の総得票数を超える票を集める圧倒的な支持を受けた勝利であった[28]。

　この結果自体は内戦後の二大政党制の下で硬直した政治構造、腐敗、格差に対する市民の選択であった。しかしながら、上谷はこの時、大統領と議会のあいだの対立関係に注目

135

し、その後エルサルバドルの政治がブケレ大統領によるポピュリスティックな政治で毀損されることをすでに危惧していたが[29]、今、その懸念が現実のものとなっている。

イ．権威主義化

　2019年6月1日に大統領に就任し、治安対策と汚職対策を最重要事項として取り組む計画を発表した。議会では全87議席のうちARENAが37議席、FMLNが23議席を持っていたのに対して、大統領の所属政党GANAは10議席を有するのみで、議会との対立が懸念されていたが、2019年は議会も大統領の予算案や汚職対策を承認するなど順調な滑り出しが見られた。

　しかし、2020年2月には、開発プロジェクトのための融資[30]の受け入れの承認を求め、ブケレ大統領が議場に軍隊とともに立ち入るという出来事が発生した。その際、SNSと政府車両を使って支持者を動員し、彼らに国会本会議場を包囲させていた。この出来事をきっかけに、米国やEUにおいて権威主義化に対する懸念が強まっていった。大統領はさらに、新型コロナウイルス感染症対策の一環としてブケレが発表した自宅待機などを怠った人を長期間拘束したことについて最高裁が違憲判決を下したことで、最高裁との対立姿勢も強めていった。

　2021年2月に実施された国会議員選挙では、NIとその連合政党は84議席のうち56議席を獲得する大勝を納め、ブケレは議会（一院制）をも掌握した。1984年の民政移管後、はじめて一つの政党が単独で議会の3分の2を占めることとなった。

　その後は、一層の権力掌握が見られる。笛田によると、第一に、最高裁人事への介入による司法の掌握である。まず、議会が発足した日の2021年5月1日の夜、最高裁の判事5名の罷免と後任人事が可決された。前述のコロナ対策をめぐる最高裁の判決に対する報復とみられる。後任人事にあたっては、本来の正規の手続きを無視した恣意的な人事が行われた。そのうえ、8月には国会によって60歳以上あるいは勤務歴30年以上の裁判官と、60歳以上の検察官の退職を新たに定めた法改正を可決した。後任人事はブケレ大統領の影響下にある最高裁が決定権を持つため、司法の独立性が大幅に損なわれることが懸念されている。第二に、大統領の連続再選や任期延長を可能とする憲法の拡大解釈や憲法改正の準備も行われている。9月3日には、最高裁が禁止されている大統領の連続再選を可能とする決定を下した。副大統領と法律家によるチームが憲法改正案作成に取り組み、大統領の任期延長などが提案されている[31]。

　レヴィツキー(Steven Levitsky)とジブラ(Daniel Ziblatt)が民主主義体制下で専制化を目指す人物の特徴としている、1）民主主義のゲームのルールを言葉および行動によって拒否する、2）反対派の正統性を否定、3）暴力を容認または後押しし、4）メディアを含む反対

第 5 章　ラテンアメリカの権威主義体制とデジタル技術

派の市民的自由を制限する可能性を示唆するという 4 点にブケレが当てはまっているとして、メレンデス・サンチェスも権威主義化の傾向が顕著だとしている。メレンデス・サンチェスは、ポピュリスト的な手法、権威主義的な行動、さらに SNS によるブランディングを活用している統治方法を、「ミレニアル権威主義」と呼んでいる [32]。

　権威主義化を危ぶむ声は、国際社会においては日に日に高まっているものの、国内ではブケレ大統領は強い支持を集めている。大統領支持率は、2019 年以来 80% を下回ることなく、時には 90% を超える異例の高水準で推移している。高い支持を集めている理由としては、治安対策での成果を上げていることが指摘される。もともと治安対策を優先事項としていたブケレ政権ではあるが、2022 年 3 月に 1 週間で 92 人が殺害されるという事態を受け、ギャングの大規模な摘発を本格化させた。大統領の要請を受けた議会が 30 日間の非常事態を宣言し、タトゥーがあるなどの理由でギャングと疑われる人物を警察が拘束することを認めた。警察およびは、首都から離れた主に低所得者層の居住地区での摘発を行い、これによって 2022 年 11 月までに 1600 人以上のこどもを含む 5 万 8000 人を逮捕した。非常事態宣言は 1 年にわたって延長が繰り返されている。

　国際人権団体は恣意的な逮捕や拘留者に対する拷問、手続きにおける違反といった人権侵害が起こっていると批判する報告書を発表し、ブケレ政権を強く非難している [33]。しかし、ブケレはギャングが潜伏すると見られる地方に数千人規模の軍隊と警察を派遣するなど、強硬姿勢を変えるそぶりを見せていない [34]。殺人率低下という数字のみならず、実際に居住地域の治安改善を実感するエルサルバドル人は多く、こうした治安対策を評価する声は大きい [35]。ブケレは、こうした摘発の様子や拘留施設の様子を SNS にアップロードし、成果を広くアピールしている。

（3）デジタル技術の利用

　ブケレ政権は、発足後に掲げた社会経済発展計画の一環として、大統領府の下で「エルサルバドル　デジタル・アジェンダ 2020-2030　（Agenda Digital El Salvador 2020-2030)」の始動を発表した。情報技術の革新と適用を通じて、すべてのアクターが発展に参加することを目的とするもので、具体的には以下 4 つの分野で目標が定められている。1）デジタル技術によって行政手続きに必要な個人を識別する制度、2) イノベーション、教育、競争力、3) 国家の近代化、4) デジタル統治である。それぞれの分野の目標は、国際連合(UN)の持続可能な開発目標(SDGs)に関連づけられている。アジェンダの進捗の評価および指導に当たるのは、大統領府に設けられたイノベーション局(Secretaría de Innovación de la Presidencia)で、同局はデジタル技術による個人情報を登録するシステムの構築も担うこととなっている [36]。アジェンダのウェブページではそれぞれの分野における目標と進捗状況

137

が確認できるが、2024 年 3 月時点では「まもなく開始(por iniciar)」や「進展中 (en desarrollo)」と記されている項目が多数確認できる [37]。

　政府としての取り組みも掲げられているものの、現時点での政権のデジタル戦略は、SNS を駆使したものが多い。つづいてブケレ大統領によるデジタル技術の利用を見ていくが、まずエルサルバドルのインターネット利用状況を確認しよう。世界銀行によると 2021 年時点でエルサルバドルは人口の 63%がインターネットを利用している。2016 年には携帯端末をつかったブロードバンド接続ができるのは 100 人中 34 人だったことと比較すると [38]、大幅な上昇が見られる。2022 年の携帯端末の契約数は 100 人中 182 と 100%を超えている。また、ソーシャルメディアを利用しているのは総人口の 63%にあたる 400 万人だとのデータはあるが、それら全てが一般市民の個人アカウントだということではない可能性が指摘されている [39]。

　ブケレ大統領は、支持者とやりとりを交わすだけでなく、治安政策をはじめとする「成果」の発信や、政策を発表、閣僚への指示もフェイスブックや X を通じて行っている。既存メディアの取材は一切受けず、外国政府関係者や国際機関に対するメッセージも SNS で発信するというスタイルを貫いている。ブケレが用いたハッシュタグがトレンド入りすることがあるほど注目を集めている [40]。

　こうした大統領および与党関係者の投稿は、トロールファームによって拡散されている。拡散業務に携わった人物によれば、政府関係者の指示の下でブケレの支持者を装った SNS アカウントを作成し、SNS 上でブケレの政策を称賛する。また、批判的なユーザーを特定し、彼らの情報を収集し、SNS 上で集中的に批判コメントを投稿、またそのアカウントを報告し使用停止に至らせることも行われている [41]。SNS 上に限らず、メディア関係者への脅迫が悪化しており、エルサルバドル・ジャーナリスト協会(APES)によると、2021 年だけでジャーナリストに対して 200 以上のアクセス拒否やハラスメントがあったと報告している [42]。

　政府に批判的な勢力や人物に対する抑圧は、SNS 上での批判ばかりではない。政府に批判的なメディア関係者ら 35 人の携帯電話が、2020 年 7 月から 2021 年 11 月にかけてハッキングされていたことをカナダ・トロント大学のシティズン・ラブ(Citizen Lab)が明らかにした [43]。ハッキングには、イスラエル製のスパイウェア「ペガサス」が使用されていた [44]。もっとも大きな被害を受けたのは、オンラインニュースサイトの *El Faro* であった。同サイトは、その批判的な姿勢から政府の会議に入室が認められないなど弾圧の対象となっている。ペガサスの利用は、同サイトが大統領とギャングの秘密裡の合意の疑いなどについて精力的に報道していた時期になされていた [45]。

　報告では誰がペガサスを用いたのか明らかにできなかったとしているが、通常は国家関

138

第 5 章　ラテンアメリカの権威主義体制とデジタル技術

係者が導入しているソフトウェアである[46]。この報告に対して、2022 年 1 月 12 日にエルサルバドル政府側はペガサスの使用を否定し、政府関係者もハッキングの被害者だと発言した[47]。

　SNS における誤情報の拡散などに対して、エルサルバドルでは市民社会からの有効な対策は乏しい状況にある。SNS による誤情報の拡散は域内の民主主義国においても日々行われており、選挙の際にも目立つようになっているが、他国ではこれに対する対策にも進展が見られる。たとえばメキシコでは、80 以上のメディア関係団体が集まる誤情報対策のイニシアティブが立ち上げられている。アルゼンチン、ブラジルにおいても類似の試みがある。しかしエルサルバドルでは、市民組織が活発ではないことや資金不足が原因で、こうしたイニシアティブはとられていない。プラットフォーム側が設けているルールが存在するのみである[48]。

　以上のように、政権の成果を拡散することで政権を正統化する目的と反対派を抑圧する目的でのデジタル技術の利用が目立つが、ブケレ政権のデジタル戦略には、市民を懐柔しようとしている側面も見られる。エルサルバドルは、ブケレが主導し 2021 年 9 月にビットコインを法定通貨に定めたが[49]、ビットコインアプリ Chivo をダウンロードし、ログインすることで 30 ドルを給付することが発表された。しかし、利用は拡大しておらず、デジタル技術を用いた懐柔においては、政権は最も苦戦していると言えよう。

　なお、ビットコインは、投資の誘致と貧困層のための金融サービス拡充を目的と称して導入されたものの、ビットコインの価値はそれ以降 9 か月で 55%低下し、利用も拡大していない。経済成長も低調で、債務額は対 GDP 比で 87%に上っている[50]。債務返済期限が迫るエルサルバドルの財政状況は極めて厳しい。ブケレ大統領は、これを打開すべく、新たなパートナーを探していると見られ、中国との接近が注目されている。

（4）国際関係

　ブケレ大統領は、就任当初は（トランプ政権の）米国と足並みを揃えることを重視していた。大統領選挙キャンペーン時から米国との関係を重視することを主張し、就任後はベネズエラやニカラグアを独裁政権だと批判し[51]、さらに米国から送還される中米諸国移民を受け入れることにも合意した。その見返りとして、在米エルサルバドル人[52]の滞在資格である一時保護資格(TPS)を 2021 年 1 月まで延長することで合意するなど、成果も上げていた[53]。

　他方で、2018 年の FMLN 政権期に台湾から切り替えて国交を樹立していた中国に対しては、就任当初は批判的な発言をしていた[54]。そのため、2019 年 12 月 4 日にブケレ大統領が中国を公式訪問したことは、驚きをもって受け止められた。双方は、図書館やサッカ

139

ースタジアムの建設、水処理施設などに対して中国が援助することで合意したことを発表した。ただし、FMLN 政権が合意していた主要港付近の特別経済区域をめぐる合意は含まれていなかったことで、この時点では中国との関係強化は米国を刺激しない範囲で行われていると評価された [55]。

しかし、ブケレ政権による民主主義の毀損およびビットコインの法定通貨化が原因となり、米国との関係は悪化していく。2021 年に成立したバイデン政権は、ブケレ派の国会が最高裁判の解任を決めた 5 月以降ブケレ政権構成メンバーに対して汚職やギャングとの関係を理由に米国への渡航制限などの制裁対象に加えた [56]。また IMF は 2021 年 9 月以降、ビットコイン法定通貨として廃止することを求めて繰り返し警告をしており、IMF との新規の融資をめぐる交渉は進展していない [57]。さらに米国国際開発局は、支援の対象を政府から市民社会に変更することを決定している。その上 2021 年 12 月には、バイデン政権は、ブケレ政権主要メンバー5 名の制裁リストへの追加を発表した [58]。

他方で、対中関係においては、2021 年 5 月に成立した議会が 2019 年 12 月の合意を承認するなど、政権が関係強化を進展させていこうという意志が見られる [59]。そして政権主要メンバーが制裁リストに加えられた月の 30 日、ブケレはスタジアム建設のための中国からの融資を獲得したことをツイッターで発表する。それ以降、米国を批判的なスタンスを見せるようになっていく [60]。ただし、米国からの制裁を個人として懸念している声が政権メンバーから聞かれており、対米関係の悪化はブケレ政権内部での不満を引き起こす可能性があることは留意しておきたい。

2022 年 11 月におけるビットコインの交換プラットフォーム FTX の倒産は、エルサルバドル財政を危機に陥れた。2023 年 1 月の債務支払いが待つエルサルバドルに対して、中国がその肩代わりを申し出たと言われる [61]。その真偽について中国は明らかにしていないが、数日後、エルサルバドルと中国は自由貿易協定のための交渉を開始したことが発表された [62]。現時点で、権威主義化やデジタル分野で強い影響は見受けられないが、今後は自由貿易協定の進捗状況および貿易以外の分野での関係強化も注目される。

4．おわりに

ブケレ大統領は、ポスト内戦体制からの脱却を主張し、2019 年の大統領選挙で選出された。2021 年の議会選挙ではブケレが立ち上げた政党は高い支持を獲得し、現在は治安対策で国内では高い支持を受けている。他の政治勢力が市民の支持を失っている現在、国内における政権の正統性は現時点で動揺の兆しはない。SNS を通じた治安対策や経済政策の成

第 5 章　ラテンアメリカの権威主義体制とデジタル技術

果拡散など、デジタル技術は体制の正統化を助けている。また、非政府系メディア関係者を中心とする政府に批判的な市民社会組織に対してはSNSも駆使してブケレ政権が脅迫やハラスメントによる弾圧を行っており、権威主義化が進んでいる。大統領府の下で進められるデジタル・アジェンダがどのように社会に浸透していくのか、体制強化に用いられていくのかという点は、今後の研究課題となろう。

ただし、体制の権威主義化に伴う対米関係の悪化に関しては、今後ブケレ政権内部からも不満が高まる可能性があり、今後政権に協力している勢力の支持をどのように確保し続けるのか、あるいは他の政治勢力をどのように自陣営に引き入れるのか、そのためにどのようにデジタル技術を駆使するのか注目される。

また、市民に対するビットコインアプリを通しての懐柔の試みは不発に終わっている。現在は治安対策での効果によって、とりわけ周縁化されてきた人々の支持を中心に高い支持を集めているが、今後治安対策での行き詰まりに直面した際、それ以外の政権の成果を国民に対して提示できるかがブケレ政権の長期化と権威主義化を左右することとなるであろう。ビットコイン導入による財政への余波が大きい中、中国との関係強化による経済面での恩恵を市民に提供しようとしている可能性があり、それに伴い中国の影響が強まっていくことが予想される。

なお、1980 年以降に地域を民主主義からの逸脱から守ってきた地域機構や域内の連帯は、悪化する治安を前に現在は影を潜めていると言わざるを得ない。むしろメレンデス・サンチェスが指摘するように [63]、社会に蔓延する既存勢力に対する不満と SNS へのアクセスが原因となり、ブケレのように SNS を駆使する権威主義者が今後ラテンアメリカで増加する可能性すら危惧される。

エルサルバドルを含め、多くの域内諸国が 1980 年代に民政移管を果たして以降、30 年以上民主主義が継続していたラテンアメリカで、「ポスト 1980 年年代の民主主義に対する不満」が高まっている。この不満は、民主主義自体に対するものではなく、軍政や内戦から移行する形で実施された民主化の下での民主主義に対する不満と指摘される。チリ、コロンビアなどでは、その不満は 2019 年末に SNS も介して展開された大規模政府デモという形で現れ、左派政権が成立したが、それによって対立や新たな不満が生じていると言える。

民主主義が市民の不満にどう応えるのか難しい局面にあるラテンアメリカで、今後デジタル技術が民主主義の深化を助けるのか、あるいは体制を強化するツールとして使用されるのか、引き続き注目される。

141

注

[1] Evie Pabada et.al, *Defiance in the Face of Autocratization: Democracy Report 2023* (University of Gothenburg: Varieties of Democracy Institute(V-Dem Institute), 2023).

[2] Ibid., pp.13-14, pp.20-21. ブラジルとエルサルバドルは、全世界で最も権威主義化した 10 か国以内に入っている。ただし、ブラジルは分類上は「民主主義国」に留まっているうえ、2022 年の選挙で選出されたルーラ(Luiz Inácio Lula da Silva)大統領のもとで指標に改善が見られる。チリおよびウルグアイも分類上は「選挙民主主義国」である。Ibid., p. 22.

[3] Ibid., pp. 22-23.

[4] ラテンアメリカでは 20 世紀初頭に一定の民主化を果たした国もあったが、20 世紀を通して民主主義は継続しなかった。20 世紀前半は、経済不況等に起因する社会不安の際に軍部の介入が繰り返された。1960 年代から 70 年代にかけては、冷戦の下で米国の後ろ盾を得た軍部による支配が南米で続いた。カリブ海諸国や中米諸国ではより露骨な米国の介入があり、ポピュリスト政権すら成立せず独裁体制が長期化した。冷戦末期の 1980 年代の中米諸国は、米国の支援を受けた軍部対左派勢力による内戦に至った。

[5] それ以前も、民主主義を重視する価値観は強かったものの、危機の際には逸脱も正当であるとの観念が強かったために軍政が許され、民政と軍政が交互に支配してきた。

[6] 出岡直也「「民主主義の時代」の到来－その光と影」松下洋・乗浩子編著『ラテンアメリカ　政治と社会』(新評論、2004 年) 192 頁、196 頁。

[7] 同上、192～194 頁。

[8] 経済危機を前に大統領が任期前に後退した事例や、市民の暴動を受けて大統領が国外脱出した事例があった。

[9] 出岡「「民主主義の時代」の到来」、恒川惠一『比較政治－中南米』(放送大学教育振興会、2008 年) 17～18 頁。

[10] 恒川『比較政治』、村上勇介「民主主義の揺らぎとその含意―今世紀のラテンアメリカの状況から」村上勇介・帯谷知可編著『秩序の砂塵化を超えて―環太平洋パラダイムの可能性』(京都大学学術出版会、2017 年)

[11] 村上「民主主義の揺らぎとその含意」61～62 頁。ただし、2002 年のベネズエラの事例が示すように、選挙で成立した政権を正統性のあるものみなし、制度的断絶を避ける志向が域内では強いと出岡は指摘している (出岡「「民主主義の時代」の到来」201 頁)。

[12] 出岡 「「民主主義の時代」の到来」202～205 頁。

[13] 村上勇介・帯谷知可「権威主義の進化、民主主義の危機―世界秩序を揺るがす政治的価値観の変容」村上勇介・帯谷知可編著『秩序の砂塵化を超えて―環太平洋パラダイムの可能性』(京都大学学術出版会、2017 年) 18 頁。

[14] Kurt Weyland, "The Threat from the Populist Left", *Journal of Democracy*, Vol. 24, Num. 3 (July 2013), p. 22.

[15] この時期、複数のラテンアメリカ諸国で指標の悪化が見られたが、民主主義を測るポリティ指標と自由を測るフリーダムハウス指標ともに悪化したのは、ボリビア、エクアドル、ベネズエラのみであった (村上「民主主義の揺らぎとその含意」62 頁)。

第 5 章　ラテンアメリカの権威主義体制とデジタル技術

16　2000 年代のラテンアメリカでは、格差解消と貧困撲滅を掲げた左派政党が多くの国で政権を担った。その中には、ブラジルなどのように労働組合などを基盤とする従来からの左派勢力が大統領に就任した政党型左派と、ベネズエラのように既存政党とは異なる勢力であるアウトサイダーが大統領に就任したナショナリスト・ポピュリスト型の国があった。

17　Weyland "The Threat from the Populist Left", p.22.

18　Ibid., p.22.

19　Iria Puyosa, "Venezuela's 21th Century Authoritarianism in the Digital Sphere" (Policy Brief No. 62), (Toda Peace Institute, November 2019) pp.4-5.

20　Angus Berwick, "Special Report: How ZTE helps Venezuela create China-style social control", *Reuters* (November 14, 2018).

21　United States Senate, *The New Big Brother* (A Democratic Staff Report Prepared for the use of the Committee on Foreign Relations, July 2020), pp. 31-33. https://www.foreign.senate.gov/imo/media/doc/2020%20SFRC%20Minority%20Staff%20Report%20-%20The%20New%20Big%20Brother%20-%20China%20and%20Digital%20Authoritarianism.pdf

22　ただし、現在では監視はわずか 30 人で行われている。United States Senate , *The New Big Brother*, pp. 33-34.

23　Weyland "The Threat from the Populist Left", p.30.

24　笛田千容「エルサルバドル・ブケレ新政権の 1 年」『ラテンアメリカ・レポート』Vol. 37, No. 1（アジア経済研究所、2020 年）31〜43 頁。

25　Manuel Meléndez-Sánchez, "Millennial Authoritarianism in El Salvador", *Journal of Democracy*, Vol. 32, Nr. 3 (July 2021) p. 20, 27.

26　Ibid., p. 27.

27　Blitzer, Jonathan, "The Rise of Nayib Bukele, El Salvador's Authoritarian President", *The New Yorker* (September 5, 2022).

28　"Elecciones en El Salvador: Nayib Bukele gana los comicios presidenciales según resultados parciales y rompe con 30 años de bipartidismo en el país" *BBC NEWS Mundo*, 4 de febrero de 2019.

29　上谷直也「専制化の兆しを見せる中米・北部 3 ヵ国(NTCs)」『ラテンアメリカ・レポート』Vol. 36, No. 2.（アジア経済研究所、2020 年）68 頁。

30　大統領肝いりプロジェクトで犯罪地域コントロール計画」の第 3 フェーズに充てられず 1 億 9000 万米ドルの借款契約（笛田エルサルバドル・ブケレ新政権の 1 年」40 頁）。

31　笛田千容「エルサルバドルにおける司法の危機と専制化の予兆」『ラテンアメリカ・レポート』Vol. 38, No. 2.（アジア経済研究所、2022 年）39〜40 頁。

32　Meléndez-Sánchez, "Millennial Authoritarianism in El Salvador", p. 21.

33　"We Can Arrest Anyone We Want" Widespread Human Rights Violations Under El Salvador's "State of Emergency", Human Rights Watch (December 7, 2022) https://www.hrw.org/report/2022/12/07/we-can-arrest-anyone-we-want/widespread-human-rights-violations-under-el.

34　Gavin Voss, "El Salvador Escalates Gang Crackdown With New Measures", *Insight Crime*, (Aug 4, 2023)

143

(https://insightcrime.org/news/el-salvador-escalates-gang-crackdown-with-new-measures/).

[35] "Nayib Bukele shoes how to dismantle a democracy and stay popular", *Economist*, July 20th, 2023 .

[36] Secretaría de Innovación de la Presidencia, *Agenda Digital Nacional 2020-2030: Plan de Desarrollo El Salvador Digital*, (San Salvador, 2020).

[37] Agenda Digital El Salvador 2020-2030 (https://www.innovacion.gob.sv/).

[38] Noelia Ruiz-Alba and Rosalba Mancinas-Cháves, "The communications strategy via Twitter of Nayib Bukele: the Millennial President of El Salvador", *Communication & Society*, Vol. 33 (2), (April, 2020)pp. 259-275.

[39] Simon Kemp, "Digital 2023: El Salvador" (13 February, 2023) *DATAREPORTAL*, https://datareportal.com/reports/digital-2023-el-salvador.

[40] ブケレは、2009 年 2 月 13 日にツイッターアカウントを開設した。ツイートの他、同じ党のメンバーによる投稿のリツイートも行う。ツイート内容についての分析は、Ruiz-Alba and Mancinas-Chávez "The Communications strategy via Twitter of Nayib Bukele" に詳しい。

[41] Sarah Kinosian, "Trolls, Propaganda and Fear Stoke Bukele's Media Machine in El Salvador" (A Reuters Special Report), *Reuters* (November 29, 2022).

[42] "Casos de vulneraciones contra mujeres periodistas se incrementa en 165%" Comuninado de la Asociación de Periodisstas de El Salvador (noviembre 25, 2021) https://apes.org.sv/casos-de-vulneraciones-contra-mujeres-periodistas-se-incrementa-en-165/.

[43] John Scott-Railton, Bill Marczak, Paolo Nigro Herrero, Bahr Abdul Razzak, Noura Al-Jizawi, Salvatore Solimano, and Ron Deibert, "Project Torogoz: Extensive Hacking of Media & Civil Society in El Salvador with Pegasus Spyware," Citizen Lab Research Report No. 148, (University of Toronto, January 2022) https://citizenlab.ca/2022/01/project-torogoz-extensive-hacking-media-civil-society-el-salvador-pegasus-spyware/.

[44] Boris Muñoz "Journalism in Latin America is Under Attack by Spyware" (Wilson Center 2023). (https://www.wilsoncenter.org/blog-post/journalism-latin-america-under-attack-spyware).なお、ラテンアメリカ全体での治安対策などの一環としての監視システムについては、Natalie Southwick, "Surveillance Technology Is on the Rise in Latin America"*Americas Quarterly*, June 5, 2023 (https://www.americasquarterly.org/article/surveillance-technology-is-on-the-rise-in-latin-america/).

[45] John Scott-Railton et al. "Project Torogoz" pp.1-4.

[46] なお、オスカル・オルティス元副大統領が、2014 年から 19 年までの FMLN 政権期に、警察が犯罪活動の監視の目的で使用していたことを明らかにしつつ、ブケレ政権は市民を対象にしていることを問題視した(Global Voices Advox, "The Unfreedom Monitor: El Salvador Country Report" (Amsterdam, 2023) p.15).

[47] Global Voices Advox ,"The Unfreedom Monitor", p. 15

[48] Mariana V., Noam Lupu, Ramírez Bustamante and Elizabeth J. Zechmeister, "Social Media Disruptioin: Messaging Mistrust in Latin America", *Journal of Democracy*, Vol. 31, Num. 3, (July

第 5 章　ラテンアメリカの権威主義体制とデジタル技術

2020) pp.165-166.

[49] エルサルバドルでは、ブケレによる決定以前からあるビーチで米国人を中心にビットコインが用いられていた。このビーチを訪れていたアプリ開発者 Jack Mallers（米国から無料で送金ができるアプリを開発）にブケレが接触し、数か月後の 2021 年夏にマイアミでブケレはビットコインを利用することを発表した。(Blitzer, Jonathan, "The Rise of Nayib Bukele, El Salvador's Authoritarian President")

[50] MacKenzie Sigalos, "El Salvador's $425 million bitcoin experiment isn't saving the country's finances" *Crypto World (CNBC)*, (June 25, 2022).

[51] 2019 年 11 月 2 日、ブケレはマドゥロ派の外交団を追放している。就任直後は、ベネズエラで反体制派の暫定大統領フアン・グアイド側の側近などがブケレ政権に協力していた(Jimmy Alvarado, "El gabinete oculto de venezolanos que gobierna con Bukele y su familia" *El Faro*, 6 de junio de 2021）。

[52] 総人口の 1 割に上る在米エルサルバドル人の多くはブケレ大統領を支持している。大統領は、在米エルサルバドル人による米国でのブケレを支持する集会などについてツイッターで言及することで、彼らからの支持を拡散するとともに、在米エルサルバドル人に対する関心を示すことも忘れていない。

[53] Jimena Villacorta, "La política exterior de Bukele acerca El Salvador a Estados Unidos" Global Affairs（Universidad de Navarra）
https://www.unav.edu/web/global-affairs/detalle/-/blogs/la-politica-exterior-de-bukele-acerca-el-salvador-a-estados-unidos.

[54] Cristopher Ramírez, "Nayib Bukele: de crítico de Venezuela a socio de sus aliados" *Latin American Post* (Feb. 12, 2022); Ruiz-Alba and Mancinas-Chávez, "The Communications Sstrategy via Twitter of Nayib Bukele", p. 261.

[55] Ángel Bermúdez, "Bukele visita China: el histórico acercamiento de El Salvador a Pekín y la "gigantesca cooperación" que recibe a cambio" (*BBC NEWS Mundo*, 4 de diciembre de 2019).

[56] Congressional Research Service, "El Salvador: Authoritarian Actions and U.S. Response" (CRS Insight) (December, 2021), p.2.

[57] MacKenzie Sigalos, "El Salvador's $425 million bitcoin experiment isn't saving the country's finances", *Cripto World, CNBC*, June 25, 2022 .

[58] Congressional Research Service, "El Salvador", p. 2.

[59] Sofia Menchu and Ted Hesson, "Under U.S. pressure on graft, El Salvador ratifies cooperation deal with China", *Reuters* (May 19, 2021).

[60] Cristopher Ramírez, "Nayib Bukele".

[61] Nicolas Guzman "El Salvador takes risks for Chinese investments", *Deutsche Welle* (November 19, 2022).

[62] Ibid.

[63] Meléndez-Sánchez (2021)p. 30.

■第6章■

ウガンダにおけるデジタル権威主義

—ハイブリッド独裁国家におけるソーシャルメディアを巡る駆け引き—

ムバンギジ・オドマロ

サリ・ヴィック・ルクワゴ

（野呂瀬 葉子訳）

この章のポイント

● ウガンダでは、ムセベニ大統領がコンピュータ不正使用法の修正法に署名し、表現の自由に対する制限が強化されている。

● インターネットやソーシャルメディアの利用制限は、国家安全保障の名のもとに政治的抑圧の手段として利用されることが多い。

● ウガンダの選挙中、インターネットサービスが政府によって停止され、情報の流通と表現の自由が制限された事例がある。

● デジタル空間での政府批判者やソーシャルメディア活動家は法的制約や身体的危険に晒されることがある。

● 若者や都市部の住民を中心に、ソーシャルメディアは政治参与のための重要なツールとなっている。

● 政府や権威主義的な勢力も、自身のメッセージを広めるためにソーシャルメディアを積極的に利用している。

1．はじめに

　2022 年 10 月、「ついにムセベニ大統領が『ひどい』コンピュータ不正使用法案に署名し、ウガンダ国民は不安を感じている」という見出しの記事がインターネット上に掲載された。大統領は、与党である国民抵抗運動（National Resistance Movement: NRM）の多数の議員によって可決された「コンピュータ不正使用法の修正法」に署名したところであった。批評家らは、「この国では、ムセベニ反対派の多くが何年も街頭抗議活動を行うことができず、しばしばツイッターやその他のオンラインサイトで懸念を表明してきたが、この法律の成立により、表現の自由は抑圧されることになるだろう」と述べている[1]。この法律は、37 年続くヨウェリ・ムセベニ（Yoweri Museveni）体制が、ウガンダ議会において多くの与党寄り議員を擁立してきたことによる最新の「利益」のひとつである。与党 NRM は、第 11 期国会において 529 議席中 336 議席を占めており、対して野党は 109 議席である。批評家らは、10 名の陸軍議員（Army Representative）はもちろん、74 名の無所属議員の一部も、与党の確固たるパトロネージ・システムに利益を与えているのではないかと主張している。

　その他、政権にとってより大きな「勝利」は、2005 年と 2017 年に憲法を改正し、大統領の任期制限と年齢制限を撤廃したことである。ウガンダでは、それまで大統領の任期を最長 10 年（1 期 5 年で 2 期）とし、大統領選の候補者は 75 歳未満とする憲法上の制限があった。法改正推進派とその恩恵を受けるムセベニ大統領は、常に「国益」を理由に自分たちの行動を擁護してきた。一方、批評家らは、これらはすべて権力の掌握を強化しようとする長期政権の策略だと主張してきた。

　ムセベニは一貫して同じアプローチをとっている。ヘイトスピーチや偽情報から国民を守るための措置として提示されたコンピュータ不正使用法案は、人権団体や野党からは、ムセベニが確立した統治スタイルを維持する一つの策と見なされている。キラ自治体の国会議員であるイブラヒム・セムジュ（Ibrahim Semujju）が代表を務める野党「民主的変革のためのフォーラム（Forum for Democratic Change: FDC）」は、この法律が、ウガンダの 1995 年憲法や様々な国際協定に謳われている言論・表現の自由に関する市民の権利を侵害していると主張している[2]。これは、選挙運動中の野党政治家の公正な活動を制限してきた政府の策略が、今やソーシャルメディアという私的かつ公的な空間にまで拡大していることを意味する。

　インターネットやソーシャルメディアの利用に対するこのような規制は、ウガンダ

第 6 章　ウガンダにおけるデジタル権威主義

に限ったことではない。スーダンでは、オンラインにアクセスできるのは国民のわず
か 10％と推定され、政府が民主化支持派の Facebook ページへのアクセスを監視する
ことで抗議者を特定したことにより、多くの若者がソーシャルメディアに疑念を抱く
ようになった。このため、スーダンの未完の反政府運動の主催者たちは、多くの支持
者を集めることができなかった[3]。*Access Now* は 2022 年 4 月のレポートで、アフリ
カの 12 か国（ブルキナファソ、チャド、コンゴ、エスワティニ、エチオピア、ガボ
ン、ニジェール、ナイジェリア、セネガル、南スーダン、ウガンダ、ザンビア）では、
2021 年に少なくとも 19 回インターネットの使用制限が行われたことを明らかにした。
インターネットやソーシャルメディアへのアクセスを制限または規制する措置には、
さまざまな動機がある。こうした措置の中には、国家安全保障を理由に正当化される
ものもあるが、政治的抑圧の道具として言論の自由や情報の自由を侵害するために利
用されるものもある。

　チャド、コンゴ民主共和国、ニジェール、ザンビア、ウガンダで行われたインター
ネットの使用制限は、選挙にも関連していた[4]。例えば、ウガンダでは、選挙期間中
であった 2021 年 1 月 14 日、ウガンダ通信委員会（Uganda Communications
Commission: UCC）（国内の通信部門の規制を担当する政府機関）が全てのインター
ネット・サービス・プロバイダに対し、「公共の秩序及び安全への脅威」を理由に、全
てのソーシャルメディアとモバイルマネー・サービスを無効にするよう指示し、ソー
シャルメディアは利用停止となった。5 日間にわたるインターネットの完全停止によ
り、数千万人のウガンダ国民の間で通信及びデジタルサービスが遮断され、Facebook、
Twitter、Instagram のような主要なソーシャルメディアサービスへのアクセスは、仮
想プライベートネットワーク（VPN）を使用している人のみに限られた。政府関係者
は、これらのプラットフォームが政府存続への脅威となり、最悪の状況を引き起こし
かねないことから、利用停止が必要だったと主張した。例えば、当時の首相であり政
務リーダーであったルハカナ・ルグンダ（Ruhakana Rugunda）博士は、「インターネ
ットは脅威であり、暴力行為を焚きつける可能性がある」と述べた[5]。一方、野党の
政治家、市民団体、人権団体は、このような重要な時期に通信を制限した政府を非難
した。彼らは、通信遮断が民主主義と人権に悪影響を及ぼす可能性があると懸念を示
した。ウガンダ政府は、総選挙期間中に偽アカウントと疑われる数百の NRM 支持者
のアカウントを削除して以来、今もなお Facebook におけるアクセス遮断を続けてい
る。ウガンダは、ソーシャル・ネットワーキング・サイトへのアクセスを継続的に禁
止している国に名を連ねることとなった。他には、中国、イラン、北朝鮮、ミャンマ
ー、ロシア、トルクメニスタン等が該当する。では、アフリカ全土では、市民がデジ

149

タル空間を活用し、インターネット接続を維持する権限をどの程度与えられているの
だろうか。

（1）混沌とした状況

　世界銀行の報告書によると、サハラ以南のアフリカ人の84%が3Gサービスを利用
できる地域に住み、54%が4Gサービスを部分的に使用できる地域に居住している。
しかし、2021年末の時点で、サハラ以南のアフリカ諸国全体でモバイル・インターネ
ット・サービスを利用している人は22%に過ぎない。利用率は南スーダンの最低6%
から南アフリカの53%まで幅があり、不均一であることから、国ごとの政策改革が必
要であることが浮き彫りになっている[6]。とはいえ、以前と比べると急速な変化であ
る。アフリカ大陸の市民は、デジタル空間を活用し、インターネット接続を維持し、
ビジネスを行い、組織を作り、社会的・政治的変革を要求し、ソーシャルメディアを
通じて不始末を非難する力をますます高めている。その一方で、強権的な国家は、権
力を行使して、監視統制、検閲、完全なインターネット遮断を行うなど、デジタル権
威主義による危険な行為を行っている。一部の権威主義政権が、イスラエルのスパイ
ウェア「ペガサス」の利用契約をした可能性があるとする主張もある。ペガサスは、
政府批判者のコンピュータや通信機器をハッキングし、すべてのデータにアクセスす
ることができるスパイウェアである。

　しかし、ナンジャラ・ニャボラ（Nanjala Nyabola）が問うように、なぜ多くの政府
がこのようなデジタル空間を広く受け入れることに脅威を感じているのだろうか。悪
者がオフラインの世界を弱体化させるためにデジタル空間を利用するとどうなるの
か[7]。悪い政権が脅かされているのは、ソーシャルメディアがその悪事の数々を世に
知らしめたためである。結局のところ、ソーシャルメディアは多くの点で国家が掌握
しきれないものとなっている。ウラジーミル・プーチン（Vladimir Putin）は現地の
メディアをコントロールし、ウクライナで起きた出来事の原因や現実を自国に有利に
なるように捏造することはできるが、彼がナチスから「解放しようとしている」と主
張する土地にある孤児院が爆撃された様子を収めたスマートフォンの画像をコントロ
ールするほど全ての権限を持っているわけではないだろう。ナンジャラが主張するよ
うに、ソーシャルメディアは、シリア、イエメン、その他の国々で進行中の軍事作戦
に対し、人々が公に嘆き悲しむことを可能にし、飢餓に苦しむ子どもたちの画像は、
間違いなく国際社会の面目をつぶし、介入を促している[8]。

　ティム・ジョーダン（Tim Jordan）は以下のように主張している。

第 6 章　ウガンダにおけるデジタル権威主義

搾取と解放のために政治化した情報が、今や 21 世紀の中心となっている。この兆候は私たちの身近なところにある。Google や Facebook のプライバシーとの密接な関係、私たちが読んでいないにも関わらずあまりにも頻繁に私たちの情報に対する権利を主張する長い「利用規約」、雨を降らすことはないクラウド、インターネット・サービス・プロバイダが設定したウェブサイトの自動ブロック、スタックスネット・ワームによる破壊で制御不能になったイランの遠心分離機、中国のグリーンダムとグレート・ファイア・ウォール、すべての人をスパイするアメリカ国家安全保障局。これらすべて、あるいはこれ以上が、21 世紀における生活の核心部分に見受けられる情報政治の兆候である [9]。

（2）ウガンダ―ハイブリッド独裁体制の事例

　本章では、デジタル権威主義の典型的な事例である 21 世紀のウガンダに焦点を当てる。現政権と大統領は、今世紀初頭以来、ウガンダ国民が知る唯一の政権と大統領である。NRM 政権は、人民解放勢力として 1986 年に発足した。当初は国家解放への支持を集め、アイリ・マリ・トリップ（Aili Mari Tripp）が述べているように、「1986 年 1 月のムセベニ大統領就任は、多くのウガンダ国民にとって、混乱からの待望の解放であった」[10]。実際、NRM 政権はオープンで協調的で裾野の広い政権としてスタートした。しかし、1996 年に選挙政治が始まると（大統領就任以降 10 年間は、内戦後の復興を優先し、選挙は行われなかった）、ムセベニは、権力を強化し、政治的自由を制限し始めた。政権発足から 40 年近くが経過した今、ムセベニ政権は、よりオープンで協調的な政権から、権威主義的統制の要素を孕んだ政権へと徐々にシフトしており、民主主義の実践や反政府活動に影響を与えている。ウガンダには定期的な選挙や民主的な制度があるが、NRM 政権はしばしば重大な統制を敷くことで政治的自由を制限しており、独裁政権の特徴を帯びている。今日のウガンダは、いわばハイブリッド独裁体制である。トリップが指摘するように、「ハイブリッド体制は矛盾に満ちている。指導者たちは民主主義の体裁を取りながら、権力の座にとどまることだけを目的として、時には庇護や大盤振る舞いによって、また時には暴力や弾圧によって、民主主義を歪曲している」[11]。

　ムセベニ政権による行政は、パトロネージの負担によりほぼ行き詰まっており、あらゆる形態の反対意見に対してますます不寛容になっている。反対意見を封じ込めるため、治安部隊は、反対派が集まれば、たとえ礼拝であっても解散させることで有名である。しかし近年、ウガンダ国民はますます若返り、ソーシャルメディアに精通するようになっている。クリストフ・ティテカ（Kristof Titeca）が論じているように、

151

「ムセベニ政権は、1986年の政権樹立時にどのように戦争を終結させたかという遠い過去の話よりも、公共サービスや雇用を求める若者たちのグループの間に正統性を築くことにますます苦心している」[12]。人々が反対意見を示すことができるのは、デジタル空間においてのみである。それゆえ、近年、政府がデジタル空間での交流を弱体化させるために場当たり的な政策を数多く打ち出してきたことも不思議なことではない。

　とりわけ権威主義的な政権は、ソーシャルメディアに対する絶え間ない恐怖に包まれ、新興のデジタル空間に過剰に反応する傾向があるが、ウガンダも例外ではない。しかし、「ソーシャルメディアを巡る駆け引き」について検証する前に、「デジタル権威主義」という概念を問い直し、ムセベニ大統領とNRM政権を誕生させた1986年の革命以来、ウガンダがどのように半権威主義体制へと進化してきたかというより広い文脈の中でデジタル権威主義を位置づけてみたい。

2．デジタル権威主義の概要

（1）デジタル権威主義のパラダイム

　本書では、学際的かつ多国籍な研究を通じて、デジタル権威主義の定義と独裁政権が権力強化のためにデジタル技術を利用する基本的な条件について、概念的な観点及び地域的な観点から詳細な検証を行っている。本章が示すウガンダをはじめとするアフリカ諸国におけるデジタル権威主義の定義やデジタル権威主義をもたらす条件は、本書の他の章で提示されたものと多くの点で一致する可能性が高い。

　デジタル権威主義は、アリナ・ポリコバ（Alina Polyakova）及びクリス・メサロール（Chris Meserole）による定義のとおり「権威主義政権による国内外の人々の監視、抑圧、操作のためのデジタル情報技術の使用」[13]と理解されている。また、「広範な検閲システムと自動監視システムからなる中国モデルを採用する国の集まり」[14]を指す際にもデジタル権威主義という用語は使用される。

　基本的なパラダイムは、これらの政権がデジタル技術を利用して国民を統制・操作し、反対意見を抑圧し、権力を強化するというものである。多くの場合、正しい情報へのアクセスを制限したり、発信する情報を操作して、反対勢力や反対意見を黙らせたりすることによりこれを達成する。イヴァナ・ベルトレッティ（Ivana Bartoletti）は中国のデジタル監視システムについて次のように嘆いている。

第6章　ウガンダにおけるデジタル権威主義

データ収集ポイントでは、車の移動履歴、人々の移動履歴、訪問する店、ライフスタイルに関する情報を収集する。もし市民が良い行動をとれば、中国の社会信用システムは保険料を安くしたり、住宅購入を容易にしたりする。これは取引であり、説得力のある魅惑的な権威主義である。ネットワーク技術は、しばしば支持を集めるためのツールとみなされるが、ソーシャルメディア上で活動家を追跡したり、私たちが残したデジタル痕跡を追跡したりすることで、抗議する自由の敵になりかねない。[15]

　しかし、サンタナ・ファノ（Santana Fano）が論じているように、「抑圧、統制、検閲は、デジタル技術を通じてだけでなく、デジタル技術を利用できなくすることによっても起こる」[16]ことにも留意すべきである。メリー・チャイコ（Mary Chayko）もサンタナの意見に同調し、「政党あるいは政府がインターネットやデジタルメディアを管理することは、それらにアクセスし利用する市民の能力にも影響を与える。世界の多くで、メディアに対する政治的管理が行われている。サウジアラビアおよびジンバブエでは抑圧的な法律により、中国、シリア、モロッコではメディアの公的所有、ライセンス制、規制により、ロシアでは自警主義により、ラテンアメリカでは民間メディア所有者と政府との癒着により管理が行われている」[17]と述べている。デジタル技術へのアクセスを許されない人々は、デジタル技術にアクセスできても政権と常に激しい攻防をしている人々と同様に、管理され、検閲され、まさに抑圧されることになる。

（2）グローバルな現象となりつつあるデジタル権威主義

　デジタル権威主義の一般的な定義に関するもうひとつの注意点は、「民主主義国家もまた全市民の人権を侵害するようなデジタルメディアの管理をますます行うようになっている中で、デジタル権威主義の定義が、独裁政権以外の権威主義的行動の存在を認識できていない」という点である[18]。なぜ、どのように、どのような政府がデジタル空間を利用して民主主義を弱体化させているのかという研究では、権威主義体制国家に焦点が当たり、北朝鮮、中国、ロシア、キューバ、イラン、シリア及びアフリカの有名な権威主義体制国家であるジンバブエ、スーダン、エリトリア、カメルーン、赤道ギニア、そして現在のウガンダといった国々に対する固定観念が強化され、それ以外の国には焦点が当たり難くなっている。例えば、マーリエス・グラシウス（Marlies Glasius）及びマーカス・ミカエルセン（Marcus Michaelsen）は、「権威主義体制を自由で公正な選挙を実施できない国家と定義しており、こうした国家以外の政治主体は

153

研究分野に含まれていない」[19]と指摘している。

　しかし、デジタル権威主義という憂慮すべき傾向に陥っているのは、これらの国々だけではない。ティム・ジョーダンは、例えば、米国でスノーデンが暴露した米国国家安全保障局（National Security Agency: NSA）の悪行は、この状況を説明する上で有用な事例になると主張している[20]。さらに最近では、ドナルド・トランプ（Donald Trump）支持者がソーシャルメディアを使って選挙結果の信憑性を否定することに躍起になった。トランプ自身、選挙が妨害されたという主張を続けるために大量のツイートを発信し、実際に多くの支持者を得た。民主主義を支持しているように見せかけて、実際には民主主義を弱体化させることを目的とした、また別のタイプのデジタル権威主義が存在する。この現象は、アメリカのような先進国でも、ウガンダのような発展途上国でも、さまざまな形で生起する。本質的に、デジタル権威主義はこういうものなのである。

　ロシアのプーチン大統領もまたデジタル権威主義の戦術を心得ており、アメリカのような民主主義国の選挙システムをハッキングしたとされる等、一歩先を行っている。プーチン大統領とその関係者はもちろんこの干渉を否定している。とはいえ、選挙へ干渉したとする主張は、「決定的な証拠」とまではいかないが、様々な証拠や、複数の情報機関、サイバーセキュリティ企業及び独立した研究者が行った調査結果に基づくものである。例えば、米国の情報機関による複数の評価では、ロシアが 2016 年の米国大統領選挙を標的とした影響力工作を実施することで選挙に干渉したと結論づけている。EU 理事会は、「組織的な情報操作と偽情報が、ロシアによるウクライナ侵攻における作戦ツールとして使用されている」[21]と断言している。EU 理事会はまた、ロシア政府及び関係アクターによる偽情報の拡散と、それに対してウクライナ政府、同盟国政府、国際機関がとった行動は、虚偽で誤解を招くコンテンツに対抗する方法について重要な視点と教訓を提供するものであるとの見解を示している。

（3）デジタル権威主義と相対主義

　現代におけるデジタル権威主義を議論する際に考慮すべきもう一つの要素は、相対主義（ないし、反知性主義）である。デジタル権威主義の蔓延と相対主義には関連がある可能性がある。この哲学的概念は、真理や道徳は主観的なものであり、文化的観点、社会的観点、あるいは個人の考え方によって異なることを示唆している。換言すれば、相対主義は、「真実と虚実、善悪、推論の基準、正当化の手続きは、異なる慣習や評価の枠組みから生まれたものであり、それらの権威はそれらを生み出す文脈によって規定されるもの」[22]とみなしている。相対主義は複雑で多面的な哲学的概念であ

第 6 章　ウガンダにおけるデジタル権威主義

り、人々が情報をどのように解釈し反応するかに影響を与え、デジタル権威主義体制による操作を受けやすくする可能性がある。控えめに見ても、相対主義は、デジタル権威主義の出現や悪化に寄与する可能性のあるもう一つの要因と捉えることができるのである。

　相対主義という広い枠組の中で、道徳的相対主義と文化相対主義の二つの概念は密接に関係している。道徳的相対主義とは、道徳的な善悪は、文化、社会、または個人によって異なるという考え方である。道徳的相対主義は、異なる社会や歴史を通じて、道徳的信念や実践が多様であることを認めている。マリア・バグラミアン（Maria Baghramian）が主張するように、道徳的相対主義は、相対主義的立場の中で最も影響力があると同時に、最も非難されている。支持者は、道徳的相対主義を寛容さ、開放性、反権威主義の先駆けだと考えている。否定派は、それを倫理の可能性そのものを損なうものであり、思考の混乱や道徳的混乱の兆候だと考えている[23]。例えば、ウガンダのような政権は、個人や組織が「普遍的な道徳基準は存在しない」と信じて「無干渉」であることを良いことに、「道徳的相対主義」を盾にしてデジタル（及びその他の形態の）権威主義をやり過ごしている。このような個人や組織の無関心が、デジタル権威主義を、国内外からの十分な批判や圧力を受けることなく存続させる。同じ議論を、ウクライナやイスラエル、パレスチナのような国際紛争にも当てはめることができる。道徳的相対主義の矛盾を理解するには、双方の言い分に耳を傾ける必要がある。

　文化相対主義は、デジタル（及びその他の形態の）権威主義といった概念のもう一つの側面である。文化相対主義は道徳的相対主義の特定の形態であり、文化的慣習や信念はそれぞれの文化的文脈の中で理解されるべきだという考え方を強調している。ケンドラ・チェリー（Kendra Cherry）が主張するように、「すべての文化には独自の信念があり、それらの文化的規範を判断する普遍的・絶対的な基準は存在しない」[24]ということである。文化的配慮が重要である一方、ウガンダでは、少数派であるLGBTQの人々に対する検閲、監視、処罰等の抑圧的行為を正当化するために、文化相対主義の極端な形態が使われる。本書では、ウガンダの反同性愛法とそれにまつわる論争の詳細は割愛するが、後述する第3節第(4)項イ．にて2人のソーシャルメディア活動家ステラ・ニャンジ（Stella Nnyanzi）とカクウェンザ・ルキラバシャイジャ（Kakwenza Rukirabashaija）をウガンダの政権が厳しく取り締まった理由の一端が、文化相対主義であったことを述べれば十分であろう。多くの人権団体が、この2人の活動家への迫害は、表現の自由及び人権の抑圧であると懸念を表明したが、政府は2人をサイバーハラスメント、攻撃的な発信、高齢の大統領とその家族に対する無礼などにより告訴

155

している。文化相対主義は、イランやサウジアラビアといった他の場所でも、デジタル権威主義を拡大させていると見ることができる。イランやサウジアラビアでは、ジェンダーを制限する文化的規範があり、女性やその他のグループに対するデジタル権威主義的な慣行が行われている。それにも関わらず、これら2カ国の政権や文化相対主義の支持者たちは、こうした慣行に対する外部からの干渉や批判は不適切であり、文化的感受性のないものであると主張している。

　控えめに見ても、相対主義は、デジタル権（digital rights）と自由をめぐる複雑な状況に影響を及ぼすことのできる要素のひとつである。また、一般的に、フェイクニュースの拡散は、相対主義によって動機づけられているとも言える。信頼できる情報は、民主主義社会にとって不可欠な要素であり、フェイクニュースの拡散が民主主義に対する攻撃であることは明らかである。独裁者はフェイクニュースを拡散し、それに代わる情報源を妨害する。実際、「フェイクニュース」という言葉はドナルド・トランプが広めたもので、彼は公然とリベラル系報道機関に対してフェイクニュースを流して攻撃した。それゆえ、ソーシャルメディアは民主主義勢力と独裁勢力の争いの場となっているのである。

3．ウガンダにおけるハイブリッドデジタル権威主義政権の形成

（1）植民地主義、独立、抑圧文化

　独立直後のウガンダでは、権威主義と抑圧がトレンドとなった。独立したウガンダの初代首相ミルトン・オボテ（Milton Obote）は、自らに過大な権限を与え、治安組織にランギ族やアチョリ族を大量に採用することで権力を守ろうとした。ウガンダの部族構成は多様で、65以上の異なる部族グループが存在する。しかし、ウガンダの人口を支配しているのは主に4つの部族グループである。最大の部族グループはガンダ族で、主に首都カンパラを含む中央部に居住している。彼らは歴史的に政治、経済に大きな影響力を持ってきた。主に南西部に多いアンコレ族は、牧畜の伝統と階層的な社会構造で知られている。現大統領のムセベニはこの部族に属している。同じく南西部のバキガ族は農耕民族で、山岳地帯に居住している。彼らの言語であるルキガ語は、アンコレ族の言語であるニャンコレ語に近い。4つ目の主要部族グループはアチョリ族とランギ族で、言語や文化が似ていることから、同一グループとして扱われることがよくある。彼らは主にウガンダの北部地域に居住している。オボテ首相はランギ族の出身である。

156

第6章　ウガンダにおけるデジタル権威主義

　ウガンダ独立後の紛争では、部族間の連携が重要な役割を果たしてきた。1962 年の独立直後、ウガンダは部族間の対立による政情不安定を経験してきた。オボテは当初から一党独裁国家の樹立と彼の標榜する「挙国一致」のための権力強化に執念を燃やしていた。これを効果的に遂行するため、彼は民族色のない軍隊や行政組織に頼るようになった。オボテは、政府や軍の要職、その他の影響力のある役職へ自分と同じ民族的背景を持つ人物を優遇して登用したため、必然的に北部と南部の対立を生み、深めた。

　1966 年に独立憲法を破棄し国会を停止したオボテは、大統領であったブガンダのカバカ（ブガンダ王のこと）を解任し、同じ北部出身のイディ・アミン（Idi Amin）を軍司令官に任命した。ハト派憲法として有名な新憲法を公布し、自らが絶大な権限を持つ大統領であると宣言した。オボテは、アミンにカバカの宮殿を攻撃させ、カバカをロンドンに追放した。カバカは、1969 年、ロンドンで、貧困状態でアルコール中毒死した。この一連の行動の中で、オボテは強大なブガンダ王国を他の 4 王国（アンコレ、ブニョロ、ブソガ、トロ）とともに廃止した。オボテの行動に対して法的手段をもって対抗した者は、投獄や極秘の死刑判決により沈黙させられた。オボテ政権は、軍隊及び主に自身と同じランギ族のメンバーで構成されたジェネラル・サービス・ユニットと呼ばれる秘密警察組織による強制にますます依存していった。彼は、最大部族であり中央に位置する王国であるブガンダに戒厳令を出し、多くのガンダ族が裁判なしで拘留された。最終的にブガンダ王国は(他のすべての王国や文化組織とともに)完全に廃止された。

　後から考えてみると、また現在の議論を鑑みると、これらはすべて権威主義の分裂と不安の種であった。オボテが行ったことは、「国家統一」のために働くという彼が当初宣言した意図とはかけ離れたものだった。政府や軍内で個人的な支持を集めようとした結果、脇に追いやられたと感じている多くの人を敵に回した。また、ウガンダの政治に「不正」、「私利私欲」、「欺瞞」の種を植えた。まだ若い国家であったが、「虚偽で」、「空虚な」約束をするという危険な前例を生んでいた。これは、後のこの独裁政権の特徴となっていった。

（2）イディ・アミン、権威主義、恐怖

　オボテの権威主義的行動は、イディ・アミンのクーデターと 8 年間にわたる前代未聞の政治弾圧に結実していく一連の出来事のきっかけとなった。オボテが軍内のランギ族やアチョリ族の大部隊の支持を集めようとしていた時、常に抜け目なく狡猾な軍司令官アミンは、故郷である西ナイル地区のカクワ族、マディ族、ルグバラ族の間で

157

も支持を集めようとしていた。彼はまた、北ウガンダの一部を平定するためにイギリスに利用され、現在はウガンダ各地に散らばっているスーダン南部のヌビア人傭兵の残党からも大量に徴兵した。アミンとオボテは互いに疑心暗鬼になり、オボテは、オボテを支持するアチョリ族の副軍司令官殺害と軍資金横領でアミンを公然と非難した。一方のアミンは、オボテの行動を予測して出し抜けるくらいに狡猾であった。

　ヴィック・サリ（Vick Ssali）が述べているように、1971 年 1 月のイディ・アミンのクーデターは、ウガンダ、特にブガンダ、そして国際社会でも広く歓迎された [25]。アミンは融和的な大統領として非常事態法を解除し、政治犯を解放し、軍は一時的にのみ駐留するものとし、自由選挙に道を譲ると約束した。また、何より彼は、ガンダ王の遺体を伝統的な埋葬のために帰還させた。クーデターの翌朝、アミンは治安維持、法の支配、選挙、経済発展、物価と税の引き下げなど、ほぼ全てのことを国民に約束する 18 項目を発表した。マハムード・マムダニ（Mahmood Mamdani）が指摘するように、国民の大部分が新体制を好意的に受け止めたのは、前体制に幻滅し、よりよい変化を期待していたからである [26]。当時のアミンのラジオ活用は、今日の権威主義的あるいは非権威主義的指導者によるソーシャルメディアの活用と比較することができる。アミンはプロパガンダを広めるためにラジオをうまく利用しただけでなく、「自分のエゴと政治的意志を増幅させるために」[27]、当時、より広範囲をカバーできるメディア、特に新聞写真も利用した。確かに、インターネットは古くからの問題を新たな脅威に変えただけであると、ジュリー・ポッセティ（Julie Posseti）及びアリス・マシューズ（Alice Matthews）[28] に反論することもできる。

　しかし、アミン大統領は、まもなく軍内のオボテ支持者による反撃を恐れて不安を覚えるようになり、すぐさま死の部隊（death squad）を組織して、自分に反対していると疑われる軍人や警察官を追い詰めて殺害した。治安機関や市民社会で反逆者と疑われた数万人が検挙、虐殺されたため、人間の安全保障（human security）は危機に瀕した。国家研究局（State Research Bureau: SRB）と公安部隊（Public Safety Unit: PSU）に雇われたスパイや情報提供者は、「行動や言論に潜む全ての反対者を摘発するため」[29]、国民生活のあらゆる側面に入り込んだ。ナカセロにある SRB 本部（国家研究局とは名ばかりで、実際、研究は行っていなかった組織）は、その後数年間にわたる拷問と処刑の場となった。人権侵害、政治的弾圧、宗派間の暴力、民族迫害のすべてが重なり、アミン政権の 8 年間という長い間、ウガンダにおける人間の安全保障は危険にさらされた。しかし、このアナログな時代にも、起きていることを隠蔽するために、国家のプロパガンダやフェイクニュースが国民に流されていた。

　子どもながらに鮮明に覚えているのは、1977 年のことだ。ウガンダ、ルワンダ、ブ

ルンジ、ボガ・ザイール州の英国国教会の大主教と 2 人の閣僚が殺害された。1977
年 2 月 16 日、ジャナニ・ルウム（Janani Luwum）大主教は 2 人の閣僚とともに逮捕
され、アミンの公邸に連行された。彼らは残忍な拷問と尋問を受け、アチョリ族のル
ウムは、アミン政権転覆のために外国勢力と協力した罪に問われた。その 3 日後の
1977 年 2 月 19 日、ルウムの遺体がカンパラ郊外の路上にあった彼の車の中で発見さ
れた。政府の公式発表では、彼は交通事故で死亡したとされたが、彼の負傷状況はそ
のような説明と矛盾していた。彼は、アミン政府によって、おそらく大統領自身の直
接の命令によって殺害されたと広く信じられている[30]。

　アミンの専制政権がウガンダの亡命者とタンザニア軍の連合軍によって崩壊したと
き、ウガンダは荒廃し、無法地帯となり、破綻した。この政権下での死者数は、正確
に計上することはできないだろうが、大方の予想では 25 万人から 50 万人とされてい
る。

（3）アミン後の混乱─法令による統治

　アミン政権後の時代（1979 年～2023 年）にも、多くの政治的分裂と暴力的紛争が
見られた。1979 年 4 月にイディ・アミンが倒され、1980 年の選挙でオボテが 2 期目
の大統領に就任するまでの短い期間は、祝賀と復興の期間となるはずだった。しかし、
この時期はウガンダの歴史上、おそらく最も文書記録が残されていない不安定な時期
として、多くの人々の記憶に残っている[31]。ウガンダでは 20 ヶ月の間、3 つの政権が
存在し、事実上 2 つのクーデターが起こった。イディ・アミン政権打倒に関与した主
要人物が何千人もの民兵をリクルートし、すぐさま私兵にして、政敵への嫌がらせ、
逮捕、抹殺に利用し始めたからである。毎度のことだが、特にカンパラとその周辺で
は、多くの市民がこうした派閥抗争や軍事抗争に巻き込まれた。さらに、暴力、クー
デター、反クーデターのさなか、国民には大量の偽情報とプロパガンダが押し寄せた。
ウガンダは多様な社会であり、グループによって、明らかに異なるナラティブにさら
されていた。ウガンダの政治史上最悪の時期だと誰もが思っていたアミン時代の終わ
りから 2 年足らずで、国民の間にさらなる疑念と分裂がもたらされた。さらに悪いこ
とが起きようとしていた。

　1980 年、紛糾した選挙の後、オボテが政権を奪還した。確かにインターネットは閉
鎖されていなかったが、当時の国のトップ（与党軍事委員会のパウロ・ムワンガ（Paulo
Muwanga）委員長）は、政令によって選挙管理委員会の権限を事実上簒奪した。結果
を発表できるのは同氏だけであり、「（彼の独断による）違反者」は、50 万ウガンダシ
リングの罰金か 5 年以下の禁固刑、あるいはその両方を課される危険があった。彼に

よる箝口令の発表は、政府がプロパガンダを流すための主要チャンネルであるラジオ・ウガンダで行われた。テレビにアクセスできる国民ははるかに少なかった。

ムセベニは、1980 年の選挙でウガンダ愛国運動（Uganda Patriotic Movement: UPM）から大統領候補として出馬したが敗北を喫した。その後、オボテ政権を詐欺的政権と見なして武装抵抗運動を開始したことで、ウガンダは内戦状態に陥った。オボテは 2 期目（1981 年〜1985 年）の大半をムセベニやムセベニの反乱に呼応して台頭したゲリラグループとの戦闘に費やした。人々の不安は年々、特にゲリラが活動する地域だけでなく、カンパラや他の地区でも蔓延するようになった。ムセベニを倒すことに執念を燃やしていたオボテは、軍隊を解放した。軍はオボテの部族であるランギ族と近隣のウガンダ北部のアチョリ族に支配されていた。彼らは、ゲリラと疑われる者や政治家あるいは一般市民で治安部隊の協力者と疑われる者を逮捕し、拷問し、しばしば殺害した。オボテと戦うムセベニやその他の小グループは、オボテ政権に敵対する農村地域、特にブガンダ及び西部地域のアンコレ、ルキガ、トロ、ブニョロで軍事作戦を行い、徴兵を行った。これはどう見ても民族戦争であった。これによる全体の死者数は、30 万人から 50 万人とされている [32]。

繰り返しになるが、このアナログな時代であっても、両陣営が行ったプロパガンダはすさまじく膨大な量であった。紛争中、双方は、世論に影響を与え、自分たちの大義への支持を得るためにプロパガンダを行った。以下は、紛争中に用いられたプロパガンダの例である。

国家によるプロパガンダ：

オボテ大統領政府は、政権を支持するプロパガンダを広めるために国営メディアを利用した。国営の新聞やラジオ局は反政府勢力に対する勝利を過剰に報道した。メディアはまた、ムセベニの NRM とその軍事部門（国民抵抗軍（National Resistance Army: NRA））を犯罪者やテロリストの集団として描き、彼らを非合法化し、彼らは合法的な政治・軍事運動組織ではなく不安定で無法な勢力であるとした。政府はまた、NRM が外国から支援を受けていることで、NRM を外国勢力の傀儡だと描き、真にウガンダ国民の利益を代表していない、と非難した。さらに悪いことに、オボテ政権は民族というカードを使った。ウガンダ国内の民族的・地域的分裂を利用し、NRM を特定のグループや地域を優遇する運動として描き、そのグループによる支配への恐怖を煽った。さらに、政府は、無慈悲な武力行使で政治的な異論や反対を封じ込めたため、政府側のナラティブが支持を得ることは困難であった。

160

第 6 章　ウガンダにおけるデジタル権威主義

NRM / NRA によるプロパガンダ：

　一方、NRA は、ビラやポスター、その他のプロパガンダを利用して人々の心をつかんだ。彼らは村や町でビラを配り、支援を呼びかけ、政府の残虐行為を非難した。NRMはまた、より協調的で公平なウガンダの実現を目指す運動であることをアピールした。彼らは解放した地域に「抵抗評議会（Resistance Councils）」を設立し、汚職や権威主義のない団結した強いウガンダには「民衆の力（people power）」が必要であることを強調した。抵抗評議会は、NRA と国民との間のコミュニケーションを促進し、NRAのための戦闘員を募り、行政管理を維持し、紛争地域から民間人を避難させ、避難民や戦闘員に食料と水を提供した [33]。ムセベニが権力の座に就いて 37 年経った今日、地方評議会（Local Councils）とも呼ばれるこうした抵抗評議会が、もはや草の根たちの直接的な政治参加の手段や「民衆の力」の手段ではなく、「与党 NRM 政治への民衆参加のための主要な手段」[34]になっているのは皮肉なことである。今日のウガンダで「民衆の力」というマントラが、改めて、変革、民主的参加の拡大、一般市民の権限強化を提唱する政治的・社会的運動を指すようになっていることもまた皮肉なことである。この運動は、ウガンダ政府に対する政変の欲求と権威主義的傾向への反発の高まりから生起し、ミュージシャンから政治家に転身したロバート・キャグラニ（Robert Kyagulanyi）（一般にはボビ・ワイン（Bobi Wine）として知られている）によって率いられている。

　総じて、ウガンダの最も有名な内戦では、プロパガンダが世論形成に重要な役割を果たした。プロパガンダは、人々に影響を与え、人々を操り、自分たちの大義への支持を得るために、両陣営によって使われた。両陣営は、敵を悪者扱いし、偽りの約束をし、成果を誇張するためにプロパガンダを使うだけでなく、世論に影響を与えるために印象操作を行った。政府は反乱軍の死体や戦争による破壊の映像を流す一方、NRA はしばしば英雄を装った戦闘員の映像を流した。

（4）ウガンダの現在

ア．アナログ権威主義からデジタル権威主義へ

　現職のヨウェリ・ムセベニと NRM に権力の座をもたらした 1986 年の革命は、民族的・政治的隔たりを超えた安全、個人の自由、平等、持続可能な発展を約束した [35]。ムセベニ大統領は、10 項目のプログラム（The Ten-Point Program）と裾野の広い政府を携えて就任し、希望に満ちていた。しかし、ゲリラ運動組織から転身した政党が長期にわたって政権の座を維持し、選挙政治に根付くにつれて、焦点はいかに権力を維持するかに移っていった。トリップが論じているように、当初は幅広い政治的関心

161

と民族的背景を包含する、裾野の広い反派閥政府であったが、より狭く排他的な組織となっていった[36]。

　当初のプロパガンダと情報操作はアナログだったが、効果的だった。2001年まででムセベニは15年間政権の座にあり、1996年には選挙を実施して勝利している。1986年から1996年までの最初の10年間は、彼と彼の「解放」運動にとって「ボーナス・イヤー」[37]であった。2001年、ムセベニのかつてのゲリラ戦争時代の腹心であり専属の医官であったキザ・ベシグエ（Kizza Besigye）大佐が、ムセベニ政権は解放戦争の目標から逸脱し、汚職、縁故主義、人権侵害を行っていると批判した[38]。そして、彼は2001年の大統領選挙でムセベニの対抗馬として出馬する意向を表明した。ムセベニはこれを当てつけと捉え、ベシグエの行動をムセベニの指導力と権威に対する攻撃と見なした。その後、ベシグエは強姦と国家反逆罪で起訴され、政府転覆を企てたとして告発された。ベシグエは亡命し、その後ウガンダに戻ったが、何度も逮捕され、長年にわたって数々の訴訟に見舞われた。ベシグエは、2001年、2006年、2011年、2016年の4回の大統領選挙で現職のヨウェリ・ムセベニに敗れ、しばしば物議を醸したが、依然としてベシグエはウガンダの著名な野党勢力であり、ムセベニ政権を声高に批判している。

　重要なことは、デジタル時代以前は、ウガンダでも他の国でも、メディア操作は新聞、ラジオ、テレビといった伝統的なアナログ手段を用いて効果的に行われていたということである。アナログ手段によるメディア操作は、様々な方法で行われていた（そして今も行われている）。例えば、検閲やコンテンツの抑圧が行われた。ウガンダ政府は、与党NRMを批判するコンテンツを検閲し、抑圧していると非難された。野党に同調しているとみなされたり、ムセベニ政権に批判的だとみなされたりした新聞社やラジオ局は、脅迫や法的措置を含むさまざまな形の圧力に直面した。このことは、ベシグエの活動に関する報道に影響を与え、より多くの反対派の考え方に影響を与えた。例えば、ムセベニ政権とウガンダの有力な独立系日刊紙 *Daily Monitor* との法廷闘争については、十分な記録が残っている。国営メディアや政府の影響を受けたメディアは、ベシグエや他の野党の活動について選択的に偏向報道を行うことが多く、彼らの演説や集会についての報道は与党NRMの報道と同レベルでなかった可能性がある。また、野党、特にベシグエに関する虚偽の話が流布された。最も有名なのは、前述したように、彼が1997年に家族の友人を強姦した容疑と国家反逆罪で裁判にかけられたことである。両罪とも後に取り下げられている。ムセベニ大統領は、2001年の選挙戦の最中、*TIME* のインタビューで、「ベシグエはエイズなので、選挙に勝っても統治はできないだろう」と発言し、大統領の側近を含む多くの人々に衝撃を与えたと言わ

第 6 章　ウガンダにおけるデジタル権威主義

れている[39]。仮にベシグエがエイズに感染していたとしても、エイズ問題に関する啓発キャンペーンを推進し、ウガンダをエイズとの闘いにおける成功例にしたことで国際社会から評価されていたムセベニが、「かつてエイズ・パンデミックを囃し立てた偏見や差別を今になって助長している」[40]というのは不合理だった。

　これらの例は、ウガンダで、過去にアナログなメディア操作がいかに行われてきたかを示している。野党、特にベシグエは、メディア報道や国民にメッセージを伝える能力という点で、大きな困難に直面してきた。近年では、デジタルメディアとソーシャルネットワーキングプラットフォームが、政治的言説を形成し、従来のアナログなメディア操作に挑戦する上で、より重要な役割を果たしている。

イ．ソーシャルメディア革命の始まり

　NRM 政権が、経済の自由化及びそれに伴う電気通信の自由化を果たしたという点で自らを進歩的な政権と位置づけていることは、むしろ皮肉なことである。これにより、MTN、Orange、Airtel、Uganda Telecom といったモバイル通信会社が、ウガンダの通信業界における有力なプレーヤーとなった。また、国境付近の人々は、ケニアの Safaricom などの近隣諸国の携帯電話システムにアクセスすることもできる。ウガンダ国民の約60％が携帯電話を保有しているが、インターネットに接続できる人の割合は約21％である。都市部の人々、若者、エリート層は皆、インターネットに接続し、ソーシャルメディアを自由に利用している。ソーシャルメディアは手ごろな価格であるため、一般のウガンダ人にとって主要な情報源となっている。最も人気のあるソーシャルメディア・プラットフォームは、X（旧 Twitter）、Facebook、YouTube、WhatsApp である。これらのソーシャルメディアは、広告、訃報、宗教講話、政治的議論、政治参加への促進など、あらゆることに利用されている。

　最近まで、ソーシャルメディアは比較的自由を享受していたが、反対派からの批判の高まりにより NRM 政権が抑圧的になるにつれ、ソーシャルメディアを制限する新たな規制が登場した。まず、ソーシャルメディアへの課税が行われ、最近では、本章の冒頭で取り上げたコンピュータ不正使用法の修正法が発行された。

　NRM 政権に対する最も著名な批判者の一人であるカクウェンザ・ルキラバシャイジャ青年は、ムセベニ大統領とその息子を侮辱するためにソーシャルメディアを利用した。彼は逮捕され、拷問を受け、その後ドイツに亡命し、そこで大統領と息子に対するソーシャルメディア攻撃を続けている。ソーシャルメディア活動のもう一人の主要人物はステラ・ニャンジ博士で、彼女もまたムセベニ大統領に対して、卑猥な言葉で非常に悪質な攻撃を行った。ニャンジ博士は逮捕され、最終的にドイツに亡命した。

163

NRM 政権は、政治的メッセージを国民に伝える上で、ソーシャルメディアの力が非常に大きいことを認識している。

　また、ディアスポラのウガンダ人ブロガー、インフルエンサー、活動家の何人かは、ムセベニ大統領政権に批判的である。これらのブロガーはしばしば、ソーシャルメディア、ウェブサイト、その他のオンライン媒体を含む様々なプラットフォームを使用して、ウガンダの問題についての意見や懸念を表明している。ミュージシャンから政治家に転身した「ボビ・ワイン」ことロバート・キャグラニ率いるピープル・パワー運動（People Power movement）が興った 2017 年以降、多くの人々がブログを書き始めた。その結果、NRM 政権とピープル・パワー（People Power）との闘争の後、様々な人がソーシャルメディアでウガンダの政治問題を分析するライブセッションを主催するようになった。

　これらのブロガーの中で有名なのは、トルコを拠点とするフレッド・ルンブエ（Fred Lumbuye）である。彼は、YouTube や Facebook に投稿した動画の中で、ウガンダのほとんどの政府高官に関する独占情報を持っていると主張している。情報源については、「安全のため」開示したり共有したりすることを拒否している。2021 年 8 月 4 日、ルンブエが就労ビザのオーバーステイの疑いでトルコ入国管理局に逮捕された後、ウガンダ政府高官と反政府活動家の間で激しい議論が交わされた。ルンブエの逮捕後、ウガンダのメディアは治安関係者の以下の発言を報じた。「彼（ルンブエ）はしばらく追跡されていたが、ついに逮捕された。ルンブエの背後には何人もの関係者がいた。今こそ真実を語る時であり、軋轢を生むようなデマを彼に流した関係者を明らかにする時だ」[41]。ルンブエは「ボビ・ワイン」の急進的な支持者で、2021 年の選挙中から選挙後にかけて、ウガンダ政府に対抗すべくデマを流したとして告発され、政府はそれが国際的なウガンダのイメージに影響したと主張した。そのため政府関係者は、ルンブエがウガンダに強制送還される可能性が出てきたとき、何日も何週間も心躍らせていた。しかし、「ボビ・ワイン」とルンブエの支持者は、ウガンダとトルコはルンブエの引き渡しを保証する二国間協定を結んでいないと主張した。結局、彼らが正しかった。ルンブエは就労ビザを更新した後、同年 10 月 19 日に釈放された。

ウ．人口動態とソーシャルメディア

　人口動態とソーシャルメディアの利用は密接に関連している。様々な属性のグループが、様々な方法及び程度で、ソーシャルメディア・プラットフォームを利用している。ある推計によると、ウガンダは世界で最も若い人口を抱える国の一つであり、人口の 78％以上が 30 歳未満である [42]。多くの若者にとって、ソーシャルメディアは最

第 6 章　ウガンダにおけるデジタル権威主義

も身近なコミュニケーション手段である。ソーシャルメディアは、手頃なエンターテインメント、ニュースあるいは国内外にいるウガンダ人をつなぐ政治的プラットフォームの役割を果たしている。野党の若手政治家「ボビ・ワイン」も、ソーシャルメディアの恩恵を受けている。彼の政治的な音楽は YouTube を通じて瞬く間に広まっていく。彼の演説はソーシャルメディアを通じて多くの支持を得ている。つまり、ウガンダのソーシャルメディアは、ムセベニの権威主義体制に対抗する唯一の最も強力な力となっている。

　興味深くかつ皮肉なことは、最近では、ムセベニの長男ムフージ・カイネルガバ（Muhoozi Keinerugaba）もソーシャルメディアを多用しており、自身の政治的狙いを売り込んでいる。ここしばらくの間、ムフージ・カイネルガバの政治的野心や、父親の大統領の座を継ぐ可能性についての憶測や議論がなされてきた。自分の息子が政治的目標のために自由気ままにソーシャルメディアを使っているにも関わらず、父親である大統領がソーシャルメディアにおける自由な言論を封じるのは素直なことではない。長男はある Twitter の投稿で、ウガンダ軍は数日でケニアを制圧できると主張し、外交スキャンダルを引き起こした。謝罪はなされたが、ダメージは大きかった。長男が政治的狙いを宣伝するためにソーシャルメディアに頼れば頼るほど、他のウガンダ国民も政治的目標や政権批判のためにソーシャルメディアを利用するインセンティブを得ることになる。

　ムセベニがソーシャルメディアとデジタル化から利益を得ようとしているもう一つの証拠は、情報通信技術（Information and Communications Technology: ICT）省の設立である。現在、ICT 大臣は国家指導大臣（Minister of National Guidance）を兼務している。理想的には、デジタル及びソーシャルメディアに関する問題を扱うのは ICT 省である。権威主義政権はデジタル経済の価値を認識している。一方で、依然として、市民にこのツールの利用で民主主義文化を深めて欲しくないと思っている。技術は自由化しても、政治は自由化したくないということである。同じ課題が経済にも見られる。NRM 政権は構造調整プログラム（Structural Adjustment Program: SAP）を通じて経済の自由化を試みた。民間セクターの振興、通貨切り下げによる多くの海外直接投資の誘致、インフォーマルセクターの活性化等、いくつかの成果が評価された。しかし、NRM 政権は、経済自由化が持続可能であるためには、政治的自由化を伴うべきであるという、一般的な見解を理解していない。

　筆者は、経済的自由化と政治的自由化の関係が画一的であると主張しているわけではない。各国はそれぞれの歴史的、文化的、政治的背景に基づいて、異なる道を歩んでいる。数十年にわたるウガンダの市民権や政治的自由を求める緊張や叫びを考える

165

と、ほとんどの国民は、社会から疎外されたグループの利益を守り、社会福祉を促進するためには、市民権や政治的自由といった民主的価値が必要であると考えている。適切なバランスを取るには、慎重な計画、ガバナンス及び市民参加が必要である。しかし、市民権や政治的自由を求める価値観は、ハイブリッドデジタル独裁政権の価値観とは相容れない。これが、ウガンダが今日直面しているジレンマなのである。

4．おわりに

　本章では、デジタル権威主義が他の形態の権威主義と同様、様々な要因の結果として出現することが多く、無から発生するものではない（"ex nihilo"ではない）ことを示した。それは偶発的な場合もある。その国家の抑圧的な政治文化に左右されることもある。本書における他の章で分析された権威主義政権と同様に、ウガンダにおいても、抑圧的な政治文化がデジタル権威主義の発展と維持に寄与した重要な要因の一つであることが、歴史的な分析によって実証された。

　これほど多くの「解放戦争」や民主化の試みがなされたにも関わらず、悲しいことに、ウガンダは今日も中途半端な民主主義状態にある。37年の歴史を持つムセベニ政権は、民主主義と権威主義の両方の傾向を体現しており、不安定な混乱を招いている。選挙は定期的に行われているが、政治や選挙の領域は、政治的自由の欠如、選択的検閲と情報統制、強力な中央集権化といった特徴を帯びている。こうした特徴は近年、デジタル領域にも拡大しており、政府はオンライン活動を監視・統制し、反対意見を抑圧し、情報へのアクセスを制限するためにさまざまな策をとっている。したがって、ウガンダやその他の国におけるデジタル権威主義の出現を理解するには、デジタル権威主義が機能している広大な政治的・社会的背景を考慮しなければならない。

　哲学的な観点からは、権威主義的な慣行を正当化したり弁解したりするために相対主義が使われる場合、問題がある可能性があることも論じた。政権はしばしば、相対主義的議論を利用して自らの行動を正当化し、抑圧的な政策は自らの文化やイデオロギーの枠組みの中で正当化されると主張している。これは道徳的曖昧さをもたらし、デジタル権威主義やそれに関連する人権侵害を常態化させることとなる。

　最後に、いくつかの提言を行いたい。第一に、デジタル権威主義との戦いにおける基本的なツールとして、デジタル・リテラシーを市民の間で向上させる必要があるということである。デジタル・リテラシーは、情報操作に抵抗し、権利を守り、自由で開かれたデジタル環境を支持するために、必要な知識とスキルを個人に身につけさせ

第6章　ウガンダにおけるデジタル権威主義

るのに役立つ。デジタル・リテラシーはまた、オンライン上の活動を統制し制限しようとする政府の試みに直面しても、人々が自覚と責任とレジリエンスをもってデジタル空間に参加する力を与えるだろう。公民権運動家が思い通りに活動できるためには、デジタル・リテラシーは、正式な学校教育で訓練されるべきであり、その内容にはデジタル権に関する事項を含むべきである。

　第二に、権威主義国家が国家安全保障の名の下に、人々の自由を侵食する法律を恣意的に制定し続けることがないよう、デジタルメディアの利用を指南する新しいデジタル法学が必要である。これは、デジタル権威主義に対抗するためのデジタル民主主義の手段を増やすこと、デジタル権威主義に挑戦するための世界的・国内的なアドボカシー・ネットワークを構築すること、政府はデジタル空間上の自由を含む基本的自由を攻撃するために税金を使うことはできないという認識を高めること、そしてデジタル・シティズンシップを促進することによって実現できる。

　オンライン・プラットフォームは現代生活に不可欠なものとなり、課題はあるものの幅広い機会を提供している。デジタル・リテラシー、オンラインの安全性、倫理的利用は、オンライン・プラットフォームの可能性を効果的に活用するために不可欠な要素である。

注

1 "Ugandans Worried as Museveni Finally Signs Nsereko's 'Terrible' Computer Misuse Bill into Law," *The Spy Uganda* (October 14, 2022). Accessed on March 4, 2023 from https://www.spyuganda.com/ugandans-worried-as-museveni-finally-signs-nserekos-terrible-computer-misuse-bill-into-law/.

2 Ambrose Gahene, "Museveni Signs Computer Misuse Amendment Bill Amidst Criticism," *The daily Monitor* (October 17, 2022).

3 Adam Branch and Zachariah Mampilly, *Africa Uprising: Popular Protest and Political Change* (London: Zed Books, 2015), p. 129.

4 "Internet shutdowns in 2021 report: resistance in the face of blackouts in Africa," *Access Now* (April 28, 2022). Accessed on January 9, 2023, from https://www.accessnow.org/internet-shutdowns-africa-keepiton-2021/.

5 David V. Ajuna, "Govt restores internet 5 days after total shutdown," *The Daily Monitor* (January 18, 2021).

6 World Bank, "Digital Africa: Technological Transformation for Jobs" (March 13, 2023). Accessed on October 27, 2023 from https://www.worldbank.org/en/region/afr/publication/digital-africa.

[7] Nanjala Nyabola, *Digital Democracy, Analogue Politics: How the Internet Era Is Tra nsforming Kenya* (New York: Zed Books, 2018), p. xxii.

[8] Ibid., p. 8.

[9] Tim Jordan, *Information Politics: Liberation and Exploitation in the Digital Society* (London: Pluto Press, 2015), p. 1.

[10] Aili M. Tripp, *Museveni's Uganda: Paradoxes of Power in a Hybrid Regime* (Bould er, CO, Lynne Rienner Publishers, 2010), p. 1.

[11] Ibid., p.1.

[12] Kristof Titeca, "Its Own Worst Enemy? The Ugandan Government Is Taking Desp erate Measures to Control Rising Dissent" (EGMONT, Royal Institute for Internatio nal Relations, 2019), p. 1. Accessed on March 5, 2023, from https://www.egmontins titute.be/ugandan-government-its-own-worst-enemy/.

[13] Alina Polyakova and Chris Meserole, "Exporting digital authoritarianism," 2019. Acc essed on March 5, 2023, p. 1, from Brookings's website: https://www. brookings.ed u/research/exporting-digital-authoritarianism/.

[14] Emma F. Santana, "Digital Authoritarianism in sub-Saharan Africa: A qualitative co mparative analysis," A thesis submitted in partial fulfillment of the requirements for the degree of Master of Public Policy, Willy Brandt School of Public Policy, 2020, University of Erfurt, Germany, p. 19; Adrian Shahbaz, The Rise of Digital Authori tarianism, 2018, retrieved on February 17, 2024 from https://freedomhouse.org/repo rt/freedomnet/2018/ rise-digit.

[15] Ivana Bartoletti, *An Artificial Revolution: On Power, Politics and AI* (London: The Indigo Press, 2020), p. 75.

[16] Emma F. Santana, "Digital Authoritarianism in sub-Saharan Africa: A qualitative co mparative analysis," A thesis submitted in partial fulfillment of the requirements for the degree of Master of Public Policy, Willy Brandt School of Public Policy, 2020, University of Erfurt, Germany, p. 20.

[17] Mary Chayko, *Superconnected: The Internet, Digital Media, & Techno-Social Life* (London: Sage, 2017), pp. 96-97.

[18] Emma F. Santana, "Digital Authoritarianism in sub-Saharan Africa: A qualitative co mparative analysis," A thesis submitted in partial fulfillment of the requirements for the degree of Master of Public Policy, Willy Brandt School of Public Policy, 2020, University of Erfurt, Germany, p. 19; Marlies Glasius and Marcus Michaelsen, "Illi beral and Authoritarian Practices in the Digital Sphere," *International Journal of Co mmunication*, Vol. 12 (2018), Prologue, 3795; Philip N. Howard, Shetaal D. Agarwa l, & Muhammad M. Hussain, "When Do States Disconnect Their Digital Networks? Regime Responses to the Political Uses of Social Media," *The Communication Rev iew*, Vol. 14, No. 3 (August 2011), pp. 216–232; Clay Shirky, "The political power of social media," *Foreign Affairs*, Vol. 90, No. 1 (January/February 2011), pp. 28–4 1. Retrieved from https://www.jstor.org/stable/25800379; Christopher Walker and Jes

第 6 章　ウガンダにおけるデジタル権威主義

sica Ludwig, "Sharp Power: Rising Authoritarian Influence," *International Forum for Democratic Studies. Washington, DC.* Retrieved from National Endowment for De mocracy website: https://www.ned.org/wp-content/uploads/2017/12/Introduction-Shar pPower-Rising-Authoritarian-Influence.pdf.

[19] Marlies Glasius and Marcus Michaelsen, "Illiberal and Authoritarian Practices in the Digital Sphere," *International Journal of Communication*, Vol. 12 (2018), p. 5.

[20] Tim Jordan, *Information Politics: Liberation and Exploitation in the Digital Society* (London: Pluto Press, 2015), pp. 106-110.

[21] Council of the European Union, "EU Imposes Sanctions on State-Owned Outlets R T/Russia Today and Sputnik's Broadcasting in the EU," Press Release, 2 March 20 22. Accessed on October 5, from https://www.consilium.europa.eu/en/press/pressrele ases/2022/03/02/eu-imposes- sanctions-on-state-owned-outlets-rt-russia-today-and-spu tnik-s-broadcasting-in-the-eu/.

[22] Maria Baghramian, "Relativism," in Edward N. Zalta & Uri Nodelman, Eds, *The St anford encyclopedia of philosophy* (Stanford Metaphysics Research Lab, 2015). Acce ssed on February 26, 2024, from https://plato.stanford.edu/entries/relativism/.

[23] Ibid.

[24] Kendra Cherry, "Understanding Cultural Relativism and Its Importance," *verywellmi nd*, 2023. accessed on February 26, 2024, from https://www.verywellmind.com/under standingcultural-relativism-7549709.

[25] Vick L. Ssali, *Power Back to the People: The Relevance of Ethnic Federalism in U ganda* (Mankon, Bamenda, Langaa RPCIG, 2023), p.5.

[26] Mahmood Mamdani, *Imperialism and Fascism in Uganda* (Nairobi: Heinemann Edu cation Books, 1983), p.37.

[27] Jason Burke, "Idi Amin's mastery of media revealed in newly published photos," *Th e Guardian* (October 7, 2019). Accessed on March 7, 2023, from https://www.thegu ardian.com/world/2019/oct/07/idi-amins-mastery-of-media- revealed-in-newly-publishe d-photos.

[28] Julie Posetti and Alice Matthews, "A short guide to the history of 'fake news' and disinformation: A Learning Module for Journalists and Journalism Educators," Intern ational Center for Journalists (ICFJ). Accessed on October 15, 2023, from https://w ww.icfj.org/sites/default/files/2018-07/A%20Short%20Guide%20to%20History%20of% 20Fake%20News%20and%20Disinformation_ICFJ%20Final.pdf.

[29] Mahmood Mamdani, *Imperialism and Fascism in Uganda* (Nairobi: Heinemann Edu cation Books, 1983), p. 43.

[30] Vick L. Ssali, *Power Back to the People: The Relevance of Ethnic Federalism in U ganda* (Mankon, Bamenda, Langaa RPCIG, 2023), p.21

[31] Ibid., p. 25.

[32] Ibid., p. 38.

[33] Aili M. Tripp, *Museveni's Uganda: Paradoxes of Power in a Hybrid Regime* (Bould

er, CO, Lynne Rienner Publishers, 2010), p. 113; Per Tideman, "New Local State Forms and 'Popular Participation' in Buganda, Uganda," In Peter Gibbon, ed., *The New Local Level Politics in East Africa,* Research Report No. 95 (Uppsala, Nordisk a Afrikainstitutet), pp. 26, 29.

[34] Vick L. Ssali, *Power Back to the People: The Relevance of Ethnic Federalism in U ganda* (Mankon, Bamenda, Langaa RPCIG, 2023), p. 38; Aili M. Tripp, *Museveni's Uganda: Paradoxes of Power in a Hybrid Regime* (Boulder, CO, Lynne Rienner P ublishers, 2010), p. 116.

[35] Ssali, V. (2023) *Power Back to the People: The Relevance of Ethnic Federalism in Uganda.* Mankon, Bamenda: Langaa RPCIG.

[36] Aili M. Tripp, *Museveni's Uganda: Paradoxes of Power in a Hybrid Regime* (Bould er, CO, Lynne Rienner Publishers, 2010), p. 3.

[37] ボーナス・イヤーとは、1986年にムセベニとNRMが、内戦によって深刻な被害を受け た国家を管理し、国民に再建と癒しの希望を抱かせたことを意味している。この間、正式 には明言されていないが、選挙や指導者の交代を急ぐことより、再建、復興、和解を優先 すべきであるという一般的な合意があった。

[38] Olive Kobusingye, *The Correct Line? Uganda Under Museveni* (Central Milton Key nes, Authorhouse, 2010), pp. 203-212.

[39] Daniel Kalinaki, *Kizza Besigye and Uganda's Unfinished Revolution* (Kampala, Dom inant Seven Publishers, 2013), p. 171.

[40] Ibid., p. 172.

[41] Nelson Naturinda, "Ugandan blogger who 'killed' Museveni on social media arreste d in Turkey," *The East African,* August 4, 2021.

[42] UNDP Uganda, "UNDP Initiatives for Youth in Uganda," July 29, 2021. Accessed on February 15, 2024 from https://www.undp.org/uganda/publications/undp-initiative s-youth-uganda.

※本稿は『防衛学研究』第70号に掲載された論文を加筆修正したものである。

コラム3

情報通信技術と権威主義の相性

持永 大

　情報通信技術と権威主義には相性の良い面と悪い面がある。相性の良い面は、情報通信技術による情報統制がしやすいことや、競争環境をゆがめることで統治者が優位な地位を確立しやすいことがある。一方、相性の悪い面は、大規模な情報の制御や完全な情報統制が難しいことにある。以降では、情報通信技術による社会の変化、権威主義における情報通信技術の活用を概観し、その相性の良い側面と悪い側面を分析する。

　情報通信技術は、社会全体に広く適用可能で基幹的な技術である汎用技術（General Purpose Technology）の一つである。汎用技術は、既存の産業と社会の在り方を変え、労働力の分布、居住地、労働の慣習・形態、製造業の地理的配置、産業の集中度、金融との関係、教育制度や内容に影響を与えた。リチャード・リプシー（Richard G. Lipsey）らは、コンピュータとインターネットを内燃機関と電力等に続く現代の汎用技術であると指摘した[1]。

　例えば、情報通信技術によって企業は、製品の製造だけでなくサービスやソリューションを提供するようになり、テレワークにより自宅が仕事場となった。さらに、世界中の情報にアクセスするための英語教育の普及、居住地に拘束されない労働の提供の在り方による徴税の仕組みの変化など、情報通信技術によって社会は大きく変化した。この組織の在り方やビジネスモデルを一新するような情報通信技術は、デジタル技術とも呼ばれている。デジタル技術は、従来の情報通信技術よりも、顧客や市場の変化に対応するような変革を促す技術を指し、クラウド等を活用した新しいビジネスモデルを作り出している。

　権威主義には多くの定義が存在する。これらの定義に共通しているのは、民主主義との対比で、国民の知識や市場への影響力を行使し、自由や選択を阻害し、統制や服従を促す点にある。例えば、エリカ・フランツ（Erica Franz）は、民主主義体制でないものを、権威主義として定義している[2]。また、フランツは、統治する者が競争的な選挙を通じて選ばれることを民主主義体制とし、それ以外の体制（独裁、全体主義

171

など）を含めた体制を権威主義体制と定義した。一方、ホアン・リンツ（Juan José Linz）は、全体主義と比較して、より穏健なタイプを権威主義と定義している[3]。そのため、このコラムでは権威主義を、体制が自由や選択を阻害する目的で、国民の知識や市場に対して影響力を行使し、国民に統制や服従を促す態勢と定義する。

　この情報通信技術と権威主義を組み合わせて社会を管理している国が中国である。中国は、社会の情報化を推し進めて経済成長を成し遂げるとともに、情報通信技術を使った社会の管理方法を洗練化してきた。中国の情報通信技術を利用した社会の管理は、デジタル権威主義（Digital Authoritarianism）やデジタルレーニニズム（Digital Leninism）と呼ばれている[4]。

　デジタルレーニニズムを提唱したセバスチャン・ハイルマン（Sebastian Heilmann）は、この取組を、ビッグデータを活用し、情報通信技術に支えられた権威主義体制であると指摘している。ハイルマンは、デジタル権威主義の行く先について、ガバナンス方法の模索、組織的な固定、中央によるコントロール不能、及び西側民主主義との対立をシナリオとして提示した。2023年時点では、中国の情報通信・デジタル技術を利用した社会の管理は、組織的な固定と西側民主主義との対立に向かっているといえる。

　この中国のデジタル権威主義は、国際政治学において議論されてきたテクノ・ナショナリズムやテクノ・グローバリズムとは異なる。テクノ・ナショナリズムは、国家の論理を優先して科学技術政策を立案し、科学技術力を優位にすることを唯一の最大目標とすることである。また、テクノ・グローバリズムは、科学技術について市場の論理を優先させる考え方である。中国は、技術の社会実装に関する価値の促進として、体制の強化や社会の管理のために技術を利用し、海外にその方法を広げることで、国際的な技術の社会実装の方法を規定しようとしている。

　2000年代以降、中国はインターネット上のコンテンツに関する規制に注力する。中国政府は遅くとも2002年にはアクセス先やコンテンツに対する規制を行っていたことがわかっており、その後もインターネット上のコンテンツを規制する手法は進化を続けている[5]。この規制で利用されるシステムは金盾（グレートファイアウォール）と呼ばれており、中国政府は国内における検閲・アクセス規制をシステム化している。このシステムを通じて、中国政府は、好ましくないと判断したオンライン・コンテンツに国内からアクセスできないようにしてきた。例えば、暗号化されていない通信が含むキーワードを探し出し、アクセスを遮断する方法が知られている[6]。この方法では、中国政府によって設置された通信経路上の機器が、通信の中に好ましくないコンテンツに関連するキーワードを検出すると、通信に介入することで通信を終了

172

コラム 3　情報通信技術と権威主義の相性

させ、端末間の通信を数分間ブロックする。一方、既存研究によれば、金盾を回避する方法もある。例えば、HTTP 仕様で規定されたルールを変更することで回避できることが確認されている。

　また、金盾の利用する禁止キーワードリストは変化している。ザッカリー・ワインバーグ（Zachary Weinberg）らは、平反六四（天安門事件の再評価）や網絡人権宣言といった用語は、長年にわたってリストに残っていると指摘している[7]。一方、禁止キーワードの 85% 以上が 2014 年以降に置き換えられており、新しいキーワードは最近の出来事や論争に関連するものとなっている。すなわち、中国政府は情報通信技術を利用して、柔軟に規制対象を変化させる方法を採っている。

　中国政府や民間企業は、金盾以外にも、サイバー空間上で特定のキーワードを禁止している。例えば、国境を越えたインスタントメッセージの通信内容が検閲されていることが、カナダのトロント大学 Citizen Lan の実験によって明らかになっている[8]。Citizen Lab は、カナダと中国の間で WeChat を利用したメッセージを行い、「China Arrest Human Rights Defenders」という文章を単語別に送る場合と、一連の文章で送る場合を比較したとき、一連の文章は受信できなかったと報告している。また、Citizen Lab は、文章だけでなく画像についても送信できないものがあったと報告している。

　このような状況をふまえると、中国は情報通信分野における指導を強化し、サイバーセキュリティを重視していることがわかる。2011 年に国務院は広報機関である新聞弁公室に国家互総網信息弁公室を設置し、インターネットにおける情報発信のガイドライン、関連する法制度の確立、コンテンツ管理を行う方針を示した[9]。この動きは、工業情報化部や文化部に分散していたインターネットに関する権限を統合するものであった。その後、情報通信分野は最高指導者が指揮を執る分野となり、習主席は党中央によるサイバーセキュリティと情報化の推進に向けて、2014 年に中央網絡安全和信息化領導小組（中央ネットワーク安全・情報化指導小組）を組織する。

　中央ネットワーク安全・情報化指導小組は、中国におけるサイバーセキュリティ政策の中心的な組織となった。2016 年に中央ネットワーク安全・情報化指導小組と国家網絡信息弁公室はサイバーセキュリティ戦略を発表した[10]。戦略では中国のサイバー空間における原則、戦略的課題を示している。同文書では、サイバー空間における原則として、主権の維持尊重、平和利用、法による管理の推進、セキュリティと発展の両立を掲げている。また、戦略的課題として主権の徹底的な守り、安全の維持、重要情報インフラの保護、ネットワーク文化の強化、サイバーテロと違法行為への対策、ネットワークガバナンス体制の整備、セキュリティの基礎固め、防御力の引き上

173

げ、国際協力体制の強化が記載されている。これらの記述は、中国が主張を行ってきた内容を整理したものであり、主権や安全保障面における国際的なルール作りに参画する姿勢がわかる。

　中国の例をみると、情報通信・デジタル技術と権威主義は相性が良いようにみえる。しかし、相性の悪い面もある。まず、相性の良い面は、情報通信・デジタル技術によって情報統制や競争環境をゆがめ、統治者に優位な地位を確立しやすくすることがある。例えば、インターネット上の情報の検閲、監視、誘導といった情報制御は国内の治安対策となっている。また、この情報制御は、選挙などの競争環境において、統治者にとって都合の悪い情報を規制することで、国民よる選択の機会をゆがめ、統治者を有利な立場に立たせることが可能である。

　次に、相性の悪い面は、大規模な情報の制御や完全な情報統制が難しいことにある。中央集権的なシステムは、システムの規模が大きくなると、システムの隅々まで情報が到達するのに時間がかかり運用が難しくなる。例えば、統治者が発信する情報は、中央政府から地方政府まで伝わる間に複数の階層を経て伝達されるため、時間がかかる。そのため、機動的な情報制御や情報統制は難しく、インターネット上で流通する情報の規制が遅れ、国民に体制に都合の悪い情報が伝わってしまうこともある。

　これまでにも、中国での新型コロナウイルスの感染拡大防止に伴うロックダウンにおいて、政府が国民の発信する情報をうまく規制できなかった例がある。中国政府は、2022年4月の新型コロナウイルスの感染拡大防止のための上海市のロックダウンとゼロコロナ政策に対する異論を封じ込めた。これに対して、一部の上海市民が、短編動画「四月之声」を作成し、ソーシャルメディア上で公開し、窮状を訴えた。中国政府は動画の削除を行ったが、他の利用者が動画を転載したことで動画は拡散し続けた。その後、様々な対策を行ったことで動画を見ることはできなくなったが、その間に多くの人々が視聴することが可能であった。

　中国の仕組みを構成する要素は、中国共産党の支配による体制、14億人の市場、及び技術・産業力である。中国共産党は、権力を集中させることで14億人から成る中国を統治している。また、中国共産党による統治システムと人口が作り出す大きな市場は、世界経済に対する影響力を持つ。さらに、情報通信技術による社会の管理は中国の統治システムを高精度とし、国内の安定と経済発展を成し遂げる中国モデルを確立した。しかし、デジタル権威主義にも限界があり、完全な情報の制御は難しい。

注

[1] Richard G. Lipsey, Kenneth I. Carlaw, and Clifford T. Bekar, *Economic Transformations* (Oxford University Press, 2006).

[2] エリカ・フランツ著・上谷直克他訳『権威主義―独裁政治の歴史と変貌』（白水社、2021年）。

[3] Juan J. Linz, *Totalitarian and Authoritarian Regimes* (Lynne Rieneer Publishers, 2000).

[4] Sebastian Heilmann, " Leninism Upgraded: Xi Jinping's Authoritarian Innovations," *China Economic Quarterly* (December 2016), pp. 15 - 22.

[5] Jonathan Zittrain and Benjamin Edelman, "Internet Filtering in China," IEEE Internet Computing, 7, 2 (March-April 2003), 70-77, March-April 2003, doi: 10.1109/MIC.2003.1189191.

[6] Zachary Weinberg, Diogo Barradas, and Nicolas Christin. 2021. Chinese Wall or Swiss Cheese? Keyword filtering in the Great Firewall of China. In Proceedings of the Web Conference 2021 (WWW '21). Association for Computing Machinery, New York, NY, USA, 472–483. https://doi.org/10.1145/3442381.3450076.

[7] 同上

[8] Citizen Lab, "We (can't) Chat"709 Crackdown" Discussions Blocked on Weibo and WeChat," April 13, 2017, https://citizenlab.ca/2017/04/we-cant-chat-709-crackdown-discussions-blocked-on-weibo-and-wechat/

[9] 中華人民共和国国務院新聞弁公室「国家互聯網信息弁公室設立」2011年5月4日、http://www.scio.gov.cn/zhzc/8/5/Document/1335496/1335496.htm

[10] 中央網絡安全和信息化弁公室「《国家網絡空間安全戦略》全文」2016年12月27日、http://www.cac.gov.cn/2016-12/27/c1120195926.htm

■第7章■

サイバー国際規範をめぐる交錯

―権威主義陣営と民主主義陣営のすれ違い―

原田 有

この章のポイント

●サイバー空間のガバナンスをめぐる国際関係は、現代の国際政治への理解を深める重要な要素である。

●権威主義陣営と民主主義陣営はともに、サイバー空間における国際規範の必要性を認識しながらも対立してきた。

●ロシアを中心とする権威主義陣営は新たな条約等の策定、民主主義陣営である日本や欧米諸国は既存の国際法の適用という異なる目的を追求するが、両者は交わることのない存在というよりも、すれ違ってきた存在といえる。

●両陣営が対立する原因の一つには、デジタル技術の進歩がもたらす機会と懸念をどのように評価するかの違いがある。

●デジタル技術の対外・国内政策への活用が進む中で、民主主義陣営は機会派から懸念派に、権威主義陣営は懸念派から機会派へと立場を変化させるというすれ違いが、両者の歩み寄りを難しくしてきた。

●両陣営の対立が国際社会の分断を深めることのないよう、普遍的で意義あるサイバー国際規範の形成に向けた歩み寄りが求められている。

1．はじめに

　サイバー空間での責任ある国家の行動に関する国際的な規範（サイバー国際規範）[1]
はどうあるべきか。デジタル技術の進歩に伴い浮上したこの論点は、各国のサイバー
セキュリティ政策の策定・実行にかかわる重要な問題として、国際連合（国連）を主
たる舞台に議論されてきた。議論のけん引役を担ってきたのはロシアであり、デジタ
ル技術の特性を理由に新たな条約等の策定を目指すその取組を、中国、北朝鮮、イラ
ン、シリア等は支持してきた。それに対して、日本や欧米諸国は既存の国際法の適用
を主とすべきとしてロシアの取組にほとんどの場面で反対してきた。その対立関係は、
大国間競争を背景に米国がデジタル権威主義への対抗を鮮明化したこととも相まっ
て[2]、さながら「権威主義陣営」対「民主主義陣営」という構図を呈した。もっとも、
実際の状況は特定の政治体制でグループ化できるほどに単純ではない。二項対立的に
国際政治を捉える見方は、実態と乖離した、無用な対立を助長しかねない言説ともさ
れる[3]。他方、際立ってきた対立軸の一方が権威主義国、もう一方が民主主義国で構
成されている事実も見過ごせない。陣営内よりも陣営間の見解相違の方が顕著である
とともに、他の国々も巻き込んで国連での議論の動向に影響を与えてきた両者の対立
関係は、サイバー国際規範に関する国際関係を捉えるにおいて注目すべき論点となっ
ている。そこで本稿では、国連を舞台とする両者の対立に焦点を当てることとし、特
定の政治体制でグループ化できるという趣旨ではなく、現に表れている対立軸を捉え
る趣旨で、一方を権威主義陣営、他方を民主主義陣営と形容する。

　サイバー国際規範の必要性をともに認識しながらも、なぜ両者は歩み寄れないでい
るのか。一見すると両者は、新たな条約等の策定と既存の国際法の適用という異なる
目的に向かって平行線をたどる、交わることのない存在のようであり、既存研究もそ
うした関係性を前提にする[4]。しかしより細かくみると、両者は交わることのない存
在というよりも、すれ違ってきた存在のようにも捉えられる。後述するように、ロシ
ア主導の国連での規範形成に向けた取組に当初は警戒してきた民主主義陣営、特に米
国の態度はやがて、議論に積極的に関与するものへと転じた。さらに両者は、サイバ
ー空間に国際法が適用できることも確認するに至った。権威主義陣営が求める新たな
条約等の中身は既存の国際法と内容を重複させる部分もあることから、取組の焦点は
国際法の具体的な適用方法へと収斂していくかにみえた。しかし実際には、その方向
に議論が進むと権威主義陣営は慎重な態度に転じ、両者は規範の「内容」はもとより、

第 7 章　サイバー国際規範をめぐる交錯

それを議論するための「場」をめぐっても対立を強めてきたのである。歩み寄る余地がありそうでいながらも、すれ違う要因の分析は研究の余地を残す。本稿の目的は、両者の態度の変化に着目しながらその要因を分析し、既存研究を補完する考察を示すことで、サイバー空間のガバナンスをめぐる国際関係への理解を深めることにある。

　具体的には、本稿では、サイバー空間のガバナンスをめぐる主導権争いを大きな背景としつつも、よりつぶさにみれば、機会派と懸念派の立場をプラグマティックに入れ替える両陣営の態度にも、歩み寄りが難しい要因が見いだせることを論じる。そもそも国家がいかなるサイバー国際規範を求めるのかは、デジタル技術の対外・国内政策への活用が進む状況に機会と懸念のいずれを見出すかと関連する。論理上、生じる機会をより重視する国は、デジタル技術の政策への活用の裁量が最大化される規範を求め（機会派）、懸念をより強く抱く国は、デジタル技術の野放図な活用が制限される規範を求める（懸念派）と想定できる。この観点からみたとき、権威主義陣営は民主主義陣営によるデジタル技術の悪用を懸念する立場から、やがて技術の国内統治や対外政策への活用に機会を見いだす立場へと転じ、それとは対照的に民主主義陣営は機会派から懸念派へと立場を変えてきたといえる。両者のプラグマティックな態度の交錯が行き違いを生み、サイバー国際規範をめぐる対立を複雑化する一因になってきたと考えられる。

　以降、まずは両陣営の対立の様相と推移を捉えるべく、第 2 節と第 3 節ではそれぞれ議論の「場」と規範の「内容」をめぐる争いを国連の資料等を用いながら概観する。続く第 4 節で、両者の歩み寄りが難しい原因を既存研究も踏まえながら分析し、本稿の議論を示す。そして最後に、民主主義陣営はサイバー国際規範の形成における一体性と中心性の確保という課題だけでなく、自らの取組が国際社会の分断の深化をもたらさないようにするという課題にも直面していることを指摘してまとめとする。

2．「場」をめぐる争い

　国連でサイバー国際規範に関する議論が本格化した契機は、1998 年 12 月、ロシアが提案した決議案「国際安全保障の文脈における情報及び電気通信分野の発展」が国連総会で無投票採択されたことにある [5]。情報通信に関する技術やネットワークの発展が生み出す安全保障上の新たな脅威に既存の国際法では十分に対応できないと考えたロシアは、国際的な法的枠組みを新たに策定する必要性を訴えた [6]。折しも米国では、「情報作戦に関する統合ドクトリン」が策定された [7]。軍事分野での情報通信技術

の利用が進む中、ロシアは米国との二国間対話によってサイバーセキュリティの在り方を検討しようとしたが不調に終わったため、国連での国際的な規範作りに着手したとされる[8]。

ロシア主導の同決議案は、現在に至るまで毎年国連に提出されている。そして、2001年の決議案に盛り込まれた提案が、議論の「場」となる政府専門家会合（Group of Governmental Experts: GGE）の新設であった。2001年決議案は無投票採択され、2004年から2005年にかけてGGE第1会期の開催が決定した[9]。GGEは2021年に至るまで計6回の会期を設け、米英仏露中のほか、会期ごとに地理的衡平性に基づき選出された国の専門家が参加する形で開催され、参加国数は第1会期に15か国、第4会期には20か国、第5会期以降は25か国へと拡大した。議論の成果となる報告書は参加国のコンセンサスが得られた場合にのみ公表される仕組みとなっており、第1会期と第5会期（2016〜2017年）を除く4つの会期でGGEは報告書の採択に成功している。中でも、サイバー空間に「国際法、特に国連憲章が適用可能」と明記した第3会期（2012〜2013年）と[10]、任意で拘束力は無いながらもサイバー空間での国家の責任ある行動に関する11の行動規範を示した第4会期（2014〜2015年）の報告書は[11]、GGEの大きな成果と位置付けられている。

議論を少しずつ積み重ねていったGGEだが、第5会期が報告書のコンセンサス採択ができずに閉会すると、議論の「場」をめぐる新たな動きが生じた。ロシアが2018年の決議案において、GGEに代わる会合としてオープンエンド作業部会（Open-Ended Working Group: OEWG）の設置を提案したのである。OEWGは、国連での議論を「より民主的、包摂的、透明性のある」ものとすべく、全国連加盟国の参加を可能にし、非国家主体の参加も限定的ながら認める点を特徴とした[12]。ロシアの提案は賛成多数で可決され、2019年から2021年にかけてのOEWG開催が決定した。さらにロシアは、OEWGでの議論が続く最中の2020年の決議案に早くも、2021年から2025年にかけての第2回OEWGの開催を盛り込み、賛成多数の投票結果を得て、OEWGの継続的な開催に成功した[13]。なお、民主主義陣営はOEWGの開催に関するいずれの決議案にも反対票を投じた。

GGEとOEWGの設置を主導したロシアは「持続的に、一貫性があって、かつ長期的な志向を持って」規範形成に向けた取組をけん引してきたと評される[14]。そして、そうしたロシアの取組を支持してきたのは、中国、北朝鮮、イラン、シリア等の権威主義諸国であった。中でも中国は、ロシア主導の決議案を初期段階から支持してきた国の1つである。同決議案は2006年から複数の国による共同提案の形での提出となっているが、最新の2023年の決議案に至るまで中国はほぼ一貫して共同提案国に名

第 7 章　サイバー国際規範をめぐる交錯

を連ねている。唯一、日米欧諸国とロシアとが名を連ねた例外的な 2021 年決議案だけ、中国は共同提案国となっていない。そうした中国とともに、北朝鮮、イラン、シリア等も決議案の共同提案国になる、あるいは決議案の採択で賛成票を投じる等、国連を「場」にサイバー国際規範の形成を主導しようとするロシアの取組を支えてきたのである。

それとは対照的に、日米欧諸国からなる民主主義陣営はロシア主導の取組に多くの場面で消極的な姿勢を示してきた。ロシアが国連での議論を呼びかけた際、例えば米英は、国際社会で議論すべきは、テロリストや犯罪集団、ハッカーなどによるサイバー犯罪であるとの立場をとった。そして、そうした問題に対処するための取組が国連の外で、例えば欧州評議会でのサイバー犯罪条約の策定といった形で進んでいることを主張して、ロシアの取組に難色を示した [15]。中でも米国の反発は強く、ロシア主導の決議案に対して 2005 年から 2008 年にかけて唯一反対票を投じている。

また民主主義陣営は、サイバー空間に関する議論は国家中心の国連ではなく、テックカンパニーなどの非国家主体も広く参加可能なマルチ・ステークホルダー形式の会議で実施する方が適切として、当初、国連外の「場」を重視する態度も示した。2011 年 11 月、英国が主導して、マルチ・ステークホルダー形式のサイバー空間に関する国際会議がロンドンで初めて開催された。同会議はその後、ハンガリーのブダペスト（2012 年）、韓国のソウル（2013 年）、オランダのハーグ（2015 年）、インドのデリー（2017 年）と継続して開催され、一連の取組はロンドン・プロセスと称された。ロンドン・プロセスには露中も参加していたが、両国は国連で進む取組の重要性を訴えて同プロセスに不服を唱えた [16]。

ロシア主導の国連での取組に、民主主義陣営側は当初、一定の距離を保とうとしてきたことが伺えるが、そうした態度は次第に変化し、国連を舞台とした議論へ関与する姿勢を強めていった。GGE 第 3 会期でサイバー空間へ国際法が適用可能であることが確認されたことを契機に、民主主義陣営はロシアが設置した GGE を既存の国際法を主としたサイバー国際規範の形成のための「場」として活用し始めた。そして GGE 第 5 会期では、米国代表によれば、国際法の適用方法について「明確かつ直接的な」言及を試みたものの、一部参加者の反対によって報告書のコンセンサス採択には至らない状況となった [17]。それを受けて権威主義陣営側が OEWG の新設を提案すると、民主主義陣営は反対に回り、ロシア主導の 2018 年決議に対抗して、GGE 第 6 会期の開催（2019〜2021 年）を盛り込んだ決議案を提出した。露中等の反対を受けながらも同決議案も賛成多数で採択されたことで [18]、国連には OEWG と GGE という議題を重複させる 2 つの「場」が併存する、デュアル・プロセス状態が出現した。

181

対立する両者は一時、歩み寄りをみせる局面もあった。双方が反対票を投じあった第1回OEWGとGGE第6会期は結局のところ、それぞれ2021年3月と5月に最終報告書のコンセンサス採択に成功した。加えて、両会合の成果に基づいた議論の継続を確認したロシア主導の2021年決議案には、日米欧諸国も共同提案国として名を連ねたのである[19]。もっとも、そうした動きは両者の実質的な歩み寄りを意味するものとは捉え難かった。むしろ、それぞれが推進する「場」で成果を残したい両者の思惑が一致した結果の一時期的な協調といえた。

　事実、第1回OEWGとGGE第6会期の閉会を受けて、議論の「場」は第2回OEWGへと一本化されたが、その取組が終盤を迎えた現在、両者は次なる「場」をめぐる対立を先鋭化させている。2023年、民主主義陣営側はこれまでの議論で合意されてきた事項の着実な実践を図りつつ、既存の国際法の適用を主とした規範の在り方の検討を深めていくための「行動プログラム（Programme of Action: PoA）」という新たな枠組みの立ち上げを盛り込んだ決議案を提出した[20]。それに対して権威主義陣営側は、PoAの立ち上げを前提とはせず、今後の「場」の在り方について第2回OEWGで議論を深めるべきとする決議案を提出し[21]、両者の決議案が対峙する局面が再び訪れた。両決議案はともに賛成多数で採択され、「場」をめぐる対立は目下、再燃している。

　以上、述べてきたように、権威主義陣営と民主主義陣営は議論の「場」をめぐり鋭く対立してきた。他方、両者は全く相容れない態度を示してきた訳では必ずしもない。民主主義陣営は当初は警戒してきたロシア主導の国連での取組に、次第に積極的に関与する姿勢を示してきた。さらに一時的とはいえ、決議案を共同で提案する場面もみられたのである。そうした歩み寄りの兆しを伺わせる変化にも関わらず、結果的には対立関係はデュアル・プロセス状態を生み、今またそうした状態の再来が懸念されている。こうした両者のすれ違いは、サイバー国際規範の「内容」をめぐる争いにもみてとることができる。

3.「内容」をめぐる争い

　これまでも触れてきたように、サイバー国際規範の「内容」をめぐっては、デジタル技術の特性を理由に新たな条約等の策定を求める権威主義陣営と、既存の国際法の適用に重きを置く民主主義陣営という立場の違いがある。そもそもロシアは国連での議論の必要性を提起した際に、新たな法的枠組みが求められる背景を次のように説明している。すなわち、発展する情報通信技術は、「国際的な安定やセキュリティの維持」

第 7 章　サイバー国際規範をめぐる交錯

あるいは「国家主権の平等、紛争の平和的解決、武力行使の禁止、内政干渉の禁止、人権や自由の尊重といった諸原則の順守」という目的とは反する形で用いられる可能性がある。また、軍拡競争や大量破壊兵器の効果にも匹敵する甚大な結果も招きかねない。そうした問題に既存の国際法では十分に対応ができないため、「国際的な法的文書」の策定も視野に入れた取組が必要だと、ロシアは訴えた [22]。

　その際にロシアは、主たる脅威も例示している。その筆頭には、情報通信システムや重要インフラに影響や損害を与えるような行為、国家の政治的・社会的システムを損なったり、社会を不安定化させる目的で市民の心理操作を行ったりする行為、情報空間を支配・統制する行為が挙げられた [23]。こうした行為は非国家主体によっても実施される可能性があるが、ロシアはこれらの項目とは分けて、テロリストや過激主義者、犯罪組織などがもたらす脅威も挙げている [24]。新たな法的枠組みを求めるロシアの念頭には、デジタル技術を駆使した他国からの脅威に対する懸念があったことが伺える。

　2011 年 9 月には新たな規範の在り方をより具体的に示す、「情報セキュリティのための国際行動規範」案がロシアと中国、上海協力機構（Shanghai Cooperation Organization: SCO）の一部加盟国の連名で国連に提出された [25]。その後、2015 年 1 月に改訂された同案には、国連憲章に従い、主権、領土保全や政治的独立性を尊重することが示された。また、情報通信技術を、国際的な平和とセキュリティに反する形で、あるいは他国の内政への干渉や他国の政治的、経済的、社会的安定を損なう形で利用することを禁じる内容も盛り込まれた。さらに、人権や基本的自由を尊重する重要性を示しつつも、それらは国家安全保障や公共の秩序の維持などのために制約される可能性があることも明記された [26]。2022 年 9 月、SCO はサマルカンド宣言を公表し、「国際情報セキュリティ」分野での協力を改めて確認している [27]。

　さらにロシアは 2023 年 5 月、「国際情報セキュリティ確保のための国連条約コンセプト」をベラルーシ、北朝鮮、ニカラグア、シリアとの連名で提案した [28]。同案では先の国際行動規範と同様、情報通信技術を、主権、領土保全や国家の独立を脅かすために、また他国の内政干渉のために使用することを禁じている。また、基本的人権や自由を損なう形で使用することも禁じるが、国家安全保障や公共の秩序の維持などの目的は除くとした点も国際行動規範と同様であった。他方、このコンセプトには国際行動規範にはみられない項目も含まれた。例えばコンセプトでは、悪意ある行為が、ある国の領域から、あるいはその国の情報インフラ設備から発生しているといった理由だけで当該領域国による行為と断定できないこと、違法行為の追及は実証的に行われるべきであることが明示された。加えて、国家の領域内からの、あるいは国家の管

183

轄下にある情報通信インフラが利用される形でのサイバー攻撃の予防や攻撃源の特定に資する国家間メカニズムの構築も提起された。コンセプトを提案したロシアは、国連の下で法的拘束力のある多国間条約を策定する必要性を改めて強調しつつ、「情報空間で自由を確保したい」国が反対しているとして、暗に民主主義陣営を批判した[29]。

　なお、同コンセプトの共同提案国に中国は名を連ねていない。その理由は定かではないが、露中間に微妙な態度の違いが存在している可能性や、ロシアによるウクライナ侵略を受けて中国としては表立ってロシアの取組を支持し難くなっている可能性も考えられる。もっとも、中国の政策的立場は日米欧諸国よりもロシアに近い状況に変わりはないとみられる。実際、第2回OEWGにおいて中国は、技術の発展を受けた新たな法の必要性に言及するとともに、その議論の土台として、ロシア等が提案する条約案が役立つとの見解を示したとされる[30]。

　国連を舞台とするロシア主導の取組に民主主義陣営が当初、消極的な態度で臨んだことは「場」をめぐる争いに関連して既に述べたが、両者の異なる立場は「内容」をめぐっても顕在化してきた。例えば米英は議論の初期段階において、情報通信技術の軍事分野への応用に関する問題は武力紛争法で対応できると指摘し、新たなルールがむしろ技術や社会の発展を制約し得ることへの懸念を示した[31]。実際には、国際法上の武力紛争には該当しない水準での情報通信技術の軍事分野での応用、いわばグレーゾーンでの技術の利用も想定される。この点を踏まえると、米英の主張は、新たな条約等の策定の必要性を否定しただけでなく、議論の射程を局限しようとした点でも、ロシアの主張と対峙するものであった。

　しかし、民主主義陣営はやがて、既存の国際法の適用を主とする姿勢は堅持しつつ、サイバー国際規範の在り方をより包括的に議論する態度を示すようになった。既存の国際法の具体的な適用方法は今も議論が続いており、同陣営内でも様々な解釈があるが、目下、主な論点となっているのは、主権原則、国家責任、国際人道法（武力紛争法）、人権に関する国際法である。

　主権原則が論点となるのは、デジタル技術を駆使した他国による行為が被害国の権利を害すると認定するための基準を示し得るからである。例えばフランスは、他国が関与する、フランスのデジタルシステムに対するサイバー攻撃やデジタル的な手段でフランス領域内に効果を及ぼす行為は主権侵害に当たるとする[32]。他方、英国はフランスと比べて主権侵害に当たる行為の範囲を狭く捉えようとしている。すなわち、平時にあって、例え敵対的な行為であったとしても国際法上の違法な干渉行為に該当しなければ、必ずしも違法行為には当たらないとの見解を示している[33]。そして英国は、違法な干渉行為とは強制性を伴う行為であり、強制性の定義は広く捉えられるとした

第 7 章　サイバー国際規範をめぐる交錯

上で、「エネルギー安全保障、必須の医療、経済的安定、民主的プロセス」などを妨害する行為は不干渉原則に抵触し得るとする [34]。なお、この論点についての米国の立場は曖昧となっている [35]。

　もっとも、受けた悪意ある行為の国際法上の違法性を被害国が追求するにおいては、当該行為が被害国の権利を害するものであることはもとより、その行為が国家に帰属すること、つまり国家の責任を問えることも要件となる。国家に帰属する国際法上の義務に違反する行為は国際違法行為となり、被害国は相手国に対して国際法上の対抗措置などを講じる選択肢を持ち得る。多様な措置を講じる国際法上の整理がなされれば、将来的な攻撃の抑止も期待できる。

　しかし、サイバー空間には悪意ある行為を国家に帰属させることが難しい、いわゆるアトリビューション問題が存在する。この問題についてロシアは既述の通り、悪意ある行為を国家に帰属させることに慎重な姿勢を示しており、中国も同様の立場にある [36]。そうした態度の背景には、ある攻撃を特定の国家の行為と断定することには、技術的な限界や証拠を示すことの困難さがあり、そうした中で他国による国際違法行為を一方的に認定し、何らかの措置を講じれば、紛争のエスカレーションがもたらされるとの懸念がある。

　これに対して民主主義陣営は、アトリビューション問題を技術面に限定せず、例えば米豪などは政治的・国際法的なアトリビューションにも言及する [37]。この見解に立てば、悪意ある行為が特定の国家によるものとの技術的な断定は難しくとも、政治的な判断として、あるいは国際法の解釈と適用上、国家の責任を問う余地が生まれる。また日本などは、相当の注意義務のサイバー空間への適用を主張しており、情報通信技術を悪用した他国の国際法上の権利を害する行為が領域内で行われていることを根拠に、その領域国の責任を問えるようにする必要性を提起している [38]。それは、「たとえ国家へのサイバー行動の帰属の証明が困難な場合でも、少なくとも、相当の注意義務への違反として同行動の発信源となる領域国の国家責任を追及できる」[39] からであり、これは国際法的なアトリビューションを可能にする取組といえる。さらに米英豪は、アトリビューションに関する証拠を公表する国際法上の義務はないことも指摘し、権威主義陣営側の見解に反論している [40]。

　さらに民主主義陣営は、他国からのサイバー攻撃が武力攻撃に該当する場合は自衛権の発動も可能であることに加えて、武力紛争下におけるサイバー空間での行動には国際人道法が適用されるとの考えも示している [41]。国家は国際人道法上、武力紛争において人道性、必要性、比例性、区別性といった諸原則の順守が求められるが、サイバー空間でも同様に、例えば民用物と軍事目標とを区別して作戦を実施する必要があ

る、ということである。これら国際人道法の諸原則が武力紛争時にサイバー空間にも適用されることは、GGE 第 6 会期の報告書でも留意された[42]。もっとも権威主義陣営側は、自衛権や国際人道法のサイバー空間への適用にも慎重な姿勢を示す。例えばロシアは、アトリビューション問題を踏まえつつ、どのような行為が武力攻撃に当たるかについての共通理解がない中で、自衛権や国際人道法のサイバー空間への「自動的な適用」を図ることは適切ではなく、むしろ紛争のエスカレーションをもたらすとする[43]。中国やキューバも同様の論理を展開している[44]。

その他、民主主義陣営は人権に関する国際法の適用にも重きを置く[45]。権威主義陣営もサイバー空間での人権や自由の尊重を支持する立場にあるが、それらは必要に応じて国内法上の制約を受けるとの考えも示している。ロシア、中国、イランといった国々では実際に、インターネット上の自由が大きく制約されている[46]。もっとも、国家安全保障や国内治安維持などの目的から国内のサイバー空間を一定程度規律しようとする動きは民主主義陣営でもみられる。しかし、その程度や政策の透明性といった点に両者の違いはあるといえ、例えば米国は、領域国による国内サイバー空間での管轄権行使は無制限ではあってはならないことを主張している[47]。

以上みてきたように、民主主義陣営は既存の国際法の適用を主としつつ、議論の射程を次第に広げてきた。包括的な規範を追求するという点では、権威主義陣営側の取組と同じ方向を向き始めたともいえる。さらにいえば、権威主義陣営が新たな条約等に盛り込もうとしている要素には、既存の国際法の具体的な適用によって対応できそうな事項もある。実際、両陣営はサイバー空間に「国際法、特に国連憲章が適用可能」であることも確認している。そして、国連を「場」とするロシア主導の取組に民主主義陣営側が積極的に関与する姿勢を示すようになったことも踏まえれば、両者が歩み寄りをみせても不思議ではない条件が整ってきたようにもみえる。既存の国際法の具体的な適用方法については民主主義陣営内でも見解は一致しておらず、陣営の垣根を越えた議論の進展が期待されたが、実際にはその方向に取組が進み始めると権威主義陣営は一転、慎重な態度をみせた。民主主義陣営側の取組に対抗してロシアが OEWG 新設を提案するなど、両者の関係はより複雑な様相を呈してきたのである。

ここで疑問となるのは、サイバー国際規範の必要性をともに認識しながらも、なぜ両者は歩み寄れないでいるのか、という点である。次節では、両者が歩み寄れない理由について先行研究を踏まえつつ分析する。そして、サイバー空間のガバナンスをめぐる主導権争いを大きな背景としつつも、よりつぶさにみれば、機会派と懸念派の立場をプラグマティックに入れ替える両陣営の態度にも対立の要因があることを論じる。

4．交錯する 2 つの陣営のプラグマティックな態度

　サイバー国際規範の形成をめぐる権威主義陣営と民主主義陣営の対立は、既存研究でも様々な観点から議論されてきた。具体的には既存研究では、対立の時系列的な変遷、あるいは国家が中心となってサイバー空間の統制を図り、それによって体制維持を試みる露中等と、非国家主体との協力の重要性や自由・人権の尊重を訴える日米欧諸国という考え方の違い等に焦点が当てられている。また、新たな条約等を求める露中等を規範起業家として、それに対抗して既存の国際法の適用を訴える日米欧諸国を規範守護者として位置づけた規範形成プロセスの分析も試みられてきた。そうした研究は、2 つの陣営を、新たな条約等の策定と既存の国際法の適用という異なる目的に向かって平行線をたどる、交わることのない存在のように捉える点で共通する。そして大国間競争という時代もあって、両者はサイバー空間のガバナンスの主導権を争う存在として描かれる[48]。

　確かに両者の対立の大きな背景には、主導権争いがあるとみることができる。そもそも権威主義陣営はかねてから、グローバルに広がるインターネットの仕組みが米国をハブに構築されていることに不満を示すなど、サイバー空間のガバナンスをめぐる自らの優位性の獲得を課題としてきた。そうした権威主義陣営にとって国連での積極的な取組は、自らに望ましいサイバー国際規範の創出はもとより、ガバナンスに関する主導権を得る機会を生む。事実、民主主義陣営の反対にも関わらず、OEWG が設置されたように、議論の門戸を広げる権威主義陣営の取組は陣営外の国々から一定の支持を得ている。また、露中が培ってきた国内監視のためのデジタル技術やノウハウを輸入する国も多くある中[49]、監視社会の構築に関心を寄せる国々にとっては権威主義陣営が提案するサイバー国際規範の方が魅力的に映る可能性もある。主導権が争われる状況も、両者の歩み寄りを難しくしてきた一因といえる。

　他方で両者を、新たな条約等の策定と既存の国際法の適用という異なる目的に向かって平行線をたどる、交わることのない存在として捉えることは必ずしも事実を適切に反映していない。これまでみてきたように、両陣営のサイバー国際規範の形成に向けた態度には変化も観察でき、交わらないというよりも、むしろすれ違う存在として捉えることができる。

　両陣営の態度の変化を捉えるにおいて、そもそも国家がどのようなサイバー国際規範を求めるかは、デジタル技術の対外・国内政策への活用が進む状況に機会と懸念のいずれを見出すかと関連することに着目する視点が有用である。デジタル技術は、対外政策的にはサイバー攻撃、偽情報やソーシャルネットワーキングサービスを組み合

わせた情報戦等を用いたハイブリッド戦[50]、国内政策的には体制維持や治安維持に向けたデジタル監視社会の構築といった国内統治へ利用される[51]。そして論理上、ハイブリッド戦や国内統治へのデジタル技術の活用が生む機会を重視する国は政策上の裁量が最大化される規範を求め（機会派）、機会よりも技術の悪用がもたらす弊害を懸念する国は技術の野放図な活用を制限する規範を求める（懸念派）と想定できる。

　ここでの１つの要点は、国家が機会派と懸念派のいずれの立場に立つかは、その国の政治体制によって決まる訳ではないとともに、状況によって立場は変わり得るということである。一般的に、ハイブリッド戦やデジタル監視社会の構築は露中等の権威主義国の代名詞となっている。しかし、それらの国々は自らこそが欧米諸国によるハイブリッド戦の被害者という立場にある。2011年初頭から中東地域や北アフリカ地域で活発化した「アラブの春」と称される民主化運動、親露派政権の追放へと最終的に至ったウクライナでの2004年の「オレンジ革命」と2014年の「マイダン革命（尊厳の革命）」の背後に、ロシアは欧米諸国の影をみている[52]。中国もまた、「雨傘革命」と呼ばれた2014年の香港での学生・民主派団体によるデモ活動には欧米諸国の関与があったと認識している[53]。さらに、具体的な方法や程度、目的などの面で違いはあるものの、欧米諸国でも治安維持を目的にデジタル技術を駆使した国内監視は行われている[54]。権威主義陣営であっても、民主主義陣営であっても、機会派と懸念派いずれの立場も取り得るのであり、またそうした立場は固定されている訳でもない。

　この視点からみると、国連を舞台とするサイバー国際規範をめぐる対立において、権威主義陣営と民主主義陣営は機会派と懸念派の立場をプラグマティックに入れ替え、それが両者のすれ違いを生む一因になってきたことが分かる。

　国連での議論を振り返ると、少なくともその初期段階においては、権威主義陣営は懸念派の立場にあったことが伺える。ロシアは情報通信技術の発展が軍拡競争や大量破壊兵器の効果にも匹敵する甚大な結果を招きかねないとして新たな条約等の策定の必要性を提起、中国等もそれを支持した。同陣営の取組は、国際行動規範の提案（2011年9月と2015年1月）で１つのハイライトを迎えたが、注目すべきはこの提案が、2011年初頭の「アラブの春」と、2014年9月の香港での学生・民主派団体による政府への抗議活動を受けたタイミングで実施されたことである。先に触れた通り、権威主義陣営はこうした運動の背景に、民主主義陣営の影をみている。欧米諸国によるハイブリッド戦への懸念が、国際行動規範の提言へとつながったとみることもできる。

　他方、民主主義陣営は議論の初期段階において、権威主義陣営が有する懸念を共有しておらず、機会派の立場にあったといえる。2000年代初頭のロシアなどの取組に対して、例えば米英は、サイバー空間での犯罪行為への対処の方がより重要な論点であ

第 7 章　サイバー国際規範をめぐる交錯

り、情報通信技術の軍事分野への応用に関する問題は武力紛争法で対応できるとの見解を示していた。論理上、ハイブリッド戦のように、国際法上の武力紛争には該当しない水準であり、かつ犯罪行為とも整理しがたいサイバー空間上での事案の発生も想定される。実際に米国は、権威主義陣営からみればハイブリッド戦の範疇に収まるような活動を水面下で実施していた。2010 年に発生した米国とイスラエルとの連携によるとされる、イランの核施設へのサイバー攻撃（スタクスネット事件）は今も繰り返し参照される。また 2013 年には、エドワード・スノーデン（Edward Snowden）が、米国家安全保障局が同盟国も対象に、プリズム（PRISM）と称される監視プログラムを用いたインターネット上での大規模な情報収集を行っていたことも暴露した[55]。このことに照らせば、民主主義陣営側の当初の態度は、実態に照らして議論の射程を狭めようとするものであったといえる。見方を変えれば、そうすることで民主主義陣営側は、サイバー空間で自由に行動できる余地の最大化を図ろうとしたとも解することができ、この点で同陣営は機会派の性格を有していたと指摘できる。

　しかし国連での議論の過程からは、民主主義陣営側はやがて懸念派の性格を強めていったことが示される。既存の国際法の適用を確認した GGE 第 3 会期を経て同陣営は、サイバー空間で許容される行為と許容されない行為、また後者に関する国家責任の追及や取り得る対抗措置の在り方といった点を明確化しようとするなど、国際法のより厳密かつ包括的な適用に向けた検討を GGE で進める姿勢を強めた。適用に際して障壁となるアトリビューション問題についても、同陣営は解釈に柔軟性を持たせることで解決の道筋を付けようとしている。先述の通り、権威主義陣営はそうした民主主義陣営の取組を、紛争を助長しかねないとして批判している。他方、GGE 第 5 会期での米国代表の発言によれば、国家が取り得る合法的な措置の検討を避ける姿勢こそ、国家間関係を不安定化させる国家の行為の抑止を困難にするとともに、悪意ある行為に対する措置も国際法の制約を受けるというメッセージの発信も難しくする、誤った姿勢だとされる[56]。GGE 第 5 会期が報告書のコンセンサス採択に至らずに閉会した後、権威主義陣営側が OEWG を新設した背景には、GGE を乗っ取るかのような民主主義陣営の態度の積極化があった。

　加えて民主主義陣営は 2022 年 4 月、米国が主導してその他の同志国も巻き込みながら「未来のインターネットに関する宣言」も公表した。宣言では、権威主義的政府によるインターネット利用の遮断、デジタル技術を利用した表現の自由の抑圧や、その他の人権や基本的自由の否定、あるいは偽情報拡散などへの懸念が示された。そして宣言は、人権に関する国際法に合致した政策の必要性を再確認した[57]。このように民主主義陣営は次第に、デジタル技術の対外・国内政策への野放図な活用に制限を課

189

そうとする態度を鮮明化させてきた。

　そうした民主主義陣営の態度の変化の背景として、露中などによるデジタル技術の政策への活用の「スピード、規模、烈度」の増大が挙げられる[58]。ハイブリッド戦に関しては、ここ数年だけでも日本や欧米諸国、特に米国の政府機関などを標的とした大規模な情報窃取事案であるソーラーウィンズ事件（2020 年）や、マイクロソフト社のエクスチェンジサーバーの脆弱性を利用した情報窃取事件（2021 年）等が明るみになっている。米国やその同盟国・パートナー国は、前者はロシアの対外諜報庁、後者は中国の国家安全部が関与しているとアトリビューションを行った[59]。直近でも、中国を背景とした「ブラックテック（BlackTech）」による情報窃取が、政府機関や企業等を標的に実施されているとの注意喚起が日米合同で行われた[60]。さらには、ロシアによる米国大統領選挙への影響力工作など、民主主義の根幹にかかわる事象も発生している。国内統治の文脈でも、デジタル監視社会の構築に向けた露中の国内外での取組の活発化は、民主主義陣営にとって看過できないものとなっている。民主主義陣営は、既存の国際法の厳密な適用を追求することで、合法的な行為の線引きを示すとともに、ハイブリッド戦に対処するための法的基盤を整え、それによって抑止力の向上を図り、民主的価値を脅かす権威主義陣営の取組に対抗しようとしている。

　もっとも民主主義陣営は、機会派の立場を完全に離脱したとは言い難い。主権原則の適用をめぐる議論で示されるように、英国はサイバー空間での行動の自由が確保される余地をなるべく残そうとしているようにみえる。米国も、インターネットが国境をまたいで接続されていることを理由に、他国領域内にある情報通信機器を介した作戦であっても、そうした作戦が当該領域国に対して効果を及ぼさないような場合には特に、国際法上で必ずしも禁じられる訳ではないとの見解を示している[61]。また米国は、相当の注意義務の適用を求める動きに対して、悪意ある行為の発信源となっている領域国は当該行為に対処するための合理的な段階を踏むべきとしつつも、現時点で同義務は慣習国際法化していないとの見解も示している[62]。その背景には、この義務が適用されれば、米国政府として関知しない、あるいは関知していないと整理したい、米国を発信源とする悪意ある行為についての責任を負うことになりかねないことへの危惧があると推察できる。

　さらにいえば、既存の国際法の適用を進めることは、民主主義陣営にとって諸刃の剣にもなる。あるサイバー攻撃が特定の国家に帰属すると政治的に断定し、当該国の国際違法行為を理由に対抗措置を講じることが可能になれば、例えば米国はスタクスネットのような事案でその責任を問われ、被害国から対抗措置を受ける側となる。また、デジタル技術を利用した国内監視のインセンティブは、民主主義陣営側も国内治

第 7 章　サイバー国際規範をめぐる交錯

安の維持などの観点から持つのであり、そうした取組が市民の自由や人権の保護に重きを置くことで制限されるジレンマも抱える。それでもなお、民主主義陣営が既存の国際法の厳密な適用によって、デジタル技術の対外・国内政策への活用に制限を課そうとしている事実は、同陣営の比重が機会派よりも懸念派に傾いてきたことを表しているといえる。

　民主主義陣営が懸念派の性格を強めたのであれば、同様に懸念派であった権威主義陣営と立場が一致し、サイバー国際規範に向けた協調的取組が進むことが期待される。実際、既存の国際法の厳密な適用には、他国からのハイブリッド戦への対抗に資する側面があるといえ、この点で民主主義陣営からのハイブリッド戦を危惧する権威主義陣営にも受け入れられる余地のある取組であり、新たな条約等の具体化にも資するようにみえる。しかし、権威主義陣営側はデジタル技術に特有の課題を理由に民主主義陣営側の取組に歩み寄りをみせず、慎重な態度を示す。見方を変えると、既存の国際法の適用となった場合、何かしらの不都合が権威主義陣営側に生じるとみることもでき、デジタル技術を政策に活用する自由が制限される事態を危惧するかのような態度は、同陣営が今や懸念派の立場にはないことを伺わせる。

　権威主義陣営にとっての不都合の 1 つとして、ハイブリッド戦を民主主義陣営側に仕掛ける際のリスクの複雑化が考えられる。まず、既存の国際法の適用は、民主主義陣営側が従前とは異なる対抗的な措置を取るようになり得るという点で、権威主義陣営にとって新たなリスクを生む。これまでも権威主義陣営は、攻撃をアトリビュートされて、民主主義陣営に金融面での制裁や外交官の追放といった措置を講じられてきた [63]。仮に民主主義陣営が求める方向に既存の国際法の適用が進めば、国家の権利を害すると認定された権威主義陣営側の行為に対して、民主主義陣営はこれまでのような非友好的な措置にとどまらない、より広範な対処策を対抗措置として講じ得る。さらに日米欧諸国は、サイバー攻撃への対抗措置では、サイバー的手段に限定されず、非サイバー的手段も取ることができるとの見方も示している [64]。

　次に、権威主義陣営にとって既存の国際法の適用がリスクとなることは、ハイブリッド戦の特徴とされる曖昧さの範囲が狭められかねない点にも見つけられる。ハイブリッド戦の要点は曖昧さを作り出し、戦いを仕掛けてくる国の戦略的意図の把握やそれへの対抗を、標的国が速やかに行うことを難しくするところにあるとされる [65]。民主主義陣営は主権原則等のサイバー空間への適用によって、武力攻撃に至らない水準での相手からの行為であっても国家の権利を害する行為と認定し、必要な措置を講じられるようにしようとしている。それは、武力攻撃未満のグレーゾーンでの戦いの余地を狭める試みと捉えることができ、ハイブリッド戦の特徴とされる攻撃者が意図的

191

に作り出す曖昧さを極力排除する試みでもある。かつてはグレーゾーンの範疇にとどまっていた行為に対する国家の責任が問われる状況は、対抗的な措置の多様化とも相まって、ハイブリッド戦のこれまでの定石の再検討を権威主義陣営に迫り得る。

　さらに、権威主義陣営にとっては国内監視政策へのデジタル技術の活用という点でも既存の国際法の適用には好ましくない面がある。民主主義陣営は既存の国際法の適用に際して、人権に関する国際法の適用も求めている。時代の変遷に伴い、領域内であっても、政府による過度な管轄権行使に対しては国際社会の厳しい目が向けられる時代になった。サイバー空間での市民の人権や自由の重要性を確認しつつも、それらの制約も辞さない権威主義陣営にとっては、人権に関する国際法の適用も含む形での既存の国際法の適用には、監視社会の構築の障害を生む点で不都合があるといえる。同様の不都合は民主主義陣営側も抱えるが、同陣営では、国家安全保障や国内治安の維持のための監視社会の構築と、市民の人権や自由とのバランスを取ろうとする作用も働く。他方、人権や自由が制約され得ることを前提にデジタル技術の国内政策への活用を考える権威主義陣営ではそのような作用は働きにくい。実際、国連では、ロシアが主導し、中国やイラン等が支持する形で、国連サイバー犯罪条約の策定を視野に入れた取組も進むが、人権や自由を脅かしかねない点があるとして民主主義陣営は反発している[66]。

　もっとも既存の国際法の適用を中心としたサイバー国際規範が形成されたとしても、民主主義陣営が懸念する権威主義陣営によるハイブリッド戦が抑止されるとは限らない。また、市民の権利や自由を抑圧しながらデジタル技術を活用した監視社会を構築しようとする権威主義陣営の国内政策は、国際社会からの厳しい批判があったとしても推進されるだろう。とはいえ、既存の国際法の適用には少なくとも、権威主義陣営がこれまで培ってきたデジタル技術の国内外の政策への活用ノウハウを再考させる側面があるといえ、同陣営にとっては行動の自由が制限されかねない不都合さをはらむ。要するに民主主義陣営の取組に歩み寄りを見せない態度からは、デジタル技術の政策への積極的な活用を背景に、権威主義陣営の立場の重心が懸念派から機会派へと移行してきたことが読み取れる。

　さらに権威主義陣営にとっては、既存の国際法の適用を直ちには受け入れず、敢えて新たな条約等の必要性を提起し、容易には収束しない議論に多くの時間を費やすことには、規範が曖昧な現状を維持できるという利点もある。実際、ロシアやイランは法的拘束力のある新たな条約等の策定こそが、サイバー空間での行動に対する国家の説明責任を問う前提や根拠になるとの考えを示している[67]。換言すればそれは、そうした条約等が策定されるまでの間、国家は説明責任を負うことなくサイバー空間で活

動できることを意味するとも解せる。それはまさに、機会派にとって望ましい状況だといえる。

　以上、考察してきたように、デジタル技術がハイブリッド戦や国内統治に関する政策の「スピード、規模、烈度」を増大させてきた中、民主主義陣営は機会派から懸念派へ、権威主義陣営は懸念派から機会派へと、プラグマティックにそれぞれの立場を変えていった。一見すると両者は、新たな条約等の策定と既存の国際法の適用という異なる目的に向かって平行線をたどる、交わることのない存在のようにみえる。しかし、両者は交わることのない存在というよりも、すれ違ってきた存在とも捉えられる。サイバー空間のガバナンスをめぐる主導権争いを大きな背景としつつも、よりつぶさにみれば、交錯する両者のプラグマティックな態度に、サイバー国際規範の必要性をともに認識しながらも歩み寄りが難しくなってきた要因を見いだせる。

5.おわりに

　冒頭でも触れたように、サイバー国際規範をめぐる問題は二項対立で捉えられるほどに単純ではない。各陣営は必ずしも一枚岩ではなく、かつ両陣営に属さない国々やビッグテックカンパニーも規範形成のステークホルダーとして強い存在感を示す。また、サイバー国際規範に臨む各国の態度も、機会派と懸念派とに簡単に二分割できる訳ではない。本研究の射程外にある要素への注目も重要であり、それらを考慮に入れた研究は今後の課題となる。とはいえ、陣営外の国々も巻き込みながら規範形成の動向に影響を与えてきた大きな対立軸を、2つの陣営の態度の変化も視野に入れながら俯瞰的に捉える本稿の議論は、既存研究を補完し、サイバー国際規範をめぐる国際関係への理解を深める一歩になると考える。

　本稿の議論からは、サイバー国際規範の形成に向けて、権威主義陣営が1つの潮流を作り出してきたことが示される。国際政治において権威主義の台頭と民主主義の後退が懸念されていることを踏まえれば、その潮流はより強まっていく可能性がある。2022年4月に米国が主導して公表した「未来のインターネットに関する宣言」はまさに、勢いづきかねない権威主義陣営主導の潮流に対抗し、規範形成における民主主義陣営の中心性と一体性を確保しようとする試みだったといえる。民主主義陣営にとっては、既存の国際法の適用を基軸にサイバー国際規範を検討すべきであるとの理解を、いかに国際社会に広げていけるかが政策課題となっている。

　他方で、そうした取組が国際社会の分断を促進することとなれば、普遍的で意義の

あるサイバー国際規範の形成は難しくなる。両陣営は、まさにプラグマティックに歩み寄りの余地を見いだしていく必要がある。「場」をめぐる争いで触れた PoA は、本来は OEWG と GGE からなるデュアル・プロセスに終止符を打って、そうした歩み寄りを促すことを目的とした取組であった。しかしながら目下、PoA は OEWG 後の「場」の在り方をめぐる争点となっており、協力に向けた道のりの険しさを示す例となってしまっている[68]。実際のところ PoA は両陣営に利する要素を含んでいるのであり、建設的・大局的な見地からの両者の歩み寄りが期待される。PoA を推進する民主主義陣営には、自身の取組が国際社会の分断を深めてしまうような状況を避けながら、自らにとって好ましいサイバー国際規範の形成を推進する、難しいかじ取りが求められている。

注

[1] サイバー空間のガバナンスについては、例えば本稿でも取り上げる国連政府専門家会合（GGE）における議論では、「既存の国際法の適用」と「任意の法的拘束力のない規範」とに論点が分けられ、国際法と規範は別項目として扱われている。他方、国際法も規範も「サイバー空間に関するアクターの適切な行動基準」を示すものであることから、本稿では両者を包括的に扱って「サイバー国際規範」と表現する。こうした整理は国際関係論のコンストラクティビズムの議論を踏まえたものであり、法的拘束力の有無を基準に国際法と規範とを区別する国際法学の議論とは異なった整理となる。この点については例えば次を参照。小川裕子「規範の法的地位と実効性－国際法学の論理を手がかりに－」『東海大学紀要政治経済学部』第 47 号（2015 年 6 月）1〜12 頁。

[2] "Fact Sheet: Advancing Technology for Democracy," The White House (March 2023), https://www.whitehouse.gov/briefing-room/statements-releases/2023/03/29/fact-sheet-advancing-technology-for-democracy-at-home-and-abroad/.

[3] 大澤傑「デジタル技術が促進する新たな『たたかい』－流動化する国際秩序とデジタル権威主義」NIDS コメンタリー第 310 号（2024 年 4 月）、https://www.nids.mod.go.jp/publication/commentary/pdf/commentary310.pdf。

[4] 既存研究での議論については本稿第 4 節を参照のこと。

[5] United Nations General Assembly (UNGA) Resolution 53/70, *Developments in the Field of Information and Telecommunications in the Context of International Security*, A/RES/53/70 (January 1999), available from undocs.org/A/RES/53/70.

[6] UNGA, *Developments in the Field of Information and Telecommunications in the Context*

第 7 章　サイバー国際規範をめぐる交錯

of International Security: Report of the Secretary-General, A/54/213 (August 1999), pp.
8-10, available from undocs.org/A/54/213.

[7] Joint Chiefs of Staff, *Joint Pub 3-13: Joint Doctrine for Information Operations* (October
1998), https://www.c4i.org/jp3_13.pdf.

[8] Eneken Tikk-Ringas, "Developments in the Field of Information and Telecommunica
tion in the Context of International Security: Work of the UN First Committee 199
8-2012," *Cyber Policy Process Brief*, ICT4Peace (2012), p. 3, https://ict4peace.org/
wp-content/uploads/2012/08/Eneken-GGE-2012-Brief.pdf.

[9] UNGA Resolution 56/19, *Developments in the Field of Information and
Telecommunications in the Context of International Security*, A/RES/56/19 (January
2002), available from undocs.org/A/RES/56/19.

[10] UNGA, *Group of Governmental Experts on Developments in the Field of Information
and Telecommunications in the Context of International Security: Note by the
Secretary-General*, A/68/98 (June 2013), available from undocs.org/A/68/98.

[11] UNGA, *Group of Governmental Experts on Developments in the Field of Information
and Telecommunications in the Context of International Security: Note by the
Secretary-General*, A/70/174 (July 2015), available from undocs.org/A/70/174.

[12] UNGA Resolution 73/27, *Developments in the Field of Information and
Telecommunications in the Context of International Security*, A/RES/73/27 (December
2018), available from undocs.org/A/RES/73/27.

[13] UNGA Resolution 75/240, *Developments in the Field of Information and
Telecommunications in the Context of International Security*, A/RES/75/240 (January
2021), available from undocs.org/A/RES/75/240.

[14] Elaine Korzak, "Russia's Cyber Policy Efforts in the United Nations," *Tallinn Paper*,
NATO Cooperative Cyber Defence Centre of Excellence (NATO CCDCOE), No. 11
(2021), p. 19, https://ccdcoe.org/uploads/2021/06/Elaine_Korzak_Russia_UN.docx.pdf.

[15] UNGA, *Developments in the Field of Information and Telecommunications in the
Context of International Security: Report of the Secretary-General*, A/59/116/Add.1
(December 2004), pp. 3-4, available from undocs. org/A/59/116/Add.1; UNGA,
*Developments in the Field of Information and Telecommunications in the Context of
International Security: Report of the Secretary-General*, A/59/116 (June 2004), pp. 11-12,
available from undocs.org/A/59/116.

[16] 外務省「サイバー空間に関するブダペスト会議」（2012 年 10 月）、https://www.mofa.go.
jp/mofaj/gaiko/soshiki/cyber/cyber_1210.html; 外務省「サイバー空間に関するソウル会
議」（2013 年 10 月）、https://www.mofa.go.jp/mofaj/gaiko/page18_000084.html。

[17] Michele G. Markoff, "Explanation of Position at the Conclusion of the 2016-2017

UN Group of Governmental Experts (GGE) on Developments in the Field of Infor mation and Telecommunications in the Context of International Security," U.S. Dep artment of State (June 2017), https://2017-2021.state.gov/explanation-of-position-at-t he-conclusion-of-the-2016-2017-un-group-of-governmental-experts-gge-on-development s-in-the-field-of-information-and-telecommunications-in-the-context-of-international-sec /.

[18] UNGA Resolution 73/266, *Advancing Responsible State Behaviour in Cyberspace in the Context of International Security*, A/RES/73/266 (January 2019), available from undocs.org/A/RES/73/266.

[19] UNGA Resolution 76/19, *Developments in the Field of Information and Telecommunications in the Context of International Security, and Advancing Responsible State Behaviour in the Use of Information and Communications Technologies*, A/RES/76/19 (December 2021), available from undocs.org/A/RES/76/19.

[20] UNGA Resolution 78/16, *Programme of Action to Advance Responsible State Beha viour in the Use of Information and Communications Technologies in the Context of International Security*, A/RES/78/16 (December 2023), available from undocs.org /A/RES/78/16.

[21] UNGA Resolution 78/237, *Developments in the Field of Information and Telecommunications in the Context of International Security*, A/RES/78/237 (December 2023), available from undocs.org/A/RES/78/237.

[22] A/54/213, pp. 8-10.

[23] Ibid., p. 9.

[24] Ibid.

[25] UNGA, *International Code of Conduct for Information Security*, A/66/359 (September 2011), available from undocs.org/A/66/359.

[26] UNGA, *International Code of Conduct for Information Security*, A/69/723 (January 2015), available from undocs.org/A/69/723.

[27] "Samarkand Declaration of the Council of Heads of State of Shanghai Cooperation Organization," Ministry of External Affairs, Government of India (September 2022), para. 23, https://www.mea.gov.in/bilateral-documents.htm?dtl/35724/Samarkand_Dec laration_by_the_Council_of_Heads_of_State_of_Shanghai_Cooperation_Organization.

[28] UNGA, *Updated Concept for a Convention of the United Nations on Ensuring International Information Security*, A/77/894 (May 2023), available from undocs.org/A/77/894.

[29] "Statement on Norms, Rules and Principles by Russian Federation," UN Office for Disarmament Affairs (UNODA) (March 2023), https://docs-library.unoda.org/Open-

Ended_Working_Group_on_Information_and_Communication_Technologies_-_(2021)/E
NG_Russian_statement_Rules_norms_and_principles.pdf.

30 "Agenda Item 5: Day 3 Morning Session," UN OEWG 2021-2025 7th Substantive
Session, Digital Watch (March 2024), https://dig.watch/event/un-oewg-2021-2025-7t
h-substantive-session/agenda-item-5-day-3-morning-session.

31 A/59/116/Add.1, pp. 3-4, A/59/116, p. 11.

32 "International Law Applies to Operations in Cyberspace submitted by France," UN
ODA (December 2021), p. 3, https://documents.unoda.org/wp-content/uploads/2021
/12/French-position-on-international-law-applied-to-cyberspace.pdf.

33 Attorney General's Office and the Rt Hon Suella Braverman KC, "Speech: Internati
onal Law in Future Frontiers," Gov. UK (May 2022), https://www.gov.uk/governme
nt/speeches/international-law-in-future-frontiers.

34 Ibid.

35 Durward E. Johnson and Michael N. Schmitt, "Responding to Proxy Cyber Operations
Under International Law," *The Cyber Defense Review*, Vol. 6, No. 4 (Fall 2021), p. 18.

36 "Statement on Applicability of International Law by China," UNODA (December, 2021),
https://documents.unoda.org/wp-content/uploads/2021/12/Statement-of-China_ICT-O
EWG-7th-plenary-meeting_international-law_DEC-16-AM_CHN.pdf.

37 UNGA, *Official Compendium of Voluntary National Contributions on the Subject of How
International Law Applies to the Use of Information and Communications Technologies
by States Submitted by Participating Governmental Experts in the Group of
Governmental Experts on Advancing Responsible State Behaviour in Cyberspace in the
Context of International Security Established Pursuant to General Assembly Resolution
73/266*, A/76/136 (July 2021), pp. 7-8, 141-142, available from undocs.org/A/76/136.

38 外務省「サイバー行動に適用される国際法に関する日本政府の基本的な立場」(2021 年 5
月) 4〜6 頁、https://www.mofa.go.jp/mofaj/files/100200951.pdf。

39 同上、5〜6 頁。

40 A/76/136, p. 7, 117, 141.

41 Ibid., pp. 5-7, 115-119, 137-138.「サイバー行動に適用される国際法に関する日本政府の
基本的な立場」6〜7 頁。

42 UNGA, *Group of Governmental Experts on Advancing Responsible State Behaviour in
Cyberspace in the Context of International Security: Note by the Secretary-General*,
A/76/135 (July 2021), para. 71(f), available from undocs.org/A/76/135.

43 "Statement on Applicability of International Law by Russian Federation," UNODA
(December 2022), p.3, https://docs-library.unoda.org/Open-Ended_Working_Group_o
n_Information_and_Communication_Technologies_-_(2021)/Russia_-_statement_on_int

ernational_law_-_OEWG_intersessionals_07.12.2022.pdf.

[44] "China's Positions on International Rules-making in Cyberspace," UNODA (December 2021), p. 3, https://documents.unoda.org/wp-content/uploads/2021/12/Chinese-Position-Paper-on-International-Rules-making-in-Cyberspace-ENG.pdf; "Compiled Statements at the Fourth Substantive Session by Cuba," UNODA (March 2023), p. 6, https://docs-library.unoda.org/Open-Ended_Working_Group_on_Information_and_Communication_Technologies_-_(2021)/Compiled_stataments_of_the_Cuban_delegation._Forth_session_of_the_OEWG_on_ICT_2021-2025.pdf.

[45] A/76/136, p. 7, 118, 140.「サイバー行動に適用される国際法に関する日本政府の基本的な立場」7～8頁。

[46] "Freedom on the Net," Freedom House, https://freedomhouse.org/explore-the-map?type=fotn&year=2023.

[47] A/76/136, p. 140.

[48] 既存研究は例えば次を参照。土屋大洋『サイバーセキュリティと国際政治』(千倉書房、2015年) 155～167頁; 原田有「サイバー国際規範をめぐる規範起業家と規範守護者の角逐」『安全保障戦略研究』第2巻第2号 (2022年3月) 233～250頁。Martha Finnemore and Duncan B. Hollis, "Constructing Norms for Global Cybersecurity," *American Journal of International Law*, Vol. 110, No. 3 (July 2016), pp. 425-479; Korzak, "Russia's Cyber Policy Efforts in the United Nations," pp. 1-20; Mark Raymond and Justin Sherman, "Authoritarian Multilateralism in the Global Cyber Regime Complex: The Double Transformation of an International Diplomatic Practice," *Contemporary Security Policy*, Vol. 45, No. 1 (2024), pp. 110-140; Peter B.M.J. Pijpers, "Legal Power Play in Cyberspace: Authoritarian and Democratic Perspectives and the Role of International Law," *Hybrid CoE Paper*, The European Centre of Excellence for Countering Hybrid Threats (Hybrid CoE), No. 19 (February 2024), https://www.hybridcoe.fi/publications/hybrid-coe-paper-19-legal-power-play-in-cyberspace-authoritarian-and-democratic-perspectives-and-the-role-of-international-law/.

[49] Alina Polyakova and Chris Meserole, "Exporting Digital Authoritarianism: The Russian and Chinese Models," *Policy Brief*, Brookings (August 2019), https://www.brookings.edu/wp-content/uploads/2019/08/FP_20190827_digital_authoritarianism_polyakova_meserole.pdf; Valentin Weber, "The Worldwide Web of Chinese and Russian Information Controls," *Working Paper Series*, Centre for Technology and Global Affairs University of Oxford, No. 11 (September 2019), https://www.ctga.ox.ac.uk/files/theworldwidewebofchineseandrussianinformationcontrolspdf.

[50] ハイブリッド戦の定義は多様であるが、おおよそは、「自国の政治的・戦略的な目的の達成に資する方向に標的国の統治や対外政策を仕向けるべく、非軍事・軍事手段を組み合わ

第 7 章　サイバー国際規範をめぐる交錯

せた作戦を、事態のエスカレーションのリスクを低減する形で実施する」ことを意味する。
ハイブリッド戦やそれを構成する多様な手法に関しては例えば次を参照。大澤淳「新領域
における戦い方の将来像－ロシア・ウクライナ戦争から見るハイブリッド戦争の新局面－」
高橋杉雄編著『ウクライナ戦争はなぜ終わらないのか－デジタル時代の総力戦－』（文春
新書、2023 年）145～180 頁。Gregory F. Treverton, Andrew Thvedt, Alicia R. Chen,
Kathy Lee, and Madeline McCue, "Addressing Hybrid Threats," Hybrid CoE (May
2018), pp. 45-61. https://www.hybridcoe.fi/wp-content/uploads/2020/07/Treverton-A
ddressingHybridThreats.pdf; Dan Goure, "Russia: The Hybrid State as Adversary," T
he National Interest (July 2016), https://nationalinterest.org/blog/the-buzz/russia-the-
hybrid-state-adversary-17103; Mason Clark, "Russian Hybrid Warfare," Military Lear
ning and the Future of War Series, Institute for the Study of War (September 202
0), https://www.understandingwar.org/sites/default/files/Russian%20Hybrid%20Warfar
e%20ISW%20Report%202020.pdf; Andrew Mumford and Pascal Carlucci, "Hybrid
Warfare: The Continuation of Ambiguity by Other Means," European Journal of Int
ernational Security, Vol. 8, No. 2 (2023), pp. 192-206, https://www.cambridge.org/c
ore/services/aop-cambridge-core/content/view/1B3336D8109D418F89D732EB98B774
E5/S2057563722000190a.pdf/hybrid-warfare-the-continuation-of-ambiguity-by-other-m
eans.pdf.

51　大澤傑「中国のデジタル権威主義と台湾－両岸から臨む国際秩序－」『交流』第 989 号（2
023 年 8 月）1～7 頁。"American Dragnet: Data-Driven Deportation in the 21st Centur
y," George Town Law Center on Privacy and Technology (May 2022), https://amer
icandragnet.org/.

52　Clark, "Russian Hybrid Warfare," pp. 16-18.

53　防衛研究所編『東アジア戦略概観 2015』（防衛省防衛研究所、2015 年 3 月）117～119
頁、http://www.nids.mod.go.jp/publication/east-asian/pdf/eastasian2015/j03.pdf。

54　"American Dragnet."

55　Glenn Greenwald and Ewen MacAskill, "NSA Prism Program Taps into User Data
of Apple, Google and Others," The Guardian (June 2013), https://www.theguardian.
com/world/2013/jun/06/us-tech-giants-nsa-data.

56　Markoff, "Explanation of Position at the Conclusion of the 2016-2017 UN Group of
Governmental Experts (GGE) on Developments in the Field of Information and
Telecommunications in the Context of International Security."

57　"Declaration for the Future of the Internet," U.S. Department of State, https://ww
w.state.gov/declaration-for-the-future-of-the-internet.

58　"Countering Hybrid Threats," North Atlantic Treaty Organization (August 2023),
https://www.nato.int/cps/en/natohq/topics_156338.htm?selectedLocale=en.

59 "Fact Sheet: Imposing Costs for Harmful Foreign Activities by the Russian Govern
ment," The White House (April 2021), https://www.whitehouse.gov/briefing-room/st
atements-releases/2021/04/15/fact-sheet-imposing-costs-for-harmful-foreign-activities-b
y-the-russian-government/; "The United States, Joined by Allies and Partners, Attrib
utes Malicious Cyber Activity and Irresponsible State Behavior to the People's Repu
blic of China," The White House (July 2021), https://www.whitehouse.gov/briefing-r
oom/statements-releases/2021/07/19/the-united-states-joined-by-allies-and-partners-att
ributes-malicious-cyber-activity-and-irresponsible-state-behavior-to-the-peoples-republic
-of-china/. 昨今、欧米諸国を中心に、各国が揃って、サイバー攻撃の責任を特定の国に
帰属させる、いわゆるパブリック・アトリビューションが行われるようになっている。こ
の点については次を参照。瀬戸崇志「国家のサイバー攻撃とパブリック・アトリビューシ
ョン：ファイブ・アイズ諸国のアトリビューション連合と SolarWinds 事案対応」NIDS
コメンタリー第 179 号（2021 年 7 月）、http://www.nids.mod.go.jp/publication/commen
tary/pdf/commentary179.pdf。

60 「中国を背景とするサイバー攻撃グループ BlackTech によるサイバー攻撃について」警
察庁（2023 年 9 月）、https://www.npa.go.jp/bureau/cyber/koho/caution/caution202309
27.html。

61 A/76/136, p. 140.

62 Ibid., p. 141.

63 例えばロシアの影響力工作に対する米国の対抗的な措置については次を参照。"Fact
Sheet: Imposing Costs for Harmful Foreign Activities by the Russian Government."

64 A/76/136, p. 8, 118, 142. 「サイバー行動に適用される国際法に関する日本政府の基本的
な立場」4 頁。

65 Mumford and Carlucci, "Hybrid Warfare."

66 Karine Bannelier, "The U.N. Cybercrime Convention Should Not Become a Tool for
Political Control or the Watering Down of Human Rights," Lawfare (January 2023),
https://www.lawfaremedia.org/article/the-u.n.-cybercrime-convention-should-not-becom
e-a-tool-for-political-control-or-the-watering-down-of-human-rights.

67 "Statement on Norms, Rules and Principles by Russian Federation," UNODA (Marc
h 2023), p. 3, https://docs-library.unoda.org/Open-Ended_Working_Group_on_Inform
ation_and_Communication_Technologies_-_(2021)/ENG_Russian_statement_Rules_nor
ms_and_principles.pdf; "Compiled Statement on All Agenda Items by Iran (Islamic
Republic of)," UNODA (March 2023), https://docs-library.unoda.org/Open-Ended_
Working_Group_on_Information_and_Communication_Technologies_-_(2021)/Compile
d_statement-_OEWG_on_ICTs_6-10_March_2023.pdf.

68 原田有「サイバー国際規範をめぐる戦い―国連を舞台とした日米欧諸国と露中等との対

第 7 章　サイバー国際規範をめぐる交錯

立」NIDS コメンタリー第 322 号（2024 年 5 月）、
https://www.nids.mod.go.jp/publication/commentary/commentary322.html。

※本稿は、原田有「サイバー国際規範をめぐって交錯する権威主義陣営と民主主義陣営の思惑」『防衛学研究』第 70 号（2024 年 3 月）19～45 頁を加筆修正したものである。

■第8章■

SNS は権威主義に対する支持を高めるのか

―権威主義的パーソナリティ研究から考える―

寺田 孝史

この章のポイント

●SNS は権威主義的パーソナリティを高めることが示唆されている。

●社会経済的危機における民衆の不安や怒りを SNS が増幅させる可能性がある。

●ポピュリストに対する支持が SNS によって急速に拡大されうる。

●SNS によるフィルターバブルやエコーチェンバーが認知バイアスを助長し、特定の政治的立場を強化する。

●SNS は政治的分極化を促進し、権威主義化を進めるポピュリストや政権に利用される場合がある。

●デジタル技術を用いた監視や検閲により、SNS は権威主義体制の維持に寄与可能である。

●一方で、安定した社会では SNS が多様な意見や情報の交流を促し、権威主義支持の抑制に貢献しうる。

1．はじめに

　近年の民主主義の後退、そして権威主義の隆盛について、その原因を新自由主義による貧富の差の拡大に対する国民の不満に求める向きもある [1]。また、いつの時代にも民主主義が後退する際に頻繁にみられる、蔓延する汚職や収賄スキャンダルの繰り返し、権力を濫用する政治家、基本的な公共サービスを提供できない政府に対する国民の幻滅に見出すこともできる [2]。こうした政治に対する不満が蔓延した社会の中で登場したポピュリストが政権を獲得するや民主主義を後退させ権威主義化を進める事例が散見されている [3]。さらに、権威主義国家によるソーシャル・ネットワーキング・サービス(Social Networking Service: SNS)を用いた対象国に対するプロパガンダや選挙介入、自国を支持する政府に対する資金・技術援助といった影響力工作がその一因であるともいわれている [4]。これらの背後には、既存の政治体制に見切りをつけてポピュリストやその政党を支持する国民の存在がある [5]。

　こうしたポピュリストやその政党を支持する人間心理についての研究は、戦間期のドイツにおいて、アドルフ・ヒトラー（Adolf Hitler）と彼の率いる国家社会主義ドイツ労働者党（Nationalsozialistische Deutsche Arbeiterpartei: NSDAP。以下、通称である「ナチス」と表記）を熱狂的に支持したドイツ国民を対象とした諸研究を端緒とする [6]。エーリッヒ・フロム（Erich Fromm）は、この現象を説明する概念として「権威主義的パーソナリティ」を提唱した [7]。フロムは、1941 年に出版された著書『自由からの逃走』の中で、ドイツ国民がナチスを支持した事実について、人間はなぜ自由から逃れ自発的に服従することを選んだのかという問いを立て、ドイツ国民の歴史や社会的背景、人間心理から考察した。そして、第 1 次世界大戦後、民主主義国家であったワイマール体制下でナチス支持層となったドイツの下層中産階級市民に典型的に見られる性格構造を権威主義的パーソナリティと名付けた [8]。そして、権威主義的パーソナリティの高い者がナチス支持に至る過程を考察した。

　この概念を体系的に研究し、権威主義的パーソナリティを測定する尺度、F（ファシズム）尺度を開発したのがテオドール・アドルノ（Theodor Adorno）である。彼は、権威主義的パーソナリティがナチスを支持したドイツ国民に限られたものではなく、アメリカ国民の中にも見出すことのできる普遍的なものであることを示した [9]。

　アドルノの研究以降、権威主義的パーソナリティを測定するいくつかの尺度が開発されて様々な実証的研究が行われた [10]。例えば、2016 年アメリカ大統領選挙以降、

204

第 8 章　SNS は権威主義に対する支持を高めるのか

権威主義研究に対する関心が高まりつつある中で [11]、マシュー・マクウィリアムズ（Matthew MacWilliams）は、アメリカの有権者がドナルド・トランプ（Donald Trump）を支持する重要な要因として「権威主義」を実証的に見出した [12]。

　一方、近年のデジタル技術の進展に伴う SNS と人間の認知や感情との関連についての研究も盛んになっている [13]。しかし、権威主義的パーソナリティの文脈で SNS の影響に言及する研究は限定的である。モイラ・ウィーゲル（Moira Weigel）は、本人の SNS の閲覧履歴などから導かれる情報収集の結果に沿って、SNS のアルゴリズムがその人に適した情報を提供する、いわゆる「説得の個人化（パーソナライゼーション）」をもたらし、そのメカニズムを利用するポピュリストやその支持者の主張を閲覧した人々の権威主義傾向が促進されたと説明する [14]。しかし、SNS のアルゴリズムがもたらすパーソナライゼーションという現象は、人間の認知に偏りを生じさせ、結果として思想の急進化や政治的分断をもたらす説明にはなるが [15]、なぜ、「権威主義が促進されるのか」の直接的な説明にはならない。

　以上の点から、本稿では「SNS は権威主義に対する支持を高めるのか」を問いとし、人々が権威主義を支持する過程について権威主義的パーソナリティとポピュリストに係る政治学的知見を援用して整理を行った上で、SNS の持つメカニズムがどのように影響を及ぼすのかを明らかにする。

　本稿の構成は以下の通りである。まず第 2 節では、権威主義的パーソナリティ研究を概観し、その概念を整理する。第 3 節では、権威主義的パーソナリティと政治学におけるポピュリスト研究の知見に基づき分析枠組みを構築し、分析枠組みの細部について関係する心理学理論を援用するとともに、先行研究を踏まえて説明する。そして、第 4 節では、SNS が人間の認知に影響を及ぼすメカニズムについて整理しつつ、分析枠組みで示す権威主義を支持する過程の各段階にどのように影響を及ぼすのかについて考察し、本稿の問いである「SNS は権威主義に対する支持を高めるのか」を明らかにする。

2．権威主義的パーソナリティ概念

　本節では、権威主義的パーソナリティ研究を概観し、権威主義を支持する過程を整理する。また、SNS 登場以前の既存のマスメディアが政治にどのように影響を及ぼすのかについてのフロムの考察に言及し、次節以降の分析枠組み構築及び分析の足掛かりとする。

205

（1）フロム『自由からの逃走』にみる権威主義支持の過程

　フロムは、ナチスを支持するドイツ国民の心理を考察する中で、権威を称え、それに服従しようとすると同時に自らを権威であろうと願い、他者を服従させたいと願う人間の特性を「権威主義的パーソナリティ」という言葉で表した[16]。フロムは、この権威主義的パーソナリティを社会的性格の 1 つとして個々の人間のパーソナリティとは区別して概念化した。社会的性格とは、ある社会を構成する人々の大部分がもつ性格の中核的なものであり、その社会に共通する経験や生活様式の結果発達し、その社会の変化を理解するための鍵になる概念であるという[17]。

　フロムによれば、ドイツ国民のナチス支持の背景には、ドイツ国民が経験した近代以降の資本主義の発展による工業化、都市化にともなう地縁、血縁からの解放という意味での自由の獲得、そして、その自由によって生じた孤独による不安という深層心理が影響していたという。さらに、第 1 次世界大戦後の下層中産階級の没落による恐慌状態が現実社会で存在し、一方で、ドイツにおける歴史的に強い家父長制、教師への絶対服従を強いる学校教育によって形成された権威に服従する社会的風潮が相まって、ナチスが頼るべき権威として支持を獲得したと分析した[18]。

　そして、フロムは、ナチス支持者となったドイツ国民を大きく二分した。一方は、ナチスに強力な抵抗を行うこともなく、しかし、ナチスの政治的活動（暴力行使を含む）を積極的に認めるわけでもなく、政権を獲得したナチスに屈服した人々であり、彼らはナチス以前の民主主義政体の混乱の中で疲弊して希望を失い、あきらめの気持ちとともに服従していった消極的な支持者である[19]。そして、もう一方は、ナチスの主張や政治的活動に強く惹きつけられ、ナチスと狂信的に結びついた積極的な支持者である[20]。

　ナチスの主張は権威主義的パーソナリティの極端な形態であり、多かれ少なかれ同じ特徴を待つ民衆から強く支持された。つまり、彼らの特徴である強者への愛と弱者への嫌悪を具体化したのが、ナチスの主張する指導者に対する盲目的な服従と人種的政治的少数者に対する憎悪の精神、征服と支配への渇望、ドイツ民族賛美であり、この主張が彼らを強く惹きつけたのだという[21]。

　この特徴について、フロムは、サド・マゾヒズム的傾向であるとした。サディズムは他人に対する破壊性と絶対的な支配を目指すものであり、マゾヒズムは自己を消して権力の中に溶け込み、その力のもたらす成功の享受を目指すものであるという。そして、サディズムとマゾヒズムは表裏一体であり、両者を具備する特徴を権威主義的パーソナリティとして先に示した定義づけを行ったのである[22]。

　本稿では、ナチスを熱狂的に支持した権威主義的パーソナリティの高い人々に焦点

第 8 章　SNS は権威主義に対する支持を高めるのか

を当てる。彼らはもともと家庭環境や学校教育の中で権威主義的パーソナリティを抱えていたが、第 1 次世界大戦敗戦後に直面した社会経済的危機を解決できない当時の政府（既存の権威）が拠るべき存在にならなくなったという不安と怒りの中で、新しい権威と攻撃対象を求める権威主義的パーソナリティが強化された。そして、新しく登場したナチスを自らが拠るべき権威と認めて支持し、さらに、ナチスとの一体化を求める中で指導者への服従と弱者への迫害に積極的に参画する強固な支持層になっていったのである[23]。そして、数度の国会選挙を経る中で、世界恐慌によるドイツ社会経済の苦境も相まってナチスの主張がドイツ国内に広がり、前述の消極的ナチス支持層も含めて政権獲得に至るほどの支持者を獲得したのである[24]。

　フロムは、政権獲得後のナチスによる政治の権威主義化についてもサド・マゾヒズム的傾向から解釈した。他者を支配しようとするサディズムは、ヒトラーをはじめとするナチスの指導者が権力を握ってドイツ国民を支配する力を享受したことだけでなく、国民にとってもドイツ国内の人種的政治的少数者や他の弱小とされる諸国民を支配する力を享受したことに表れているという。また、圧倒的に強い力に服従しようとするマゾヒズムは、ヒトラーが圧倒的に強い力の象徴として「神、運命、必然、永遠の摂理、天」といった言葉を用いて自らへの服従を説き、ドイツ国民はそれを信奉していったことに表れているという[25]。

　それでは、ドイツでは権威主義的パーソナリティがどれくらい高まっていたのであろうか。第 2 次世界大戦中に行われた連合国によるドイツ軍捕虜を対象とした面接調査、これは 1,000 名という限定的な調査であるが、そのうち 11% が狂信的ナチス信奉者であり、25% がナチス信奉者と評価されている。下手なことを口にしたらどんな扱いを受けるか分からない危惧がつきまとう捕虜収容所の中でかなりの者がナチス信奉を隠そうとしなかったことからドイツ国内での権威主義的パーソナリティの高まりを推察することができる[26]。また、ナチス関係者を対象とした個人史研究においても、ハインリッヒ・ヒムラー（Heinrich Himmler）は、ヒトラーに病的なほど服従する一方で親衛隊を組織して部下の不祥事に死刑を含む厳罰をもって臨むとともにユダヤ人などの大量虐殺を進めた。また、ヘルマン・ゲーリング（Hermann Göring）は、「自分の意見が正反対の時でもヒトラーに賛成し、何から何まで福音のように受け入れる」と評される一方で内相に就任するや警察機構を掌握して反対派を弾圧した。ナチスの幹部だけでなく、一軍人や親衛隊将校といった末端の人々でもヒトラーを信奉しつつ公権力のもとで弾圧や虐殺を行った事例が多く残されている[27]。

（2）フロム後の権威主義的パーソナリティに関わる実証的研究

　フロムの示した権威主義的パーソナリティを当時のドイツ国民に限らない一般的な概念として体系化したのがアドルノである。彼は、面接や質問票による調査を通じて、アメリカ国民の中にも幼年期の生育環境（父親支配の家庭環境、恐怖感を持つような厳しいしつけなど）を背景とする権威主義的パーソナリティの存在を見出した。そして、権威主義的パーソナリティを測定する特性を見出して F 尺度を開発した [28]。アドルノによって権威主義的パーソナリティが数値で測定可能な概念となったことから多くの研究が行われ、今日では反民主主義的態度、政治的不寛容、偏見、民族主義、軍国主義、過激派右翼政党や候補者への支持といった社会的関心事と権威主義的パーソナリティ尺度の間に関連があることが確認されている [29]。

（3）マスメディアの及ぼす影響

　本稿で SNS と権威主義的パーソナリティの関係を論じるにあたり、フロムが考察した既存のマスメディアが政治に及ぼす影響についても言及する。フロムは、ラジオによる政治宣伝が、スローガンの繰り返しや解決すべき問題とは関係のないことを強調することによって人々から批判的思考を奪うとしている。そして、人々は自分で考えることを止め、ラジオや新聞（自分以外の権威）から見聞きした見解を自分自身の考えであると思い込む [30]。つまり、マスメディアには批判的思考を抑圧し、権威への服従を促すツールの一面があるとしたのである。

3．分析枠組み

　前節では、フロムによるナチスを支持したドイツ国民の歴史や社会的背景、人間心理の検討を通じ、人々が権威主義を支持する過程に関する考察を中心に権威主義的パーソナリティ研究を整理した。これを踏まえ、本節では人々が権威主義を支持する過程に対して SNS がどのように影響を及ぼすかを検討するための分析枠組みを構築し、権威主義を支持する過程のそれぞれの段階について説明する。

　この際、権威主義を支持する過程に関しては、その大枠を政治学のポピュリスト研究の知見を援用して整理する。それは、社会経済的危機に登場したポピュリストが市民の支持を集め、政権獲得後には権威主義的リーダーとして民主主義を後退させ、権威主義化を進めるという点である [31]。言うまでもなく、民主主義の後退が必ずしも権威主義化につながるわけではなく、ポピュリストが政権獲得すると必ずしも権威主義

第 8 章　SNS は権威主義に対する支持を高めるのか

化を進めるわけではない。しかし、ポピュリストによる「リーダーのみが救済を求める国家を救うことができる」というメッセージが、権力の強化を正当化するものであり、権威主義化への道を開くといわれている[32]。そこで、本稿では SNS と権威主義との関係性について論じるため、政権獲得後に権威主義化を進める場合についても分析することとする。そして、そこにフロムの権威主義的パーソナリティに係る考察を付加して分析枠組みとする。具体的には、フロムの考察にある「権威主義的パーソナリティの高い者は、社会経済的危機に伴う不安や怒りの中で権威主義的パーソナリティが強化、すなわち、服従する対象である新しい権威と攻撃する他者を求める。このタイミングでポピュリストが登場すると新しい権威として支持獲得につながる。そして、ポピュリストの示す権威との一体化を希求する中で権威への服従と他者への攻撃を行う。さらに、ポピュリストが政権を獲得して権威主義的リーダーとして政治の権威主義化を進めるのに対し、彼を絶対視して崇拝するとともに、公権力の一部として反対派を攻撃し排除を図る」という点について援用する（図 1　権威主義を支持する過程）[33]。

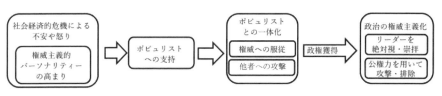

図 1　権威主義を支持する過程

　ここからは、分析枠組みに示した権威主義を支持する過程の各段階について、心理学理論を援用するとともに、先行研究を踏まえて説明する。
　まず、社会経済的危機による不安や怒りにより権威主義的パーソナリティが高まるという点である。これは、これまで安定していた生活や地位を脅かされることによる不安、脅かされる原因に対する怒りである。フロムが考察した第 1 次世界大戦後のドイツは、革命による混乱、ハイパーインフレーション、世界恐慌に伴う経済不況といった困難な状況が連続し、国民の生活は困窮した。現代でも、これまで保障されてきた生活可能な収入、雇用の維持、退職金支給、そして公的資金による教育や福祉サービスがグローバル経済の中で破壊され、将来への不安が高まっている現象は多くの国で確認されている[34]。国民所得の低さと権威主義的パーソナリティ尺度得点の高さ

の間に高い正の相関があることも確認されており、こうした社会的•個人的な不安、地位の不安定、脅威の経験の有無が権威主義的パーソナリティと関連していると考えられている[35]。

　次に、権威主義的パーソナリティの高まりによってポピュリストへの支持が高まるという点については、以下のように説明できよう。人間は危機的な状況によって不安や怒りが高まると、単純化されたポピュリストの主張に依ることによって、脅威により生じた負の感情を低下させる側面があるといわれている[36]。このとき、失業率、貧困率、インフレ率、犯罪発生率といった人々が脅威と感じる指標の高さは、権威主義への支持と関連があることが確認されている[37]。ナチスの登場はまさにこのタイミングであり、ドイツ民族の栄光を取り戻し、危機の原因を既存の政府やユダヤ人等に求めて攻撃するヒトラーの主張が受け入れられていったのである。

　ポピュリストとの一体化については、前節で述べたフロムの考察では人間の深層心理として語られているにすぎないため、フロム以降の心理学研究の進展により生まれた心理学理論を援用して説明する。

　ポピュリストとの一体化は、社会的アイデンティティ理論による内集団化により説明できよう。社会的アイデンティティとは、内集団同一視ともいい、自己概念の一部に所属する社会を取り入れ、内集団の一員としての自分を強く意識している心理状態のことである。例えば、「私は日本人だ」「私は○○大学の出身者だ」「私は△△の社員だ」などと思う程度の強さが、社会的アイデンティティの強さを表している[38]。そして、権威主義的パーソナリティの高い者がポピュリストやその支持者集団と一体化（内集団化）していく中で発揮されるのが、権威への服従と他者への攻撃である。

　権威主義的パーソナリティの文脈で社会的アイデンティティ理論をみると、内集団化が権威への服従と他者への攻撃と密接に関連しているといえる。集団の視点から暴力や紛争が生まれるメカニズムについて考察した縄田は、内集団に対するアイデンティティ、つまり、内集団化が強い人間が単純に外集団に対する攻撃性が強いわけではないが、次の 2 つの条件のうち、どちらかが満たされる場合に外集団への暴力を引き起こす傾向があるという[39]。1 つ目は、外集団との間で紛争・競争状態にあるときである。この状況下では、社会的アイデンティティの強い人ほど外集団に攻撃する傾向が高いといわれている。これは、社会的アイデンティティの強い人ほど自分と集団を同一視し、自分＝集団をより強いものにしよう、外集団から自分たちを守ろうと積極的に攻撃することによる[40]。この傾向は、権威による裏付けがある際に一層促進される。このとき、自分の意志で攻撃することを決めて実行する際に抵抗感があったとしても、権威による命令に従ったと攻撃を正当化できる場合には、服従による攻撃が生

じやすくなるという[41]。権威への服従については、スタンレー・ミルグラム（Stanley Milgram）の行った有名な服従実験がある。ナチスによるユダヤ人の大量虐殺を指揮したアドルフ・アイヒマン（Adolf Eichmann）が終戦後に行われた裁判で一貫して「自分はただ上官の命令に従っただけだ」と主張したという事実を踏まえてミルグラムが行った実験では、社会的アイデンティティの高い人間が集団の中で権威に服従して攻撃行動を行うことを示した[42]。そして、命令を受けて行われ始めた攻撃が、当初の自己弁護ともいうべき正当化から最終的には集団のために必要な行為としての自発的な暴力となりうることを明らかにした[43]。2つ目は、集団の優越性・支配性が前面に出たときである。集団の優越性・支配性の強い人は、自分の所属する集団と他集団を比べるという集団間比較志向性を強く持ち、自分の集団を他集団よりも優越したものとして見たい、支配的な立場に位置していたいと考える[44]。社会的アイデンティティ理論によると、人は自分と集団を重なり合うものだと同一視しているときには、自分をより良い人だと思いたいのと同様に内集団もより良い集団だと思いたい。この時に内集団を「上げる」ために相対的に外集団を「落とす」という手法を用いる。つまり、外集団を貶める形での攻撃性が高まるのである[45]。

　最後に、政治の権威主義化に関しては、政権を獲得したポピュリストとその政党が権威主義化を進める中で権威主義的パーソナリティの社会的高まりを利用して体制維持を図るものである。ポピュリストが国民からの支持を得て政権を獲得すると、それまで訴えていた主張を実現するよう行動する。その主張とは、「国民は国家が直面する問題を解決するために強いリーダーを求めており、救済を求める国家を救うことができるのはリーダーである自分だけである。そして、腐敗した既存の政治エリートや主要政党では対処できない」というものである[46]。この主張は、リーダーとなったポピュリストへの権力集中を正当化して、政治の権威主義化、つまり、司法を牛耳り、自らに都合の良いように憲法改正や法律制定を行い、メディアを統制する道を開く[47]。そして、メディアを利用してリーダーを絶対視して崇拝の対象とする世論を喚起するとともに、公権力の下で法律を駆使して反対派の活動を妨害、違法化していく[48]。この政治の権威主義化の流れの中で権威主義的パーソナリティの高い者は、積極的にリーダーを崇拝するともに、反対派への攻撃を容認するだけでなく、自らも権威主義化の進む体制の一部として攻撃に参加することで権威主義化の促進や体制維持に寄与していくのである。この権威主義体制の維持と権威主義的パーソナリティとの関係について、ヨハネス・ガースクースキー（Johannes Gerschewski）の提唱する権威主義体制維持のための手法（正統化、懐柔、抑圧）の枠組みを援用すると[49]、権威主義的リーダーの絶対視、崇拝は「正統化」にあたり、体制の一部としての反対派への攻撃は、

体制から攻撃する機会を与えられたという意味で「懐柔」に相当しよう。そして、反対派にとっては体制だけでなく多くの国民からの攻撃対象となることで「抑圧」が進むことになる。このように、国民の間での権威主義的パーソナリティの高まりは、政治の権威主義化とその後の権威主義体制の維持に貢献していくのである。

4．SNS は権威主義を支持する過程にどのように影響を及ぼすのか

　ここからは、前節で構築した分析枠組みに基づき、SNS が権威主義支持の各段階に及ぼす影響について考察する。まず、SNS が人間の思考や感情に影響を及ぼすメカニズムについて整理した上で、SNS が権威主義支持の各段階（社会経済的危機における不安や怒り、ポピュリストに対する支持、ポピュリストとの一体化、政治の権威主義化）にどのように影響を及ぼすのかについて考察する。

（1）情報拡散装置としての SNS

　SNS は、人と人とのコミュニケーションや情報共有の在り方を劇的に変化させたといわれている。新聞やテレビ、ラジオといった既存のマスメディアと異なり、SNS を使えばだれもがコストをかけずに情報発信をすることができ、瞬時に友人や知人と情報を共有することができる。そして、多くの人が SNS 上で「いいね！」や「リツイート」などの反応を示せばその情報は SNS 上で多くの人の目につく場所に表示されるという効率の良い情報拡散装置であり [50]、そこに情報の真偽による選別は介在しない。また、情報発信や「いいね！」や「リツイート」などの反応は、必ずしも人間である必要はなく、ボットと呼ばれるコンピュータープログラムが行うことも可能である。例えば、ボットが特定の候補者を支持するメッセージを自動で大量に投稿したり、逆に特定の候補者を陥れるような嘘やデマを拡散して投票行動を操作しようとする動きが、2016 年から 2017 年にかけて行われた欧米の選挙戦の中で数多く確認されている [51]。本稿の冒頭に記した権威主義国家によるプロパガンダや選挙介入も、この SNS の仕組みを利用しているのである。

（2）SNS が人間の思考や感情に影響を及ぼすメカニズム

　そもそも、SNS は、人間の認知を操作することを目的として開発されたのではない。デジタル技術を用いて世界中の人々をつなぐことを目的に開発されたメディアである [52]。しかし、このメディアを開発した企業が、利用者数を増やすために利用者の

第 8 章　SNS は権威主義に対する支持を高めるのか

利便性を追求するとともに広告媒体として収益を上げるために構築したアルゴリズムが、結果として人間の認知に影響を及ぼすことになったのである。

ア．パーソナライゼーションがもたらす情報環境

　どのようなメカニズムで SNS が人間の認知に影響を及ぼすのであろうか。そこには、選択的接触という人が情報に接する際に既に持っている自分の考えに合う情報を選ぶ傾向が関連している [53]。この選択的接触の機会を SNS が増やすのである。つまり、SNS のアルゴリズムが、本人の閲覧履歴、プロフィール、投稿内容、位置情報といった行動記録から本人の特徴を推測し、その人に合った情報を提供するようになる [54]。パーソナライゼーションと呼ばれるこの情報提供のアルゴリズムによって、新聞やテレビといった既存のメディアでは目に触れる機会のあった本人の意に沿わない（しかし、本人がこれまで考えたこともない新たな視点を得られたかもしれない）、あるいは、これまで関心のなかった（今後、関心を持つ可能性があるかもしれない）情報が表示される機会を減らし、本人の見たいものしか目に入ってこないフィルターバブルという環境を作り上げる [55]。加えて、SNS 上では、自分と同様の趣味、嗜好、興味、関心のある人を多くフォローし、結果的に同じようなニュースや情報ばかりが表示される閉じた情報環境になり、情報発信をすると自分と同じような意見ばかりが返ってくるエコーチェンバーという状況に陥りやすくなる [56]。

イ．SNS が助長する認知バイアス

　フィルターバブル、エコーチェンバーといった情報環境が生み出す情報の偏りは、もともと人間が持つ認知バイアスを助長する。認知バイアスとは、偏見や先入観、固執断定、一方的な思い込み、誤解などを幅広く指す用語であり、数百以上のバイアスが存在するといわれる [57]。その中でも、フィルターバブル、エコーチェンバーといった SNS がもたらす情報環境が助長するバイアスとして、真実性の錯覚や確証バイアスが挙げられる。

　真実性の錯覚は、反復バイアスとも呼ばれ、同じ情報に繰り返し触れることによって、実際の正誤に関わらず、その情報が真実であるように感じられる傾向である [58]。ファッションなどの流行を作り出す領域では、広告料を支払った企業が勧める商品の中で、その消費者個人に適しているとアルゴリズムが判断する商品を表示する。このとき、パーソナライゼーションされた広告を何度も目にすることにより、その商品が自分に似合うものだと思考が誘導され、購買行動につながりやすくなる。つまり、SNS が高い広告効果を生じさせるのである。同様の現象が、政治問題や社会問題に

213

ついても生じる。SNS 上で個人や集団が流す特定の政治的立場や社会問題に対する意見が、当初は偶然目に入り、多少気になって関連する意見をいくつか閲覧しただけだとしても、SNS のアルゴリズムがこの人はこうした立場の情報を選択する傾向があるとして同種の意見を表示する頻度を増やすように機械的処理を行う。そこには、政治的立場や社会問題に対する真逆の立場から発せられた情報が入り込む余地はほとんどない。そして、繰り返し同じ情報を目にすると、その情報が正しいと思うようになっていく。その結果、本当の正誤に関わらず、特定の主張を正しいものとして受け入れていく。さらに、SNS ではフィルターバブルがあるため、この真実性の錯覚が助長される。

　確証バイアスとは、自分の考えや仮説が正しいことを確認するために、仮説に合致するような情報のみを集め、仮説に反する情報を集めようとしない、あるいは無視してしまう傾向である[59]。真実性の錯覚によって正しいと思い始めた情報について検証しようとしても、SNS のパーソナライゼーションのアルゴリズムにより、自分の考えに合った情報ばかりが表示されてしまう。情報発信をしても、エコーチェンバーによって自分の意見を支持する意見ばかりが返ってくることになる。その結果、反証ができなくなり、ますますこの考えを正しいものと思い込むのである。もともと、政治的立場や社会問題に対して選択的接触が助長されると片方の情報ばかりに接するため思考が過激化しやすいといわれるが、SNS の作り出す情報環境は、一層偏った考えに人間の認知を誘導しうる環境なのである[60]。

　多くの支持者を獲得しようとするポピュリストにとって、こうしたメカニズムを有する SNS は、自らの主張に関わる問題に関心を持ち始めた人々に情報を拡散し、その思考を自らの支持へと誘導することを可能にする既存のマスメディアよりも使い勝手の良いツールなのである。

（3）SNS が権威主義を支持する過程に及ぼす影響

　ここからは、前項でまとめた SNS のメカニズムが、分析枠組みで示した権威主義を支持する過程の各段階において、どのような影響を及ぼすのかを考察する。

ア．社会経済的危機に対する不安や怒りの促進

　SNS は、社会経済的危機に対する不安や怒りに関して、それに関する情報の拡散及び不安や怒りといった感情の拡散に影響を与えると考えられている。パーソナライゼーションによってユーザーの見たい情報を SNS が推測して表示していくが、その情報が閲覧されるとその結果をアルゴリズムが学習し、どんどん同種の情報が表示さ

214

第 8 章　SNS は権威主義に対する支持を高めるのか

れるようになる [61]。社会経済的危機のニュースの場合には、SNS 上は危機のニュースで埋め尽くされるフィルターバブルが生じ、閲覧した人々は自分の周りが危機にあふれていると考えて不安が高まるのである。そして、この情報は真実である必要もなく、不安や怒りを煽ろうとする勢力がフェイクニュースを流し、ボットを使用して大規模に拡散させることを SNS は可能にする [62]。

　また、SNS にはニュースだけではなく感情を伝染させる効果もあるという。これは、友人が笑っているとこちらも楽しい気持ちになったり、家族が泣いていると悲しい気持ちになる「情動感染」と呼ばれる現象であり、人間が進化の過程で身につけた他人の感情を読み取る能力だが、情動感染のおかげで人と人との絆を深めたり、同一行動を促すなど円滑な集団生活を送ることを可能にしたといわれている [63]。この現象が対面のコミュニケーションだけでなく、SNS 上でも生じることがいくつかの研究で確認されており、なかでも怒りの感情は周囲の人からの影響を受けやすく、広がりやすいといわれている [64]。つまり、不安や怒りの感情を高める投稿を目にしたユーザーは、自らの不安や怒りの感情が高まるとともに、投稿を拡散させて周囲に不安や怒りの感情を拡散させるのである。

イ．ポピュリスト支持の促進

　社会経済的危機に直面して不安や怒りが高まり、新しい権威を求める中で登場したポピュリストに対する支持も SNS が促進する。SNS は誰もが自らの意見を発信できるメディアだが、既存の政治が危機に際して有効な対処をなしえない中で「自らが国家を救うことができる」というポピュリストの主張は、人々にとって目新しいものとして映る。新奇な情報は人々の注意をひきつけ、それを誰かと分かち合いたいと思う人によって SNS 上で拡散される [65]。「新奇性の仮説」と名付けられたこの現象により拡散されたポピュリストの情報を目にした者が、パーソナライゼーションによってポピュリストの主張を頻繁に目にするようになり、自分たちを救ってくれる英雄、新しい権威としてポピュリストを認識していくという真実性の錯覚を起こしていく。そして、フィルターバブル、エコーチェンバーによってポピュリストを支持する者ばかりの情報環境に身を置くようになり、次の段階であるポピュリストとの一体化に進むのである。

ウ．ポピュリストとの一体化の促進

　ポピュリストとの一体化や内集団化の促進に関連して、SNS の普及に伴い民主主義国家において政治的分極化が進展しているという言説がある。これは、SNS によ

215

って政治における党派性やイデオロギーを人種や民族、信仰と同じように社会的アイデンティティとみなす傾向が強まっているためである[66]。

　前述の SNS のもたらすフィルターバブルやエコーチェンバーにより、個人の触れる情報が多様性を失い、党派性やイデオロギーなどを対象として社会的アイデンティティを強く意識するようになり、集団を形成（内集団化）していくのである[67]。内集団については、内集団バイアスという自分が所属している集団（内集団）やその集団のメンバーをそうでない集団（外集団）やそのメンバーよりも好意的に評価し、ひいきをするという認知バイアスが生じるといわれている[68]。その結果、内集団と外集団の差を強く意識するようになる。このように、SNS は、人種や民族、宗教と同様に政治的立場や社会問題に対する立場についても内集団と外集団との差異を認識させ、内集団バイアスを促進するのである。実際にツイッターにおける分極化の研究では、保守とリベラルの間で分極化が進んでいることが確認されている[69]。

　SNS は、他者への攻撃の促進にも重要な役割を果たす。それは SNS の匿名性に起因する。SNS では、顔も名前も出さずに自分の主張を行うことができる。心理学の実証的研究では、対面のコミュニケーションよりもコンピューターを用いたコミュニケーションのほうが攻撃的な言動が行われることが 1980 年代にインターネットが整備されるよりも早い時代から示されている[70]。SNS では、自分の投稿が相手から識別できないという点で匿名性が高い。実際には、IP アドレスなどで追跡自体は可能な場合があるが、通常利用の中では自分がどういう人間なのか露見することはない。このため、匿名性が攻撃的な言動に非常に大きな役割を担っている[71]。そして、同じ集団に所属する多くの構成員が同調し合いながら自分と同様の攻撃的な投稿を大量に行えば、ますます自分は集団の中に埋没して匿名性が増し、攻撃は激化する[72]。さらに、フィルターバブルやエコーチェンバーをもたらす SNS の情報環境は、この攻撃行動に対して内集団のメンバーから多くの賞賛をもたらす一方で、自制を促す外部の意見が埋没していくことから、攻撃行動が一層促進されるスパイラルに陥っていく。このように、SNS は、ポピュリストとの一体化、時に、内集団化や他者に対する攻撃性を促進する役割を果たすのである[73]。

エ．政治の権威主義化の促進

　政治の権威主義化における SNS の影響について考察する。ポピュリストが政権獲得することでその権威が正当化される一方、集団の象徴としてのリーダーに対する崇拝や政権を脅かす恐れのある反対派に対する攻撃を促す投稿が増加し、フィルターバブルやエコーチェンバーによって内集団化が一層促進されることは言うまでもない。

第 8 章　SNS は権威主義に対する支持を高めるのか

さらに、政権が権威主義化を進める際には、公権力を用いてデジタル技術を駆使した監視や検閲を行う、いわゆるデジタル権威主義の一環として、SNS も監視や検閲が行われる可能性が高まるのである [74]。この監視・検閲の中で、反対派は発信を妨げられるか政権から許容された悪意のある投稿による攻撃により埋没していく。一方、政権を擁護する人々やボットによる大量の投稿により、SNS 上でリーダー崇拝、政権支持の風潮が形成されていく [75]。つまり、SNS のアルゴリズムに加え、政権によって SNS 上で人為的にフィルターバブルやエコーチェンバーが作り出され、政治の権威主義化が促進されるのである。

5．おわりに

本稿では、「SNS は権威主義に対する支持を高めるのか」を問いとし、権威主義的パーソナリティ研究を概観した上で権威主義を支持する過程を整理し、その過程の各段階で SNS がどのような影響を及ぼすのかについて考察してきた。

多様な人々とのつながりを促進することを目指して開発された SNS が、その運営企業の利益獲得のために個人ごとの好みに合う情報を提供する、すなわち情報のパーソナライゼーションをもたらし、その結果生じるフィルターバブルやエコーチェンバーといった現象が、人間の感情や思考を特定の方向に誘導、強化する確証バイアスを生じさせる。権威主義を支持する過程においては、SNS によってもたらされる真実性の錯覚や確証バイアスによって社会経済的危機から生じる不安や怒りが促進され、また、ポピュリストの主張が正しいものであると誘導されてポピュリストに対する支持が促進される。そして、ポピュリストとの一体化の段階では、ポピュリスト支持集団の一員であるとする内集団化が促進されるのである。また、SNS のもつ匿名性によって権威主義的パーソナリティのもう 1 つの要素である他者に対する攻撃も促進される。さらに、ポピュリストによる政権獲得後の政治の権威主義化の段階では、権威の正当化によって権威主義的パーソナリティの高い者によるリーダー崇拝、反対派への攻撃が SNS のもたらす情報環境によって一層促進されるだけでなく、政権によって SNS が監視や検閲の対象となるとともに、政権によって有利なツールとして利用されることによって、権威主義化を促進することになる（図 2　SNS が権威主義を支持する過程に及ぼす影響）。

以上のことを踏まえて本稿の問いに答えるならば、条件付きの YES といえるであろう。それは、SNS と権威主義に対する支持の間に因果関係が見出されるわけでな

く、あくまでも SNS は権威主義に対する支持を高める促進要因だからである。つまり、SNS が権威主義に対する支持を生み出すのではなく、権威主義を求めるような危機的な社会の状況が先行要因として存在し、そうした社会において人々が喚起される不安や怒りを SNS が増幅するのである。ここまでみてきたように、確かに SNS は権威主義に対する支持を高めることと相性が良い。しかし、政治の権威主義化の原因は、国民の危機感や不安、怒りを取り除けない社会とそれを生み出す既存の政治にあるのである。

次に、SNS が既存のマスメディアとどのような点で異なるのかについて述べる。第1節で取り上げたように、フロムは、マスメディアには権威主義に対する服従を促す一面があると考えていた。つまり、ポピュリストとの一体化を促進するということであった。SNS はポピュリストとの一体化を促進するという点では同様である。その違いは、第3節の冒頭で取り上げた SNS のもつ効率的な情報拡散機能にある。現代のポピュリストは、自分たちにとって都合の良い情報を瞬時に、直接、そして、大量に拡散することができる。その情報が確証バイアスを生起させ、ポピュリストとの一体化を促進していく。つまり、SNS は、ポピュリストに対する支持の急速な拡大に貢献するツールなのである。

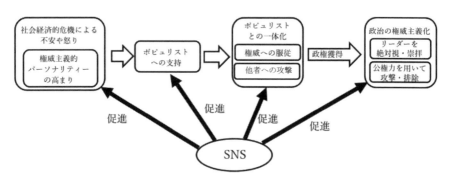

図2　SNS が権威主義を支持する過程に及ぼす影響

一方、SNS は、社会の権威主義化を防ぐことを促進するツールにもなりえる点にも言及しておきたい。ただし、社会経済的危機の恐れが低い社会では、という限定的なものである。こうした社会では、人々の不安や怒りが高まらないため、権威主義的パーソナリティが強化されない。そのため、ポピュリストを支持して一体化を図るこ

とが起こりにくくなり、SNS が促進要因として機能しないであろう[76]。さらに、SNS には自分とは異なる民族、宗教、年齢、セクシャリティ、イデオロギーなど様々な背景を持つ多様な人々の存在を知り、その主張を目にするという多様性を促進する一面があるといわれている[77]。こうした多様な背景、価値観を持つ人々と直接、間接的に接触する機会を持つことは社会に対する危機意識や不安を軽減することにつながるといわれており、SNS は、人々の権威主義的パーソナリティの高まりを防ぐツールにもなる可能性がある。

そうはいっても、現代は悪化する国家財政と縮小する福祉サービス、雇用不安、移民問題、大国間の対立、戦争・紛争など、不安や怒りを喚起させられる出来事が多く、権威主義的パーソナリティが高まりやすい環境である。また、社会的危機を吹聴して不安を煽って支持拡大を狙うポピュリストにとって SNS が有効な手段となっている現状を鑑みれば、やはり、SNS は社会の権威主義化を促進するツールである。そして、デジタル技術を駆使して政治の権威主義化を進める政権にとっても監視や検閲が可能な SNS は体制維持の手法である正統化、懐柔、抑圧を行う上で重要なツールであるといえよう。

最後に、今後の課題として、図 1、図 2 で示した本稿の分析枠組みである権威主義を支持する過程及び SNS の影響についての実証的研究が挙げられる。本稿で構築した分析枠組みである権威主義を支持する過程は、フロムの考察をベースにしており実証的に確かめられたものではない。調査方法、測定尺度等検討すべき点は多いが、研究を進めて今後の権威主義研究の進展に貢献していきたい。

注

[1] ウェンディ・ブラウン著、日高雅夫・藤本ヨシタカ訳「新自由主義のフランケンシュタイン─21 世紀「民主主義」における権威主義的自由─」マーティン・ジェイ、日高雅夫編『アメリカ批判理論─新自由主義への応答─』（晃洋書房、2021 年）81～86 頁。

[2] ラリー・ダイヤモンド著、市原麻衣子監訳『浸食される民主主義─内部からの崩壊と専制国家の攻撃─　上巻』（勁草書房、2022 年）25～32 頁。

[3] エリカ・フランツ著、上谷直克・今井宏平・中井遼訳『権威主義─独裁政治の歴史と変貌─』（白水社、2021 年）109～128 頁。

[4] ラリー・ダイヤモンド『浸食される民主主義　上巻』（勁草書房、2022 年）142～150 頁、163～167 頁。

[5] 本稿では、権威主義的な主張をする政治指導者を権威主義者、権威主義者が主導する政党を権威主義政党とする。

[6] 曽根中清司『権威主義的人間』（有斐閣選書、1983 年）11～51 頁。

[7] エーリッヒ・フロム著、日高六郎訳『自由からの逃走』新版（東京創元社、1965 年）159 ～197 頁。

[8] 同上。

[9] テオドール・アドルノ著、田中義久・矢沢修次郎・小林修一訳『権威主義的パーソナリティ』（青木出版、1980 年）50～74 頁。

[10] アドルノ研究に触発され、欧米を中心に F 尺度を用いた様々な研究が行われた。しかし、アドルノに続き行われた諸研究では F 尺度の心理学的妥当性を確認することができず、右翼権威主義尺度（Right-Wing Authoritarianism: RWA）等の心理学的に信頼性・妥当性の担保された新たな権威主義測定尺度が開発された。詳しくは、John Duckitt, "Authoritarianism: Conceptualization, research, and new developments," *The Cambridge handbook of political psychology* (Cambridge University Press, 2022), pp. 177-197.を参考にされたい。

[11] 例えば、ピーター・ゴードン著、青柳雅文訳「権威主義的パーソナリティ再訪―トランプの時代にアドルノを読む―」マーティン・ジェイ、日高雅夫編『アメリカ批判理論』100～136 頁。

[12] Matthew MacWilliams, "Who Decides When The Party Doesn't? Authoritarian Voters and the Rise of Donald Trump," *Political Science & Politics*, Vol. 49, (October 2016), pp. 716-721.

[13] 例えば、シナン・アラル著、夏目大訳『デマの影響力―なぜデマは真実よりも速く、広く、力強く伝わるのか？―』（ダイヤモンド社、2022 年）、クリス・ベイル著、松井信彦訳『ソーシャルメディア・プリズム―SNS はなぜヒトを過激にするのか？―』（みすず書房、2022 年）。

[14] Moira Weigel, "The authoritarian personality 2.0," *Polity*, Vol. 54, (January 2022), pp. 146-180.

[15] 笹原和俊『フェイクニュースを科学する―拡散するデマ、陰謀論、プロパガンダのしくみ―』（科学同人、2021 年）96～110 頁。

[16] エーリッヒ・フロム『自由からの逃走』159～197 頁。

[17] 同上、306～328 頁。

[18] 同上、230～263 頁。

[19] 同上。

[20] 同上。

[21] 同上。

[22] 同上。

[23] 権威主義者を支持する過程の中には、人間の心理面だけではなくて権威主義者の集団に属することによる地位、権益獲得等の実利もある。このようなクライエンティズムの構図に関しては、大澤傑『独裁が揺らぐとき―個人支配体制の比較政治―』（ミネルヴァ書房、2020 年）等を参考にされたい。

[24] 曽根中清司『権威主義的人間』55～144 頁。

[25] エーリッヒ・フロム『自由からの逃走』230～263 頁。

第 8 章　SNS は権威主義に対する支持を高めるのか

26 曽根中清司『権威主義的人間』290〜316 頁。

27 同上、206〜288 頁。

28 アドルノが作成した F 尺度を構成する 9 つの特性は、因習主義、権威主義的従属、権威主義的攻撃、反内省性、迷信とステレオタイプ、権力と剛直、破壊性とシニニズム、投射性、性からなる。F 尺度の 9 つの特性の詳細な説明は、テオドール・アドルノ『権威主義的パーソナリティ』（青木出版、1980 年）50〜74 頁を参考にされたい。

29 John Duckitt, "Authoritarianism", pp. 178, 187-190.

30 エーリッヒ・フロム『自由からの逃走』119〜152 頁、203〜225 頁。

31 エリカ・フランツ『権威主義』109〜128 頁。

32 同上。

33 フロムはナチスが政権を獲得して以降のナチスドイツ、つまり権威主義体制を支持する国民の心理についても考察しているが、この点に関しては、ナチス政権がドイツ国家と同一となったため、ナチスに反対することがドイツへの反対になるという大集団から外れる孤独感を忌避する心情、また、外国人によるナチスに対する批判をドイツに対する批判と感じてナチスを擁護するといったナショナリズムから大多数の国民がナチスを支持したと説明している。このように、権威主義体制に対する支持に関しては権威主義的パーソナリティ以外の要因に帰するところも多い。; エーリッヒ・フロム『自由からの逃走』新版 230〜263 頁。

34 ウェンディ・ブラウン著「新自由主義のフランケンシュタイン」81〜86 頁。

35 John Duckitt, "Authoritarianism", pp. 181-187.

36 Ibid.

37 Ibid.

38 縄田健吾『暴力と紛争の"集団心理"』1〜23 頁。

39 同上。

40 同上。

41 同上、76〜113 頁。

42 同上、スタンレー・ミルグラム著、山形浩生訳『服従の心理』（河出書房新社、2008 年）13〜25 頁。

43 縄田健吾『暴力と紛争の"集団心理"』76〜113 頁。

44 同上、26〜52 頁。

45 同上。

46 エリカ・フランツ『権威主義』109〜128 頁。

47 同上。

48 リーダーの絶対視や崇拝、反対派の妨害や違法化については、権威主義体制の個人化の文脈で説明されている。詳しくは、水島治郎『ポピュリズムとは何か―民主主義の敵か、改革の希望か―』（中公新書、2016 年）や大澤傑『「個人化」する権威主義体制―侵攻決断と対戦変動の条件―』（明石書店、2023 年）を参考にされたい。

49 本稿では、引用元の使用に準じて権威主義体制維持の手法としての文脈で使用する際には「正統化」を、行為や判断が合理的で適切なものであるように見せること示す場合には「正当化」として使い分ける。; Johannes Gerschewski, "The three pillars of stability:

legitimation, repression, and cooptation in autocratic regimes." *Democratization*, vol. 20 (January 2013), pp. 13-38.

[50] 笹原和俊『フェイクニュースを科学する』14〜24頁。

[51] 同上、112〜127頁。

[52] 例えば、Meta社(Facebook運営企業), "We're committed to keeping people safe and making a positive impact. | Meta" https://about.meta.com/actions/.

[53] 田中辰雄・浜屋敏『ネットは社会を分断しない』（角川新書、2019年）48頁。

[54] 笹原和俊『フェイクニュースを科学する』96〜110頁。

[55] 同上。

[56] 同上、80〜95頁。

[57] 情報文化研究所『認知バイアス事典』（フォレスト出版、2021年）2〜4頁。

[58] Lynn Hasher, David Goldstein, and Thomas Toppino, "Frequency and the conference of referential validity." *Journal of verbal learning and verbal behavior*, vol. 16 (February 1977) pp.107-112.

[59] 情報文化研究所『認知バイアス事典』164〜167頁。

[60] 田中辰雄・浜屋敏『ネットは社会を分断しない』（角川新書、2019年）48〜50頁。

[61] 笹原和俊『フェイクニュースを科学する』96〜110頁。

[62] フェイクニュースの拡散については、国際的に問題意識が高まっており、SNS運営企業や民間団体、また、国家レベルで対策が始まりつつある。;総務省『令和5年版　情報通信白書』（2023年）30〜43頁。

[63] 笹原和俊『フェイクニュースを科学する』、62〜78頁。

[64] 同上。

[65] シナン・アラル『デマの影響力』101〜102頁

[66] 同上、406〜413頁。

[67] 同上。

[68] 情報文化研究所『認知バイアス事典』206〜209頁。

[69] パトリシア・ウォレス著、川浦康至・和田正人・堀正訳『新版　インターネットの心理学』（NTT出版、2018年）91〜135頁。

[70] 縄田健吾『暴力と紛争の"集団心理"』53〜75頁。

[71] 同上。

[72] 同上。

[73] SNSは、権威主義者への服従を促すメッセージが繰り返された場合に、フィルターバブルやエコーチェンバーによってもたらされる確証バイアスにより、当然の行いと受け取られていくことが推測されるという点では、「権威への服従」に対する促進要因となりえるだろう。しかし、実証的研究が確認できなかったため、本文では割愛した。

[74] 伊藤亜聖『デジタル化する新興国―先進国を超えるか、監視社会の到来か―』（中公新書、2020年）169〜199頁。

[75] サミュエル・ウーリー著、小林啓倫訳『操作される現実―VR・合成音声・ディープフェイクが生む虚構のプロパガンダ―』（白揚社、2020年）46〜92頁。

[76] アドルノらの研究が示したようにどのような社会にも権威主義的パーソナリティが高い

第 8 章　SNS は権威主義に対する支持を高めるのか

者は存在し、どんなに安定した社会でも個人レベルで失業等の危機を迎え、権威主義者
を支持する者は一定程度存在する。しかし、安定した社会では権威主義的パーソナリテ
ィが強化されず、彼らが支持する権威主義者が政権を獲得するほどの国民的な支持は得
られないであろう。

[77] サミュエル・ウーリー『操作される現実』46〜92 頁。

■第 9 章■

ソーシャルメディアを活用した反政府運動が
権威主義に対抗する方法

—フレーム、資源、レパートリーによる国際連帯モデル—

横尾 俊成

この章のポイント

●反政府運動は、SNS の活用により国境を越えた連帯を築くことで権威主義体制に影響を与えることができる。

●国際世論を形成し、為政者の正統性を脅かすことが、権威主義に対抗する手段の一つとなる。

●デジタル技術は、運動への動員、資金調達、国際的な支援の取り付けに貢献している。

●香港の反送中運動とマレーシアのブルシ 2.0 運動は、SNS を用いた戦略的な運動の成功例である。

●運動の成功は、フレームの国際的な広がりや、資源の多様化、効果的なレパートリーの選択に依存している。

●運動側が国際連帯を形成し、為政者の対応を促すことで、政治的な機会を生み出している。

●運動が権威主義体制に対抗するための戦略として「フレーム、資源、レパートリーによる国際連帯モデル」が有効であると考えられる。

1．はじめに

　本稿は、デジタル技術を活用した反政府運動が、自国の権威主義にどのような手段で対抗し得るかについて、特に SNS が生み出す国境を越えた運動間の連帯が為政者に与える影響に注目して検討し、その理論化を図るものである。

　「アラブの春」以降、SNS を活用した反政府運動は市民社会の連帯を強化することにより権威主義を弱めるのか、あるいは、為政者がデジタル技術を利用することによってむしろその権力を強化するのかの論争が続いている。デジタル技術は非民主主義体制を弱体化させるというより、むしろ強化するとする主張など [1]、優勢なのは、デジタル技術は支持者からの強い支持を獲得すると同時に反対派の抵抗力を弱め、体制を安定させることに貢献するという、「デジタル権威主義」の力を強めるという論 [2] である。その論拠の一つは、「アラブの春」から 13 年が過ぎた現状に関する分析結果にある。

　2010 年に発生したチュニジアにおける政治変動、いわゆる「ジャスミン革命」は SNS を経由してその情報が急速に広まり、民衆による反政府運動は、エジプト、リビア、ヨルダン、シリア、バーレーン、サウジアラビア、イエメンなどにも拡大した。その結果は、ヨルダンやバーレーン、サウジアラビアなど、比較的早くデモが沈静化したケース、エジプトのように政治変動に結びついたケース、またリビアやシリアのように内戦化したケースなど様々であるが、どの国でも権威主義体制が完全に崩壊するまでには至っていない。芥川春香は、政治変動の度合いに差が出たのは、運動というより為政者の対処の仕方によるものであると説明するが [3]、それはすなわち、反政府運動が SNS を活用して市民社会の連帯をつくっても、為政者が適切な方法を取りさえすれば抑えられるということを意味する。たとえ運動が民衆の体制への不満を高めることに成功したとしても、それが政治変動につながるかどうかは、体制側の物理的抑圧の大きさに依存するという指摘もある [4]。

　一方、SNS を活用した反政府運動の成功事例に近年、共通してみられるのは、運動体が SNS を通じて連携して国際世論を盛り上げ、運動への支援を積極的に取り付けようとする試みである。彼らは、国際社会からの圧力によって国内政治に変化を生み出す、いわゆる「ブーメランパターン」を狙っているようである [5]。為政者の権力が及ぶ範囲はあくまでも国内に限られることから、デジタル技術を駆使して体制を安定させようとしても、その統制が効く範囲は国内にとどまる。そのため、運動側にと

第9章　ソーシャルメディアを活用した反政府運動が権威主義に対抗する方法

っては SNS を活用して国際世論を盛り上げ、為政者の正統性を脅かすこと [6]が、自国の権威主義体制に影響を与える一つの手段となり得るのであろうか。

　富永京子は、先行研究を整理すると、運動が行われる際に運動体の間で流通するものは次の 3 つであるとしている。すなわち、（1）参加者の問題意識・運動の主張（フレーム）、（2）金銭・労働などの資源、（3）抗議形態（レパートリー）である [7]。本稿では、運動体の間で国境を越えた連帯が生まれる際にどのような現象がみられるのかを捉えようとするため、上記全てが分析視角に入る。そこで本論では、反政府運動におけるフレーム・資源・レパートリーのありようがデジタル技術によってどのように変化しているのかに注目し、特に SNS が体制批判と反政府のための国境を越える連帯に、今後どのような手法で、どの程度貢献し得るのかを明らかにする。

　本稿ではまず、運動のフレーム・資源・レパートリーが「アラブの春」以降、SNSの普及に伴い運動側によってどのように扱われ、権威主義体制にどのような影響を与えてきたのかについて、先行研究を整理する。そしてそれをもとに反政府運動が自国の権威主義体制に抗おうとする場合の一つのモデルを提示する。その後、一つの国（特別行政区）で国際世論に頼る運動と頼らない運動の両方が行われ、一方が成功に、もう一方が失敗となった香港とマレーシアの事例でモデルを検証し、権威主義への対抗策を考察したい。短期間に成功と失敗の両方の事例がみられた国の運動の分析により、国境を越えた連帯の有用性を明らかにできると考える。権威主義体制下の国民が自国の政府に国内の運動だけで抵抗するのは難しくても、SNS を活用して国際的な包囲網をつくることで抗うことができるのだとしたら、また、それが実際に権威主義体制に影響を与え得るとすれば、運動側は希望を見出すことができる。本稿ではそうした可能性について分析したい。

2．先行研究の整理

　SNS を多用し展開する近年の社会運動は「デジタルアクティビズム」とも呼ばれ、フランク・エドワーズらは、市民の先導者や協力者がデジタルメディアを用いて、対象とする権威に対して集合的な主張を行う公共の取り組みと定義する [8]。SNS を活用することが一般的となった現在の反政府運動は、従来のそれと比べ、フレーム、資源、レパートリーにそれぞれどのような違いがみられるのであろうか。

（1）運動のフレームと SNS

　はじめに、ある言葉が拡散され、賛同する者の存在が可視化されるプロセスにおいて、人々に特定のイシューに対する解釈の枠組みを与える「フレーミング」についてである。

　デビット・スノーらによれば、フレームとは、「個人がその生活空間や社会全体の中で起きたことを位置づけ、認識し、特定し、ラベルづけすることを可能にする解釈スキーム」であり[9]、フレーミングとは意味の構成を指し、フレームの創造や展開を意味する。これは、潜在的な支持者や構成員を動員し、傍観者の支持を獲得し、さらに敵対者の動員解体を意図して行われる、関連する出来事や状態を枠づけ、意味づけ、解釈する運動体の試みの総体である[10]。フレーミングとは、人々が物事を解釈する際の認知の枠組みを変える、もしくはつくる行為だといえる[11]。

　フレーミングにより人々の認知の枠組みを変えるために、運動体は、個人の関心・価値・信念と運動体の活動、目標、イデオロギーを一致させ、相補的にする「フレーム調整」を行うことが必要となる[12]。そのためには、争うべき問題の状況に適切な意味付けをし、多くの人が運動の主張に賛同しやすくするための解釈の枠組みを設定することが求められる。人々がフレームを運動家の企図した通りに解釈したり、それに沿った言説や世論が形成されたりした時、フレーミングは成功したといえる。

　SNS におけるフレーム形成力について、ケビン・デルーカは、「オキュパイ・ウォール・ストリート」を分析する中で、以前は伝統的なマスメディアが世界の境界と歴史の物語を決定することができたが、今はその機能がソーシャルメディアにあり、SNS は人々の解釈の枠組みの中に新たな文脈を生み出すことができるとしている[13]。ジジ・パパチャリシーは、「エジプト革命」や「オキュパイ・ウォール・ストリート」の運動の過程で様々な Twitter[14]のハッシュタグが生まれ、人々の感情を呼び起こしたこと、またそれらが長い時間をかけて広まり、人々に共通の感覚をつくったことを明らかにしている[15]。そして、トビアス・レンズは、東南アジア諸国連合、南米共同市場、南部アフリカ開発共同体といった異なる地域組織がある時期に共通の市場と関税同盟を採択したプロセスを挙げ、フレームが時に国際的な起源をもち、つくられた言説が組織や分野を越えて広がる可能性があるという事実を明らかにした[16]。筆者も、日本において 2015 年から「多様性」フレームが急激に広まった事象を分析する中で、フレームが SNS を通じて特定の地域を超えて伝播し、それがさまざまな地域の為政者の認知に影響を及ぼす可能性を示している[17]。

　まとめると、以前はマスメディアが国家や特定のイシューに対峙する人々の解釈の枠組みを決定していたが、今はその役割が SNS に移行しており、Twitter のハッシュ

第 9 章　ソーシャルメディアを活用した反政府運動が権威主義に対抗する方法

タグなどに表された個人の解釈の枠組みが人々の共感を呼び、組織や分野を越えて国際的に広がる可能性があるということである。特定の国内でつくられたフレームが運動の拡大により国際世論を形成し、それが自国の為政者の認知に影響を与える可能性を検討する論文もあるが [18]、具体的な事例での検証は少なく、運動によるフレームの国際的な広がりが為政者の認知にどのような影響を与えるのかについては、さらなる検討が必要である。

（2）運動の資源と SNS

　次は運動の資源である。社会運動の初期の研究では、主に社会構造上の要因から運動の発生が説明され、資本主義社会の生む階級対立から労働者による運動の発生を説明する「マルクス主義理論」、また、個々人が群衆という集合的な場の中に入ることにより、そこでの不安や不満が積み重なり、全体としては不合理な行動となってあらわれるとする「集合行動論」などが代表的に論じられてきた [19]。しかし、70 年代になると、運動は必ずしも人々の不満から生じるのではなく、組織が活動するために必要な資金やネットワークなどの資源を得た時に生まれるものであるという説明がなされ、「資源動員論」が唱えられた。「資源動員論」は、社会運動を集団による合理的な行動と捉え、運動は資源の調達や管理、敵手との関係といった点を重視するとした [20]。そして、目標とする変革のために、運動体がどういった資源を動員し、どのような組織で、いかなる戦略で相手と闘うのかに注目した。集合行動論が依拠し、孤立した個人を社会運動の担い手とする「崩壊モデル」に対して、資源動員論は既存の集団や社会に統合されている個人を重視したのである。個人の運動参加に対する説明として、不満や不安といったプッシュ要因ではなく運動体からの勧誘というプル要因を中心的な変数に据えたのが、資源動員論だともいえる [21]。いずれにせよ、社会運動は、運動体の組織力と不可分のものとして捉えられていた [22]。

　ところが、1990 年代に入りインターネットが普及すると、組織による資源の動員という考え方を疑問視する論説が生まれた。オンライン署名サイトやオンラインボイコット、電子メールなどは為政者への個々人からの直接抗議を促進し、もはやオフラインにおいて集団で抗議を行う必然性はなくなったとされたのである [23]。インターネットは伝統的な集団行動の障壁を下げ [24]、インターネットを活用した社会運動は抗議活動の創造、組織化、参加にかかるコストの大幅削減、また、ともに活動する運動家がデモなどで空間を共にする必要性の減少をもたらした [25]。近年の社会運動はそこからさらに進み、組織に依存せず、むしろ組織を否定して、個人たちが自発的に横に結合するネットワーキングという形をとって展開することに特徴があるとされる [26]。こ

うした特徴を活かし、ヒトやモノ、カネといった資源を組織力に関係なく動員しやすくしたのが、SNS という新たなコミュニケーションツールであった。

　実際、2011 年のチュニジアにおける「ジャスミン革命」や、エジプトの長期政権の打倒に向けた民衆蜂起などの際に、SNS は組織に所属しない個人をつなげ、ネット世論を喚起して人々のオンラインとオフラインでの行動を促すためのツールとなった。多くの論文が、「アラブの春」では、Facebook や Twitter でつながった「ネットカ」が伝統的な組織では変えることができなかった強権政治を突き崩す武器になったとした [27]。個人が SNS 上でつながり、短期的に抗議の集団を形成したことが、近年の民主化運動や反政府運動の成功要因の一つであるという [28]。現代の社会運動は、組織内での戦略策定や組織間の交渉を経ず、SNS により地理的に拡散している個々人を短期間でつなげ、抗議に向かわせることができることから、以前より容易に人という資源を集めやすくなったといえる。

　もちろん、いくら資源を動員しやすくなったとしても、（1）制度化された政治システムの開放性／閉鎖性、（2）エリート集団間の連合の安定性／不安定性、（3）運動体とエリート集団との連携の存在／不在、（4）国家の運動への抑圧傾向と能力の程度といった「政治的環境の諸次元（政治的機会構造）」[29]が変わらないままでは、人々の運動への期待感は高まらず、運動は発生しづらい。ただ、すでに SNS は政治家にとって有権者と対話するツールとなっており、SNS でのやり取りが政治家たちのオフラインでの行動にも影響を与えているとされる現状では [30]、（3）については、少なくとも為政者が運動体の動きを把握し、時には対応せざる得ない状況になっており、その他の要素に影響を受けるものの、運動体にとって政治的機会は、SNS の普及以前より得られる可能性が高まっていると考えられる。

　なお、SNS はカネの動員も容易にした。香港の民主化運動では組織か個人かを問わず、クラウドファンディングでの募金が呼びかけられ、SNS 上では国際的な支援が呼び掛けられていた。警察によってデモ支援の寄付金が凍結されるようになると、運動側はそれに対抗し、今度は仮想通貨を利用した資金集めを行うようになった。香港では、国内に数十台の仮想通貨 ATM が設置されているが、そこから運動がいつでもお金を引き出し、デモ隊へ物資等の補給ができるように、ビットコインキャッシュを利用した寄付が行われるようになった。同様の手段は、タイやベラルーシ、ナイジェリアなどでも活用されるようになっており [31]、デジタル技術が、国を越えた資金集めをも容易にしたといえる。

第 9 章　ソーシャルメディアを活用した反政府運動が権威主義に対抗する方法

（3）運動のレパートリーと SNS

　最後は、運動のレパートリーである。反政府運動の目標達成のためには、時宜に合わせた効果的な行動形態や戦術を選ぶ必要があり、社会運動のレパートリー理論は、異なるレパートリーの使用が運動の成功や失敗にどのように関連しているか、また特定の社会的・政治的文脈においてどのようなレパートリーが効果的であるかを考察するものである。反政府運動の参加者が取りうる行動の選択肢は、特定の文脈や資源、組織的能力などの要因によって制約を受けるが、1650 年から 1850 年までのレパートリーは、穀物の差し押さえ、土地への侵入、機械の破壊などで、狭い地域に限定されたものであり、強力な庇護者に向けて不平を訴えたり、問題解決を依頼したりするものであった。それが 1850 年以降になると、ストライキ、デモ行進、公開集会などを通して、地域の権力者よりも国家レベルの権力者や代表者に挑戦するようになり、全国的で、自律的なレパートリーとなった[32]。「全国的」とは、特定の地域内ではなく、広く政府やマスメディアに向けて自分たちのメッセージを届けようとした行為を指し、「自律的」であるというのは、現存の権力者の庇護に頼るのではなく、人々が自ら不平や要求を突きつけるようになったことを意味しているという[33]。

　そして、それがさらなる変化を遂げたのが、「アラブの春」以後の、国際世論を意識したレパートリーである。近年では、権威主義に対抗する反政府運動などにおいて、国際社会に働きかけるレパートリーで国際世論からの賛同を集め、その事実をもって自国の為政者に影響を与える方法がとられはじめている。その手法としては、（1）オンライン署名、（2）ハッシュタグキャンペーン、（3）動画や写真の共有、（4）ライブストリーミング、（5）国際メディアへの情報提供といったものが挙げられる。

　まず、（1）オンライン署名は、意見の投稿、共有を容易にするツールであり、多くの人々に要求や主張を広めることができるという特徴を持つ[34]。複数の言語で署名を集めることができれば、取り上げるアジェンダの重要性や要請の優先性を自国の為政者に訴えることが可能となる。次に、（2）ハッシュタグキャンペーンは、先述の通り、フレーミングに有効な手段となる。特定のハッシュタグを使うことで、関連する投稿が集約され、拡散されやすくなる[35]。運動に共感する世界中の人々とのコミュニケーションが容易になり、為政者を含めた多くの人々の認知に影響を与えることができる。（3）動画や写真の共有では、情報を視覚的に伝えることができるため、感情的な共感を呼び起こしやすい。抗議活動中の状況や警察の暴力行為などが記録され、国際社会の目にさらされるケースもある。また、（4）ライブストリーミングはリアルタイムでの情報共有を可能とし、遠隔地の支持者も運動の現場に擬似的に参加できるため、国際的な連帯を生みやすいツールとなっている。イベントやデモの進行をリ

アルに伝えることができ、参加者数や活動の規模を示すことで、為政者に影響力をアピールする手段ともなる。最後に、（5）国際メディアへの情報提供である。反政府運動は、上記に挙げた（1）〜（4）のレパートリーをその時の状況によって選択した上で、メンションやリツイートなどの機能を使い、運動の模様を国際メディアのSNS アカウントに伝える。そして、報道機関が SNS での拡散状況とともに運動の背景や状況を世界中の視聴者に届ける [36]。そうした中で、自らも SNS を開設し、日々国内外の世論の動向を追う為政者 [37]の認知にも影響を与える可能性があるのである。

　重要なのは、SNS によって運動の模様が瞬く間に可視化され、拡散される時代にあっては、多様化する運動のレパートリーもすぐに世界中に共有される点である。反政府運動は、共有されたレパートリーのそれぞれのメリットとデメリットを学び、自国に合う形で適応させることができる。2021 年 2 月にミャンマーで発生したクーデターでは、運動側が SNS を通じてグローバルなレパートリーからツールや戦術を学び、借用し、地元の文化やその時の状況に適応させていたことが明らかになっているが [38]、こうした事例は今後多くの反体制運動でみられるであろう。

（4）フレーム、資源、レパートリーによる国際連帯モデル

　以上のような先行研究をまとめると、まず、運動のフレームに関しては、SNS を通じて異なる国や地域の運動参加者が交流し、ハッシュタグの活用などによって共通の問題意識を形成する機会が増えた。これにより、国境を越えた連帯や共通の主張が形成されるようになり、運動の参加者は SNS 上で意見や情報を共有し、国際的な支持を獲得することができるようになった。特定の国内でつくられたフレームが国際世論を形成し、その事実が為政者の認知に一定の影響を与える可能性がある。次に、運動の資源に関して、SNS は為政者の対応を促すことから運動体に政治的機会を与える一方、地理的に拡散している個々人を短期間で、オンライン／オフラインの抗議活動に集めやすくした。また、組織か個人かを問わず、運動のための資金や物資の寄付を募ることを容易にし、暗号通貨などの普及は、国境を越えた寄付や資金移動を可能にした。これにより、運動の資源が多様化し、国際社会からのより広範な支援が可能となった。最後に、運動のレパートリーにも変化が見られた。SNS での情報共有の容易さにより、運動の参加者は国際的に発展していく運動の中から多様な抗議形態を選び、展開することができるようになった。そして、オンライン署名や動画や写真の共有、ハッシュタグキャンペーン、ライブストリーミングなど、様々な形式の抗議がSNS を通じて展開されることで、運動の可視性と拡散性が向上し、運動が一つのテーマや分野を超え、より多くの人々に影響を与えられるようになった。国際メディア

第9章 ソーシャルメディアを活用した反政府運動が権威主義に対抗する方法

における SNS キャンペーンに関する報道は、為政者への認知に影響を与える可能性がある。

以上のようなフレーム、資源、レパートリーの変化は、SNS を通じた反政府運動が国境を越えて連帯をつくることが、権威主義に対抗する一つの手段となる可能性を示唆する。試みにその手段をモデル化すると、「図1：フレーム、資源、レパートリーによる国際連帯モデル」のようになる。以前は、自国の権威主義体制に対して運動体がデモなどで集合的に対峙し、国内の文脈においてフレーミングを行い、限定された人やお金などの資源を動員し、限られたレパートリーで戦っていた。しかし、SNSを運動に活用することが一般的となった現在においては、（1）運動家は必ずしも組織に所属していなくても、個人として発信をすることができ、（2）ハッシュタグなどを通じたフレーミングにより国際世論をつくることで為政者に圧力をかけることが容易になった。また、（3）暗号通貨などのデジタル技術の普及により、国境を越えて寄付などを求めたり、人を動員したりすることができるようになった。さらに、（4）日々進化する多様なレパートリーから自国にあった手段を選び、国内の運動家らとともに自国の為政者に働きかけることが容易になった。為政者は、従来は自国内の統制を強めれば反政府運動を抑えつけることができたのに対して、現在は統制の効かない国際世論や資金移動などに対峙しなければならず、また国際世論の高まりが自国の権威主義体制の正統性を揺るがしかねない事態にも陥っていると想定されるのである。

本論では、SNS を中心としたデジタル技術の活用による反政府運動の変化が、権威主義体制における為政者に具体的にどのような影響を与えている可能性があるのか、文献により分析していきたい。以下では、近年さまざまに展開されている SNS を活用した社会運動の中から、国際社会からの圧力によって国内政治に変化を生み出す、いわゆるブーメランパターンを狙って成功したとみられる 2 つの反政府運動の事例、すなわち、（1）香港における「反送中運動」、（2）マレーシアの「ブルシ 2.0 運動」を取り上げ、上記の「フレーム、資源、レパートリーによる国際連帯モデル」が適用されるか、またそれが為政者に影響を与えていたのかについて検討したい。その上で、デジタル技術が一部使用されたものの、運動が成功しなかった香港の「雨傘革命」、それにマレーシアの「ブルシ（1.0）運動」の事例と比較し、運動の成功条件について考察したい。

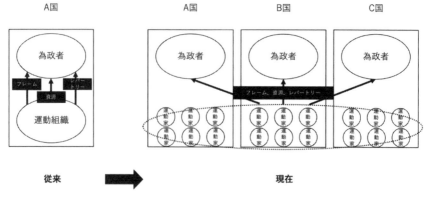

図１：フレーム、資源、レパートリーによる国際連帯モデル

３．香港における反送中運動と権威主義

（１）運動の背景と概要

　香港では、2000 年以降、中国の一国二制度に対する民主化運動がたびたび起きていた。ここでは、中でも 2019 年に起きた、容疑者の身柄を中国本土に引き渡せるようにする「逃亡犯条例改正案」に反対する抗議運動（＝反送中運動）に焦点を当て、それまでの運動と異なる国際的な支援を求める動きに注目して論を展開したい。

　反送中運動は、2019 年 6 月に香港で発生した、主催者発表で 100 万人規模のデモや集会、それに 26 万人を超える署名[39]やゼネストなどを伴う大規模な反政府運動である。改正案が成立すると、中国政府の影響を受けた司法機関が香港に滞在する市民に対しても逮捕や中国本土への引き渡しを行う可能性が高まることから、香港の権利や自由が侵害されることが懸念され、市民は中国政府の人権侵害や不公正な司法制度を恐れて本案に反対することとなった。運動の参加者は学生など若者を中心とおり、当初は非暴力と平和的な手段での意見表明を行っていた。しかし、次第に暴力的な衝突が発生するようになり、警察とデモ参加者の間で緊張が高まることもたびたびあった。

　香港政府は当初、市民の要求を無視していたが、運動の勢いと支持が増すにつれて対応を変えざるを得なくなった。そして 9 月、ついに香港政府は改正案を正式に撤回し、法案の取り下げを宣言したのである。運動は同時に、香港政府に対する民主化の要求、警察の過剰な武力行使への対応、政府高官の責任追及などを行っていたため、

第 9 章　ソーシャルメディアを活用した反政府運動が権威主義に対抗する方法

すぐに収まることはなかった[40]。一方、中国政府は運動に対して厳しい姿勢を示し、抗議活動を分裂主義者として非難した上で、運動を支持する外国の勢力に対しても批判的な立場を取った。

　反送中運動がそれまで香港で展開されてきた他の運動と異なる点はいくつかある。2014 年の香港民主化運動「雨傘運動」の元リーダー・黄之鋒は、産経新聞のインタビューに以下のように答えている[41]。

　　今回の反送中運動には、リーダーがいない。リーダーがいると、そのリーダーを
　　捕まえれば運動は終わるが、今回はそうではない。
　　雨傘運動の参加者は 20 万人規模だったが、今回は 200 万人規模の市民が参加し
　　ている。比べものにならない。1950 年代生まれから、2000 年代生まれまで、実
　　に幅広い階層の人々が団結している。

　黄は自ら主導した雨傘運動と異なり、リーダー不在の中、SNS を通じてたくさんの階層の人々が参加したことを強調している。さらに、フランシス・リーは重要な点として、運動家が国際世論を主要なターゲットに活動していたことを挙げる[42]。香港の場合、中国政府からの影響を強く受けていたことから、運動家は国際社会の支援がなければ反権威主義の運動は成功しないと認識していた。そこで彼らは、国際世論を形成するために SNS を積極的に活用し、国際メディアに訴えかけていたのである。

　国際世論の関心を集める手法は、2014 年の雨傘運動でも試みられたものの、2019年の運動でははるかに大規模に、戦略的に行われるようになり、さらに、それまでの運動から学び、レパートリーもより洗練されたという[43]。Twitter が著名なソーシャルメディアのプラットフォームである多くの国とは異なり、香港では Twitter の参加率は 2019 年初頭まで全人口の約 10%に過ぎず、Facebook の 65%よりもはるかに低かった。ところが、運動が進化するにつれて、親中国のインターネットコメンテーターなどが運動に反対する意見をソーシャルメディア上で多数投げかけるようになると、運動家たちは Twitter で声を広げ、国際社会を巻き込む緊急性を感じた。2019 年 10月には、香港の Twitter 参加率は 30%以上上昇し、積極的に活用されるようになった[44]。

（2）フレーム、資源、レパートリー

　反送中運動において、香港の運動家たちは、それまでの民主化運動の中で培ってきた海外メディアや運動家とのネットワークを活かし、SNS でのメンションなどで彼

235

らに積極的に連帯を呼びかけていた。さらに、一部の運動家は、香港での抗議活動に関連する SNS 上での投稿を集めるボットを作成し、Twitter でのフォローやリツイートを促していた。

特徴的だったのは、一部の運動家により、インフルエンス力があり、かつ自分たちの運動を応援してくれると期待していた政治家の「ターゲットリスト」が作成され、彼らに対して積極的にメンションが行われていたことであろう。そのリストのほとんどはアメリカの政治家であり、中でもアメリカ大統領であったドナルド・トランプへのメンションが最も多く、次いで中国系アメリカ人の共和党活動家ソロモン・ユエが続いていたという [45]。当時は米中貿易摩擦の最中であり、Twitter を、これを多用していたトランプの注意を引くための重要なチャンネルと見なしていた。香港の運動家はツイートを通じて、他国のインフルエンサーを味方につけ、そのやり取りから多くの人の認知獲得を狙い、彼らに対する支援の広がりを図ろうとしたのである。なお、Twitter のハッシュタグの分析によると、香港の Twitter ユーザーは、香港での抗議に対する警察による取り締まりを人道的危機としてフレーミングすることに加えて、香港と中国を取り巻く地政学的状況の改善が民主主義世界の利益と関係すると訴え、国際世論の関心を惹こうとしていたという [46]。一連の運動は、アメリカなどの各国首脳から支持を取り付けたほか [47]、IT 企業が香港政府へのユーザーデータの提供停止を相次いで発表したり [48]、運動への寄付を募るキャンペーンが企業や個人によって行われたりするなど、一定の成果を上げた。

雨傘運動の失敗を踏まえた「水になれ」戦略 [49] の採用が、反送中運動の成功の要因の一つであったとする論文もある [50]。オキュパイ・ウォール・ストリート運動での座り込みによる抗議というレパートリーを採用した雨傘運動は、当局による物理的な介入を受けやすく、警察の抗議活動場所の撤去とともに、運動が終焉を迎えてしまった。一方の反送中運動は、道路封鎖を常態化せず、抗議拠点や物資補給所などの特定の場所を持たなかった。その代わりに、WhatsApp より暗号化技術が優れているとされていた Telegram や LIHKG などのプラットフォームに数十ものコミュニティをつくり、SNS を中心に活動を行ったのである。彼らは特定の組織を組成することなく、代わりにハイパーリンクやオンライン投票などのデジタル技術を駆使して為政者へ抗議する手段を確立し、政治的機会を得て、個人参加によるオンライングループでの活動を企図した [51]。そして、香港史上最大のストライキ、政府寄りの企業の製品のボイコット、ライブストリーミング、フラッシュモブ、オンライン寄付、そして匿名でつくられた抵抗のための歌の歌唱など多様なレパートリーを駆使することによって [52]、当局に動揺を与えることに成功した。

236

第 9 章　ソーシャルメディアを活用した反政府運動が権威主義に対抗する方法

（3）為政者による反応

　運動家たちは雨傘運動の失敗などに学び、SNS や関連技術を駆使して、個々人が気軽に参加できる体制を整えて、オンライン／オフラインで運動の盛り上がりをつくっていた。さらに、権威主義体制下にあった香港において、その活路を外部に求め、人道的危機や民主主義の危機というフレーミングにより国際社会からの共感を得て、国際世論の高まりで香港政府、そしてそれを支える中国政府に圧力をかけようとしていた。

　一方、散発的に起こるデモなどの運動に対し、香港警察は催涙ガスやスタンガン、放水車などを使った強制排除、運動家の逮捕などによって運動の制圧を狙おうとしたが、なかなか抑えることができなかった[53]。そのような中、特徴的にみられたのは、Twitter などの SNS に対する中国政府の介入である。Twitter や Facebook は 2019 年8 月 19 日、900 件を超える不正アカウントが中国政府による情報操作に使われていたと名指しで公表した。その多くが香港のデモを標的にする内容であり、他にも約20 万件の不正アカウントの作成が試みられ、利用前に凍結したという[54]。

　もともと、中国は国内で厳しい情報統制を敷いていた。短文投稿サイト「微博（ウェイボ）」では「香港加油（がんばれ）」などの投稿の閲覧を制限する一方、民主派を批判する記事を大量に掲載していた。政府の統制下でコントロール可能であったSNS には以前より積極的に介入していたのだが[55]、それに加えて今回は、香港の反政府運動家による国際世論への訴えに対抗しようと、アメリカ資本の Twitter などにも介入しようとしたことが考えられる。

　2020 年 6 月 30 日に香港の反政府デモを取り締まる「香港国家安全維持法」が成立し、香港の運動家らが相次いで組織からの脱退を表明し、香港独立を掲げる団体も組織の解散を発表したことなどから[56]、香港の反政府運動は最終的には権威主義体制に抗いきれなかったといえる。しかし、運動が「直接」体制に影響を与えることはできなかったにしても、もともとの目的であった「逃亡犯条例改正案」の撤回には成功したし、この運動を一つの契機に各国や IT 企業などからの支援を取り付け、特に米国の対中政策が強権化し、香港に対する民主化政策が強化されたという意味では一定の成果があったといえる。

237

4．マレーシアにおけるブルシ 2.0 運動と権威主義

（1）運動の背景と概要

　マレーシアで最大かつ最も重要な市民社会運動のひとつであると言われる [57]ブルシ 2.0 運動では、SNS を活用した運動が為政者の認知に影響を与え、それが選挙制度改革などの政策転換の一因となった。また、運動が 2018 年の選挙における政権与党の敗北に貢献したという見方もある [58]。マレーシアは選挙による権威主義に基づいており、選挙操作や散発的あるいは効果のない選挙制度改革によって民主的選挙の定着が損なわれているというのが一般的な見方である [59]。そのような中、ブルシ 2.0 運動はいかにして権威主義に対抗し、彼らを政権交代に追い込んだのであろうか。

　ブルシ 2.0 運動は、マレーシアにおける選挙制度改革運動である（ブルシは、マレー語でクリーンを意味する）。運動はもともと、ブルシ（1.0）運動として、2005 年にマレーシアの野党、市民グループ、NGO からなる選挙制度改革を目指す合同組織からはじまった [60]。1 年後の正式発足後、2007 年 11 月には最初の集会を開催し、数万人のマレーシア人を動員して街頭行動を行った。そこでは、（1）選挙人名簿の整理、（2）郵便投票の改革、（3）（指先につけて投票済みを確認する）消えないインクの導入、（4）最低 21 日間の選挙運動期間の確保、（5）（全政党に対する）自由で公平なメディアへのアクセス保障、（6）（司法制度、反汚職委員会、選挙管理委員会等の）公的制度の強化、（7）汚職の一掃、（8）（政党、政治家間の）汚い政治をやめること、の 8 点が要求された [61]。

　デモへの多数の人々の動員は、その後の選挙結果に少なからず影響を与えたと言われるものの、政権が変わるまでには至らず、選挙制度改革も行われなかった。それどころか、政府当局の統制もあり運動は停滞してしまった。ところが 2010 年 11 月に運動が野党を除く 62 の市民組織によって再結成され、自らをブルシ 2.0 運動と呼んで運動が再構築されると、ここから運動は桁違いに盛り上がりをみせるようになる [62]。この際の運動は組織化と動員の両面でデジタル技術から恩恵を受けた [63]。マレーシアの主流メディアは政権側によって統制されていたため、運動はブログやオンライン・ニュースサイト、Twitter や Facebook などのようなプラットフォームを活用して支持者を動員した。ソーシャルメディアの活用が、しばしば民族的、宗教的、党派的に対立しがちであったマレーシアにおいて違いを超えたコミュニティ意識の醸成を可能にし [64]、運動が国境を越えて広がる要因となったのである [65]。

　ブルシ 2.0 運動以降のデモでは、動員人数が数万〜十数万規模に拡大していっただけではなく、デモの開催場所も国境を越えて広がり、運動は海外のマレーシア人ディ

第 9 章　ソーシャルメディアを活用した反政府運動が権威主義に対抗する方法

アスポラや BBC、エコノミスト、ウォール・ストリートジャーナルなどの国際メディアからの注目も集めるようになった [66]。2011 年 7 月には首都・クアラルンプールでのデモに合わせて海外の 38 都市で在外マレーシア人を中心に少なくとも 4,000 人が参加するデモが行われ [67]、2015 年 8 月には主催者発表で、海外の 50 都市以上でデモが計画されたという [68]。この頃の海外での運動は、「グローバル・ブルシ運動」とも呼ばれた。これまで同じ都市に住んでいながらも全く接触をもっていなかった在外マレーシア人同士が、国や都市ごとに作成された Facebook ページを通じて知り合い、各地でデモに参加していった [69]。

（2）フレーム、資源、レパートリー

　事務所も、報酬を得るスタッフも、銀行口座も持たないブルシ運動の唯一の本部は公式のウェブサイトであった。2006 年のブルシ運動の開始以来、運動はデジタルメディアを運営のバックボーンとして取り入れてきたが、2007 年の集会ではブログと YouTube のみが主要なデジタル技術として使われていたし、そのメッセージも国際世論を意識したものではなかった。それが、2011 年のブルシ 2.0 運動の街頭集会においては、動員のためのレパートリーとして、Twitter と Facebook が追加された [70]。また、2007 年のブルシ運動の集会では、主に野党の各党が民衆を路上に動員し、無党派の活動家はわずか 10%弱に過ぎなかったが、SNS が活用された 2011 年のブルシ 2.0 運動の集会では、参加者の 5 割から 6 割が無党派・多民族であり、海外も含めた数千人の Twitter や Facebook の活動家らがオピニオンリーダーとなった [71]。

　ジョン・ポスティルは、ブルシ 2.0 運動ではアイデンティティと帰属に関する新しい言説に焦点を当てたマーケティングが「#bersih」や「#bersihstories」といったハッシュタグを通じて可能になり、ネットワーク化された市民間の結びつきが強化されたと主張する [72]。「#bersihstories」のハッシュタグのもとで数々のストーリーがアップロードされ、シェアされ、キュレートされたことが、多民族国家・マレーシアにおける民族的、階級的、人種的な亀裂を埋めた一因となった [73]。そこでは、黄色のシンボルカラーの T シャツを着たマレーシア人が、催涙弾や放水砲を避けるために民族を超えて助け合う様子が画像や動画で拡散された。2011 年のデモの前後からブルシ 2.0 運動とその参加者たちが拡散させようとしたフレームは、不公正や不正義の感情を前面に出したそれではなかった [74]。ハッシュタグにより「マレーシア人」としてのアイデンティティをつくり、協力して権威主義に立ち向かう機運をつくり出したことが、国内外の反政府運動の団結を生んだのである。

　なお、ブルシ 2.0 運動から派生したグローバル・ブルシ運動は、選挙前には在外マ

レーシア人に対し、選挙権を行使するために一時帰国するよう呼びかける運動も行った。「Go Home and Vote」というスローガンを用いた SNS キャンペーンでは、在外マレーシア人に、変革のメッセージを掲げた自分の写真をスローガンとともに投稿するよう呼びかけた[75]。運動は、シンガポールなどのからの帰国を促し、実際の投票率の向上に寄与しただけでなく、航空会社をしてマレーシアへの帰国に割引するキャンペーンを展開させたし、政府をして在外マレーシア人による総選挙における郵便投票の導入を実現させたという[76]。

（3）為政者による反応

　もちろん、為政者側もこのような運動にただ手をこまねいていたわけではない。2008 年の総選挙において、1971 年の結成以降初めて連邦下院議会での議席数が 3 分の 2 以下に減少したのを経験した政府・与党は、ブログなどの新たなメディアへの対応力を養おうとした。2009 年にナジブ・ラザク首相による新政権が発足すると、首相はブログに書き込まれたコメントに対する応答をユーチューブで行ったり、SNS ユーザーを公邸に招いて茶会を開いたりした。首相が立ち上げたブログサイトから発展した「1Malaysia.com」も次第に多様な SNS を取り入れて拡大した[77]。ブルシ運動の攻勢に対応するため、為政者が運動体と対峙しようとしたのだが、運動体にとっては政治的機会が拡大した時期であるとも捉えられる。

　マレーシアにおいては主流メディアが法律や株式所有を通じて政府・与党の統制下にある一方で、ネットメディアは相対的に自由であった[78]。そのような中、SNS が盛んに用いられ、グローバルにも広がった 2011 年のブルシ 2.0 運動のデモの際には、政府は結果的に運動に寛容な態度をとらざるを得ない状況に陥った。デモを受けて、首相は翌月、選挙制度改革のための議会特別委員会を設置することを発表した。委員会は 2012 年 4 月に議会に 22 項目にわたる選挙制度改革案を提示した。また、2011 年 9 月 16 日のマレーシア・デイの日には、政権側は落ち込んだ支持率の回復を狙って、それまで策定した一連の抑圧的な法律の改正や撤回を行ったのである[79]。

　なお、過去最低の与党の議席数となった 2013 年の総選挙を境に、政府・与党内で SNS への監視と制限を強める動きがはじまったことには注目するべきである。警察による Twitter 利用した野党や活動家の抑圧は選挙後の 2015 年に本格化したという[80]。また、ブログや SNS、ニュースポータルの発信に対する規制を強化するための改正が行われるなどした[81]。こうした動きに対しては運動側も、WhatsApp やその他の暗号化されたメッセンジャー・サービスを利用して民主主義が再浮上するためのさまざまな解決策を講ずるなどしており、政府与党と運動側との争いは激化してい

240

第 9 章　ソーシャルメディアを活用した反政府運動が権威主義に対抗する方法

る[82]。反政府運動と権威主義体制との争いは未だ決着しておらず、今後の動向が注目される。

5．SNS を活用した反政府運動は権威主義に抗いきれるのか

　ここまで香港における反送中運動とマレーシアにおけるブルシ 2.0 運動を概観し、過去に同国（特別行政区）で行われた雨傘運動とブルシ（1.0）運動と比較しながら、SNS を用いて国境を越えた連帯をつくることの有用性を分析した。香港の反送中運動においては、（香港が中国政府からの統制を受けていたことから）運動家は、国際社会からの支援がなければ反政府運動は成功しないと認識していた。そこで彼らは、人道危機や民主主義世界の利益といったフレーミングにより多くの人の関心を惹きつけ、自分ごと化させて運動に動員した。また、中国からの監視を受けづらいメディアを活用し、多様なレパートリーを展開し為政者にアプローチした。結果、本土出身の香港人や親中派のビジネスマンも含めた人々がデモに参加したことから運動の規模が格段に大きくなり、ゲリラ戦による取り締まりのしづらさと合わせて政府を悩ませた[83]。他方、マレーシアのブルシ 2.0 運動でも、運動家たちは国内のみならず、グローバルに運動を展開することによって国内外からの注目を集め、為政者の正統性を揺るがそうとした。また、海外在住のマレーシア人の帰国を促すキャンペーンを展開し、投票率の増加によって政権交代を図ろうとした。その過程では、フレーミングにより民族の壁を超えた「マレーシア人」としてのアイデンティティがつくられた。政府当局によって SNS の規制が強化されると、それを回避するための新たなメディアが選択されるなど、レパートリーも次第に多様化していった。

　2 つの成功事例では、（1）運動家は必ずしも組織に所属しておらず、個人として発信しており、（2）ハッシュタグなどを通じて国際的にフレームを広めるなどして国際世論をつくろうとしていた。また、（3）デジタル技術により国境を越えて人や金を動員していた。さらに、（4）日々進化する多様なレパートリーから自国にあった手段を選び、国内の運動家らとともに自国の為政者に働きかけていた。すなわち、筆者が示した「フレーム、資源、レパートリーによる国際連帯モデル」のような形で SNS を活用した反政府運動が行われており、彼らはそれにより、自国の権威主義に抗おうとしていた。デジタル技術によって政治的機会がつくられ、為政者は運動体の動きを把握し、統制の効かない国際世論や、人や金の移動などに対峙しなければならなくなった。その結果、彼らは権威主義を弱めるような法改正などに取り組まざるを

得なくなった一方で、SNS での情報発信や規制の強化などにも舵を切った。香港では、米国の対中政策が強権化し、香港に対する民主化政策が強化されるという成果も得た。

　一方、香港の雨傘革命やブルシ（1.0）運動は、政府からの譲歩が得られないまま、活動が終焉を迎えてしまったが、その過程では国際的な連帯はみられなかった。雨傘革命の参加者たちは、携帯電話同士で 10 メートルほどの距離の人と通信できるFireChat などを活用し、運動を世界に知らしめようとしていた[84]。しかし、香港における普通選挙の実施という国内問題のみに焦点を当てた運動であったことに加え（人道的危機や民主主義世界の共通の利益としてフレーミングした反送中運動との違い）、組織による運動という側面が強く、ハッシュタグの活用などで国内外の個人が気軽に参加できるものではなかった。そのため、国際メディア等では報じられたものの、多くの人にとっては香港（中国）政府と運動組織による争いを傍観するだけになってしまったと推察される。同様に、ブログと YouTube といった限られたインターネットメディアで展開され、海外に向けたメッセージングなどはされていなかった初期のブルシ運動も、運動の目標に掲げていた選挙制度改革を達成することはできなかった。

　冒頭で、筆者は反政府運動が起きた際、政治変動の度合いに差が出るのは、運動というよりもむしろ為政者の対処の仕方によるものであるという見解を紹介した。しかし、以上のような事例をみるにつけ、やはり運動がとる手段の違いも権威主義に与える影響に一定の差をもたらすと考えられる。特に、筆者が「フレーム、資源、レパートリーによる国際連帯モデル」に表した国境を越える連帯を意識したフレーミング、資源動員、レパートリーの選択は、反政府運動が権威主義に抗うための一つの方法であると言える。少なくとも、2 事例では、運動が過去の失敗に学び、国境を越える連帯を戦略的につくり出し、同じ政治体制下で成功することができたわけだから、為政者の対処の仕方のみで運動の成否が決まるとは言えないのではないか。

　一方、2 事例にしても、権威主義体制側がどのような背景で自らの体制を弱体化させるような法改正を行ったのか、その際の為政者の認知の変化については、文献からははっきりわからない。また、国際連帯を生み出さなくても成功する事例も今後出るかもしれない。2021 年 2 月にミャンマーで起きた国軍によるクーデター後に展開された市民による抵抗は、ミャンマー人のディアスポラを巻き込み、送金などの運動をSNS を活用して展開しているから[85]、その結末にも注目するべきである。今後は、本稿で構築したモデルを他の様々な事例で検証したい。

第 9 章　ソーシャルメディアを活用した反政府運動が権威主義に対抗する方法

注

———————————————

[1] David Runciman, *How Democracy Ends* (New York: Basic Books, 2018).

[2] デジタル技術は、一般にフェイクニュースの流布などによる情報操作や SNS 上の言論統制による反対派の抑圧などに使われることが懸念されているが、それだけではない。伊藤亜聖（2020）によると、中国などに見られる監視国家化とプライバシーの喪失という文脈も、デジタル化の政治面での脆弱性であるという。（伊藤亜聖『デジタル化する新興国―先進国を超えるか、監視社会の到来か』（中公新書、2020 年）246 頁。）

[3] 芥川春香「民主化ドミノへの抵抗とその理論化―独裁者の目から見た「アラブの春」」『国際公共政策研究』第 21 巻、第 2 号（2017 年 3 月）17〜34 頁。

[4] Kris Ruijgrok, *Internet Use and Protest in Malaysia and other Authoritarian Regimes: Challenging Information Scarcity* (London: Palgrave Macmillan, 2021).

[5] 「ブーメランパターン」とは、国内においては政治的アクセスが限られた市民社会組織が、国際機関や他国、他国の市民社会組織、メディアなどを通じて、普遍的な規範に訴え、国際社会からの国際社会からの圧力によって国内政治に変化が生まれる現象を指す。（Margaret E. Keck and Kathryn Sikkink, *Activists Beyond Borders: Advocacy Networks in International Politics* (New York: Cornell University Press, 1998).など。）

[6] 権威主義の体制維持のためには、3 つの軸（抑圧、懐柔、正統化）があるとされるが、（Johannes Gerschewski, "The Three Pillars of Stability: Legitimation, Repression,and Co-optation in Autocratic Regimes," *Democratization*, Vol.20, Issue. 1 (January 2013), pp.13-38.）このうち一般に社会運動が影響力を行使し得るのは、為政者の正統化に対してである。

[7] 富永京子「グローバルな運動をめぐる連携のあり方―サミット抗議行動におけるレパートリーの伝達をめぐって」『フォーラム現代社会学』第 12 巻（2013 年 5 月）17〜30 頁。

[8] Frank Edwards, Philip N. Howard, and Mary Joyce, "Digital Activism and Nonviolent Conflict," (Elsevier, 2013) https://ssrn.com/abstract=2595115.

[9] David A. Snow, E. Burke Rochford, Jr., Steven K. Worden and Robert D. Benford, "Frame Alignment Processes, Micromobilization, and Movement Participation," *American Sociological Review*, Vol.51, Issue 4 (August 1986) pp.464-481.

[10] Robert D. Benford and David A. Snow, "Framing Processes and Social Movements: An Overview and Assessment," *Annual Review of Sociology*, Vol.26 (August 2000) pp.611-639.

[11] スノーらによれば、運動体は、「フレームブリッジ」、「フレーム増幅」、「フレーム拡張」、「フレーム変換」といった「フレーム調整」のプロセスによって人々の解釈スキームをつくり、社会変化を起こそうとするという。

[12] 西城戸誠「抗議活動への参加と運動の「文化的基盤」―フレーム分析の再検討」『現代社会学研究』第 16 巻（2003 年 6 月）119〜136 頁。

[13] Kevin M. DeLuca, Sean Lawson and Ye Sun, "Occupy Wall Street on the Public Screens of Social Media: The Many Framings of the Birth of a Protest Movement,"

243

Communication, Culture & Critique, Vol.5, Issue 4 (December 2012) pp.483-509.

[14] 現在は X と改称されているが、旧称のほうが定着しているため、本論文中では旧称を用いる。

[15] ZiZi Papacharissi, "Affective publics and structures of storytelling: sentiment, events and mediality," *Information, Communication & Society*, Vol. 19, Issue 3 (November 2015) pp.307-324.

[16] Tobias Lenz, "Frame diffusion and institutional choice in regional economic cooperation," *International Theory*, Vol.10, Issue 1 (December 2017) pp.31-70.

[17] 横尾俊成『＜マイノリティ＞の政策実現戦略　SNS と「同性パートナーシップ制度」』（新曜社、2023 年）265 頁。

[18] Fernando Mourón, Francisco Urdinez and Janina Onuki, "Framing effects on foreign policy: experimental evidence from emerging countries and the Argentine-Brazilian rivalry," *Opinião Pública*, Vol.22, Issue 1 (April 2016) pp.195-218.

[19] 大石裕「政治社会学からみたモダニティ―社会運動論の展開を中心に」『三田社会学』第 3 号（1998 年 7 月）10〜16 頁。

[20] 樋口直人「国際 NGO の組織戦略―資源動員と支持者の獲得」大畑裕嗣・成元哲・道場親信・樋口直人編『社会運動の社会学』（有斐閣、2004 年）97〜115 頁。

[21] 樋口直人「社会運動のミクロ分析」『ソシオロジ』第 44 巻、第 1 号（1999 年 5 月）71〜86 頁。

[22] Cristina Flesher Fominaya, *Social Movements in a Globalized World-2nd Edition* (New York: Red Globe Press, 2020).

[23] Daniel Bennett and Pam Fielding, *The net effect: How cyber-advocacy is changing the political landscape* (Newington: Capitol Advantage, 1999).など。

[24] Clay Shirky, "The Political Power of Social Media," *Foreign Affairs*, Vol. 90, Issue 1 (January/February 2011) pp.28-41.

[25] Jennifer Earl and Katrina Kimport, *Digitally Enabled Social Change: Activism in the Internet Age* (Cambridge: The MIT Press, 2011).

[26] 塩原勉「社会運動」『日本大百科全書（ニッポニカ）、ジャパンナレッジ』。

[27] 藤山清郷「圧政と失業そしてネットの情報力―何が「アラブの春」を生んだのか」『国際文化学部論集』第 12 巻、第 4 号（2012 年 3 月）295〜313 頁。

[28] 五野井郁夫『「デモ」とは何か　変貌する直接民主主義』（NHK 出版、2012 年）213 頁。など。

[29] Doug McAdam, John McCarthy and Mayer N. Zald, ed., *Comparative Perspectives on Social Movements: Political Opportunities, Mobilizing Structures, and Cultural Framings* (Cambridge: Cambridge University Press, 1986).

[30] Ekaterina Zhuravskaya, Maria Petrova and Ruben Enikolopov, "Political Effects of the Internet and Social Media," *Annual Review of Economics*, Vol. 12 (August 2020) pp.415-438.

[31] Roger Huang, "Dissidents Are Turning To Cryptocurrency As Protests Mount Around The World," *Forbes*, (October 2020) https://www.forbes.com/sites/rogerhuang/2

第 9 章　ソーシャルメディアを活用した反政府運動が権威主義に対抗する方法

020/10/19/dissidents-are-turning-to-cryptocurrency-as-protests-mount-around-the-world/?sh=272eb57f584c.

[32] Charles Tilly, *The Contentious French: Four Centuries of Popular Struggle* (Cambridge: Belknap Press, 1986).

[33] 安藤丈将「社会運動のレパートリーと公共性の複数化の関係―「社会運動社会」の考察を通して」『相関社会科学』第 22 巻（2013 年 3 月）3～21 頁。

[34] Earl and Kimport, *Digitally Enabled Social Change-Activism in the Internet Age*.など。

[35] 横尾俊成「地方自治体の政策転換における SNS を用いた社会運動のフレーミング効果―渋谷区「同性パートナーシップ条例」の制定過程を事例に」『関西学院大学先端社会研究所紀要』16 巻（2019 年 7 月）1～16 頁。など。

[36] Fominaya, *Social Movements in a Globalized World-2nd Edition*.

[37] Shahin, S. and Huang, Q. E., "Friend, Ally, or Rival? Twitter diplomacy as "Technosocial" Performance of National Identity," *International Journal of Communication*, (2019) https://ijoc.org/index.php/ijoc/article/view/10921.

[38] Renaud Egreteau, "Blending old and new repertoires of contention in Myanmar's anti-coup protests(2021)," *Social Movement Studies*, (October 2022) https://www.tandfonline.com/doi/full/10.1080/14742837.2022.2140650.

[39] Samson Yuen and Kin-long Tong, "Solidarity in Diversity: Online Petitions and Collective Identity in Hong Kong's Anti-Extradition Bill Movement," *Political Studies* Vol.65, Issue 3 (December 2021) pp.215-232.

[40] デモ参加者は、デモの目標として、独立した調査委員会の設置、普通選挙の実施、逃亡犯条例改正案の全面撤回、デモ参加者の逮捕撤回、デモの「暴動」認定の撤回からなる「五大要求」を掲げた。

[41] 『産経新聞』2019 年 8 月 30 日。

[42] Francis L. F. Lee, "Proactive internationalization and diaspora mobilization in a networked movement: the case of Hong Kong's Anti-Extradition Bill protests," *Social Movement Studies*, (January 2022) https://www.tandfonline.com/doi/abs/10.1080/14742837.2022.2031957.

[43] Ibid.

[44] Cheryl S. Y. Shea and Francis L. F. Lee, "Public diplomacy via Twitter: opportunities and tensions?" *Chinese Journal of Communication*, (June 2022) https://www.tandfonline.com/doi/full/10.1080/17544750.2022.2081988.

[45] Ibid.

[46] Ibid.

[47] 『日本経済新聞』2019 年 11 月 20 日。

[48] 『IT media』2020 年 7 月 7 日。

[49] 格闘技のスターであるブルース・リーの「友よ、水になれ（ Be water, my friend ）」という言葉を引用したものであるが、これが香港政府への抗議活動において、運動家たちの間で自然と広まり、これまでの型にはまらずに柔軟にやろうという運動戦略を象徴する合言葉となった。

245

50 Yong Ming Kow, Bonnie Nardi, and Wai Kuen Cheng, "Be Water: Technologies in the Leaderless Anti-ELAB Movement in Hong Kong,"*Association for Computing Machinery*, (April 2020) https://doi.org/10.1145/3313831.3376634.

51 Ibid.

52 Yuhan Hu, "The Sustainability of the Anti-Extradition Bill Movement in Hong Kong: Transformative Events and Regime Responses," *Asian Affairs,* (June 2022) https://doi.org/10.1080/03068374.2022.2074726.

53 Ibid.

54 『日本経済新聞』2019 年 8 月 20 日。

55 同上。

56 『日テレ NEWS』2020 年 6 月 30 日。

57 Khoo Ying Hooi, "Electoral reform movement in Malaysia: Emergence, protest, and reform," *SUVANNABHUMI*, Vol. 6, Issue 2 (January 2014), pp.85-106.

58 Amelia Johns and Niki Cheong, "Feeling the Chill: Bersih 2.0, State Censorship, and "Networked Affect" on Malaysian Social Media 2012–2018," *Social Media+Society*, (May 2019) https://doi.org/10.1177/2056305118821801.

59 Ross Tapsell, "The media freedom movement in Malaysia and the electoral authoritarian regime," *Journal of Contemporary Asia*, Vol.43, Issue 3 (February 2013) pp.1-23.

60 Johns and Cheong, "Feeling the Chill."

61 伊賀司「ポスト・マハティール期の社会運動―ブルシ運動を中心に」中村正志編『「ポスト・マハティール期マレーシアにおける政治経済変容」調査研究報告書』(アジア経済研究所、2016 年) 58～72 頁。

62 同上。

63 Pepinsky, T. B., "The new media and Malaysian politics in historical perspective," *Contemporary Southeast Asia*, Vol.35, No.1 (April 2013) pp.83-103.

64 Bridget Welsh, "People Power in Malaysia: Bersih Rally and its Aftermath," *Asia Pacific Bulletin*, Vol.128 (August 2011) pp.1-2.

65 Johns and Cheong, "Feeling the Chill."

66 Michelle Tye, Carmen Leong, Felix Tan, Barney Tan, and Ying Hooi Khoo, "Social Media for Empowerment in Social Movements: The Case of Malaysia's Grassroots Activism," *Communications of the Association for Information Systems*, Vol. 43, Paper 15, (April 2018) pp.408-430.

67 Nathaniel Tan ed. *9 July 2011: What Really Happened* (Kuala Lumpur: Kinibooks, 2011).

68 *Mayasiakini*, 27 August 2015.

69 伊賀司「ポスト・マハティール期の社会運動―ブルシ運動を中心に」。

70 Merlyna Lim, "Digital Media and Malaysia's Electoral Reform Movement," in *Citizenship and Democratization in Southeast Asia* (Leiden: Brill, 2017) pp.209-237.

71 Melanie Radue, "The Internet's role in the Bersih movement in Malaysia – A Case Study," *The International Review of Information Ethics*, Vol.18 (December 2012) pp.60-70.

第 9 章　ソーシャルメディアを活用した反政府運動が権威主義に対抗する方法

[72] John Postill, "A critical history of internet activism and social protest in Malaysia, 1998-2011," *Asiascape Digital Asia Journal*, Vol.1 (January 2014) pp.78-103.

[73] Ibid.

[74] 伊賀司「ポスト・マハティール期の社会運動―ブルシ運動を中心に」。

[75] Tye et al., "Social Media for Empowerment in Social Movements."

[76] 伊賀司「ポスト・マハティール期マレーシアにおける SNS の政治的影響力」『国際協力論集』第 23 巻、第 2 号（2016 年 2 月）85～108 頁。

[77] 同上。

[78] サイバースペースの相対的自由は、マハティール政権下で政府自らが約束したインターネットの非検閲方針によって生み出されたものであった。（Lim, "Digital Media and Malaysia's Electoral Reform Movement."）

[79] 伊賀司「ポスト・マハティール期の社会運動―ブルシ運動を中心に」。

[80] 同上。

[81] 鈴木絢女「ポスト・マハティール期の政治制度改革」中村正志編『「ポスト・マハティール期マレーシアにおける政治経済変容」調査研究報告書』（アジア経済研究所、2016 年）28～39 頁。

[82] Johns and Cheong, "Feeling the Chill."

[83] 澁谷司「澁谷 司の「チャイナ・ウォッチ」―383―香港「雨傘革命」と「反送中」運動の相違」『日本戦略研究フォーラム』（2019 年 7 月 19 日）https://www.jfss.gr.jp/article/947。

[84] 倉田徹「雨傘運動とその後の香港政治――党支配と分裂する多元的市民社会」『アジア研究』第 63 巻、第 1 号（2017 年 1 月）68～84 頁。

[85] 高松香奈「ミャンマー・ディアスポラと政治的活動―日本における世論形成」『国際開発研究』第 31 巻、第 1 号（2022 年 6 月）19～34 頁。

※本稿は『防衛学研究』第 70 号（2024 年 3 月）に掲載された論文を加筆修正したものである。

■終　章■

デジタル権威主義論再考

―デジタル技術と政治体制の関係を問い直す―

大澤 傑

この章のポイント

●デジタル技術は権威主義国家における抑圧・懐柔・正統化のツールとして利用されているが、その効果は国によって異なる。

●デジタル権威主義の推進は国際関係にも影響を及ぼし、当該国家の体制の安定性に影響を与える可能性がある。

●デジタル技術が権威主義体制の安定化／不安定化に及ぼす影響は、当該国家の国際関係や政治経済状況に依存する。

●デジタル技術は権威主義の本質を変えたというよりも、時代に応じてデジタルツールを使用しながら体制を維持しようとする独裁者の戦略を変化させた。

●デジタル権威主義研究には、国際政治や地域研究との連携が不可欠である。

本書では、デジタル技術が権威主義に与える影響を事例、国際関係、理論の観点から体系的に捉えることを試みた。事例部においては、各論者によって焦点を当てるポイントは異なるものの、概ね序章で構築した分析枠組みを用いて考察がなされた。ここから何が見えるだろうか。本章では、多国間比較を通じて、事例間の一般性と特殊性を明らかにする。そのうえで、デジタル技術が権威主義体制の安定化／不安定化に与える影響の一般化を試みたい。さらに、国際関係や理論についても、各事例との関連を捉えながら、結局のところデジタル権威主義とは何なのか、デジタル技術と政治体制の関係を問い直す。

１．各章の振り返り

（１）各事例におけるデジタル技術と権威主義

　事例部では、中国、ロシア、中東、東南アジア、ラテンアメリカ、アフリカにおける権威主義体制を事例として、各国におけるデジタル技術と体制の関係について分析してきた。そこで注目したのは、独裁者がどのようにデジタル技術を利活用して体制維持を図っているかに加え、逆に独裁者がデジタル技術革新によってどのような体制の不安定化要因に直面しているかであった。簡単に各章を振り返ってみよう。

　第１章では中国・台湾政治史を専門とする五十嵐隆幸が、政治史の視点から中国におけるデジタル権威主義が構築された過程を描いた。本章の特長は、昨今注目される同国のデジタル技術を用いた統治が、なぜ、どのように構築されたのかに注目している点である。本書の他の事例からも明らかなとおり、多国籍なデジタル・プラットフォーマーの存在は権威主義国家の体制維持に対する大きな脅威となる。しかし、中国はこれらがほとんど介入できない市場を作り出しており、同国が多国籍なデジタル・プラットフォーマーの影響力をどのように管理しながら、デジタル技術を活用して体制を維持してきたのかは興味深い論点である。

　五十嵐によれば、2006 年頃まで中国において大規模な言論統制は行われていなかった。しかし、同時期には個人情報のデータベース化は完成しており、そのことが現行のデジタル技術を通じた統治を可能にした。以降、中国はワールドワイドウェブと切り離した独自の（イントラネットとも呼べる）インターネット空間を構築し、体制の脅威となる言論を取り除くなどによって内政の安定化に努めている。

　中国の特色は、デジタル抑圧に関する法律を整備しつつも、同時にアプリ（学習強国）を使って懐柔、正統化を行っている点であろう。同アプリは抑圧やプロパガンダ

終　章　デジタル権威主義論再考

に関する正統化の象徴として見られることもあるが、生活に関する情報を得られたり、ゲームを楽しんだりできるなど、懐柔の側面も持っているようである。また、コロナ禍で語られた権威主義の利点の側面と同様に、中国ではデジタル技術を用いた個人管理によって感染拡大が防がれた。そのうえで、五十嵐は「最先端のデジタル技術を駆使し、『抑圧』、『懐柔』、『正統化』の手法を用いて権威主義的な共産党独裁政権の維持を図ろうとしている行動が、中国の『デジタル権威主義』だと言えよう」と結論付けている。中国のデジタル権威主義は、外国に輸出されているとみられることも多く、第1章の内容は、他国におけるデジタル技術と権威主義体制の関係を検討するうえで重要なベンチマークとなる。

　第2章では、ロシア政治・安全保障を専門とする岡田美保が、特に選挙に注目しながら、ロシアにおいてなぜ反戦が反プーチンにならないのかについて分析を試みている。ウクライナ侵攻後、戦争の長期化によってロシアでも厭戦ムードが高まっていることなどが報道されているが、2024年3月の選挙においてもウラジミール・プーチン（Vladimir Putin）大統領は圧勝し、同月の時点においてもロシア・ウクライナ戦争は続いている。

　岡田によれば、ロシアにおいても中国と同様に、アラブの春以降、インターネット規制に関する法整備が進んでいった。同時にプーチンは、社会運動がインターネットを介して拡大することに目を付け、非営利団体やソーシャルメディアへの規制を強化していった。また、民間通信媒体を諜報組織出身のオリガルヒが乗っ取るという事態もみられた。その後、2014年のクリミア併合を経て、社会団体やメディアへの監視が強化される一方、正統化の手段である情報公開も限定的になった。国内情報機関に対する管理が進む中、いずれのメディアもが政治参加のツールから抑圧のための監視手段へと変化したのである。こうした状況下で、反体制派は国外を拠点とするデジタル媒体を用いて、反対運動を展開し続けた。

　また、選挙のオンライン化によって、外部のみならず政権側がその結果を操作しやすくなり、システムに対する信頼性が低下する可能性が指摘された。開戦後は、一層国内におけるデジタル技術による抑圧が強化されたが、岡田が注目するのは、YouTubeなどの利用者がプーチン支持を引き下げ、テレビ視聴者がプーチン支持を高めている点である。他にも、ロシアにおけるデジタル媒体の締め出しが、かえって政権による正統化の機会を奪う点が指摘されている。このような点からは、デジタル化そのものは、一度民主主義を経験したロシアにとっては権威主義を強化するとは一概には言えない点が示されている。

　第3章では、中東政治・安全保障を専門とする溝渕正季が、中東におけるデジタル

251

権威主義の様相を国際関係の視点を踏まえて丹念に分析している。溝渕によれば、デジタルユーザーが多く、規制が緩い同地域ではフェイクニュースやディスインフォメーションがまん延しているという。確かに、デジタル権威主義というと中国やロシアに目が向きがちである。しかし、ほとんどの国が権威主義体制を敷いており、歴史的に大国間競争の舞台となってきた中東におけるデジタル技術と政治の在り方を分析することの意義は大きい。また、デジタル技術が民主主義に資するという考え方も中東が震源地となってきたことを考慮すれば、同地域のデジタル権威主義の動向を捉えることは重要であろう。

　中東は米国が国益を追求した結果として形成された「非リベラルな覇権秩序」と、中ロによる反米主義的な対外政策において地政学的重要性を持ってきた。ここに近年加わったのが、デジタル技術革新である。ハイテク企業にとっても中東諸国は「最良の顧客」であった。溝渕によれば、「中東の親欧米権威主義諸国と欧米諸国、そしてハイテク企業の三者は、それぞれ『権威主義体制の持続』という点に共通の利益を見出し、互いに協働している」という。すなわち、同地域におけるデジタル権威主義は、大国間競争とデジタル技術革新の従属変数として維持されているのである。

　さらに、溝渕は、サウジアラビアの事例をもとに、ムハンマド・ビン・サルマーン（Mohammad bin Salman Al Saud）皇太子がデジタル技術を利活用して権力を固定化させていく過程を描いている。抑圧にあたっては、国内のみならず、国外の反体制派も対象となり、オンライン言論の犯罪化も進められた。一方で、フェイクニュースなどを用いて体制を支持する言説がインターネット空間に流布されている。こうした状況を踏まえ、溝渕は監視資本主義が進む限りは、デジタル技術は権威主義に利するだろうという悲観的な未来を提示している。

　第4章では、東南アジア政治・安全保障を専門とする木場紗綾が、東南アジアにおけるデジタル権威主義の様相、さらには東南アジア諸国が中国によるハイブリッド戦にどのように対応しているかについて論じている。

　木場によれば、タイにおけるデジタル技術を用いた抑圧は、市民社会の自律的な反政府行動を弱体化させている。その際、分断が深まるタイにおいては、政権が反対的な言論を直接取り締まるだけではなく、インターネット上で軍や王室を支持する者が活動家を中傷し、疲弊させるという間接的な方法が見られる点が特徴である。しかし逆から見れば、タイのように権威主義的統治が見られながらも一定の反対派の活動が容認される地域においては、野党議員などが中心となったデジタル抑圧に対する批判が一定程度許容されているという点は興味深い。これらは抑圧の強度と関連するからである。

252

終　章　デジタル権威主義論再考

　また、東南アジアにおける影響力工作に対しては、フィリピンを事例として、それが一般市民よりもエリート層をターゲットとして展開されている可能性が示唆されている。そのうえで、同国は市民にディスインフォメーションが広がることに対して注意喚起を行っているという。ただし、木場は、東南アジアにおいてこうしたハイブリット戦に対する共通の取組みが見られない点を指摘する。このことからも、デジタル技術を通じて、しばしば議論される東南アジアの多様性を垣間見ることができる。

　第5章では、ラテンアメリカ政治を専門とする大場樹精が、ラテンアメリカにおけるデジタル権威主義に関して、特にエルサルバドルについて分析を試みている。同国は仮想通貨を法定通貨とするなど興味深い取り組みを行っており、ある意味で最先端のデジタル権威主義ともいえ、デジタル技術と政治体制の関係を検討するうえで注目に値する事例である。

　アウトサイダーであったナジブ・ブケレ（Nayib Bukele）は、デジタル技術を利活用して、既存の政党政治からの脱却を掲げてポピュリズムを喚起し、政権に就いた。その後も彼はSNSなどを通じた統治を続け、治安改善や社会経済政策の成功を喧伝している。これらの点は、民主主義の後退としてしばしば論点となるSNSを使いこなすポピュリストと何ら違いはない。しかし、他の多くの権威主義国家と同様に、同国では正統化のためにトロールファームが暗躍しており、この点に権威主義的な特徴が見られる。また、他国と同様、ハッキングを通じた抑圧なども展開されている。懐柔としては、上述の通り、ビットコインの法定通貨化が行われたが、この政策は浸透しておらず、いまのところ空振りに終わっているようである。さらに、権威主義化を進めたことによってエルサルバドルは米国との関係が悪化する一方で、2022年にはビットコインの交換プラットフォームが倒産したことをきっかけに経済危機に陥った。大場によれば、こうした状況に手を差し伸べているのは中国であるとされ、このことからデジタル技術と権威主義の関係のみならず、ラテンアメリカにおける米中間の角逐も浮き彫りとなる。

　第6章では、アフリカ政治を専門とするオドマロ・ムバンギジとヴィック・サリがウガンダにおけるデジタル権威主義について同国の政治史を追いながら分析を試みている。ムバンギジとサリは、同国における権威主義的統治のツールはアナログからデジタルに変化しているものの、そこに一貫性が見られることを指摘する。

　概して言えば常に政情が不安定であるウガンダでは、かねてから政権によるプロパガンダが行われてきたが、それはデジタル技術革新と歩調を合わせるかのように強化されてきた。さらに、SNSなどの広がりは政権に危機感を抱かせ、それを制限する法律が整備されていった。その結果、国内における抑圧の強さを背景に、ウガンダでは

253

ディアスポラやインフルエンサーが国外から政権を批判する状況が常態化しており、独裁者はそれへの対応に追われている。

　以上のように、それぞれの地域においてデジタル技術を駆使した独裁者が権力を維持する姿勢が垣間見られた。しかし、それらには様々な観点から相違点があることも明らかとなった。

（２）国際関係・心理・社会運動

　続いて、本項では国際関係と理論について取り扱った章を振り返る。

　第7章では、サイバーセキュリティ政策を専門とする原田有が、サイバー規範を巡る権威主義陣営と民主主義陣営間の対立の過程を描いた。国際社会において普遍的に受け入れられたサイバー規制がないことから、サイバー空間での国家の行動をどう規制するかは喫緊の課題となっている。これに対し、原田は権威主義陣営による態度が自国のサイバー戦略を有利に進める上で変節してきたことを明らかにしている。権威主義国家と民主主義国家による国際社会での対立は秩序を巡る競争としても興味深いが、これらの国々がいかにして自国に有利な国際環境を構築し、それによって体制を維持しようとしているかを読み解くためにも、国際関係からデジタル権威主義の様相を逆投射するという点で本章の分析は重要である。国際的な規制いかんによって、権威主義の生き残り戦略も変化すると考えられるからである。

　第8章では、心理学を専門とする寺田孝史が、デジタル技術と権威主義支持との関係について分析している。寺田によれば、デジタル技術は人々の権威主義的パーソナリティを喚起し、ポピュリストに対する支持の可能性を促進した。しかし、そのようなデジタル化に伴う人々の心理の変化は、直接的に権威主義体制への支持に結びつくわけではなく、分極化された人々の政治への態度が、その時々の政治状況によって民主主義にも権威主義にも振れる可能性があるという。寺田の分析からは、デジタル技術が人々を極端にし、社会を分極化させるという点までは説明できるものの、それが必然的に権威主義を強化するとまでは言えないことが示唆される。もちろん、分極化された民主主義は不安定化し、状況によっては崩壊へと至る可能性は古くから説明されてきたことでもある [1]。その意味では、デジタル技術は民主主義を後退させる可能性を高めているとはいえるが、それが権威主義の強化と結びつくかは更なる考察が必要であろう。

　第9章では、社会運動論を専門とする横尾俊成が、デジタル技術を通じた社会運動の国際的連帯について、その理論化を目指している。デジタル権威主義論においては、既にデジタル技術の発達に伴う社会運動の拡大という点に対する期待感はしぼんでい

終　章　デジタル権威主義論再考

るのが現状である。このことは、# Me too 運動や性的マイノリティの権利拡大運動を
はじめ、近年の社会運動に際して SNS が貢献したのはいずれも民主主義国家が前提と
なることからも明らかである [2]。

　しかし、横尾は香港とマレーシアの事例比較によって、デジタル技術を通じた国際
的連帯が社会運動の可能性を拡大すると主張する。すなわち、SNS などを駆使した社
会運動もその戦略が機能すれば、権威主義でなく民主主義に資する可能性が示唆され
るのである。こうした指摘は、デジタル技術と政治の関係に対する悲観論が広がる現
在に一筋の光を差し込むものである。

　以上、国際関係と理論的な面からデジタル技術と政治体制の関係を眺めてきたが、
これら三つの章からは、デジタル技術が権威主義を強化するとは必ずしも言いきれな
い点があることがわかる。国際社会におけるルール形成いかんによっては今後デジタ
ル技術が民主主義を強化する可能性もある一方で、心理面や社会運動面においてもデ
ジタル技術は民主主義ないし、民主化に資する可能性もある。いずれにおいても、そ
れが民主主義と権威主義のどちらに正の効果をもたらすかは、それ以外の要素との関
係によって規定されるといえるだろう。

２．比較分析

　ここまで振り返ってきたように、本書では各地域と分野の専門家が六つの地域にお
けるデジタル権威主義の様相、および国際関係、心理学、社会学的観点からデジタル
技術と政治体制の関係を考察してきた。各事例の比較を通じて明らかとなったことは
以下のとおりである。

（1）共通点

　各国事例の分析を通じて、デジタル技術が、抑圧を高め、懐柔を促進し、正統化を
拡大するツールとして使用されている共通点が明らかとなった。現在のところ、いず
れの事例でもデジタル技術がリソース面で優位にある政権に利する状況となっており、
反体制勢力を強化する状況にはなっていないようである。この点では、「デジタル技術
が権威主義に利する」とする近年の先行研究が支持されることとなる。

　ただし、一つ一つの統治の手法を確認すると、デジタル技術と政治体制の関係を捉
える上でいくつか注目すべき点がある。

　まず、懐柔に関しては、オンライン化によって政治体制とは無関係に各国で以前に

255

増して便利で豊かな社会が構築されていることは自明である。こうした状況はリーダーがパトロン・クライアント関係を構築するための資源を拡大させ、エリート（のみならず人々）の取り込みをより有効に行うことを可能とする。とすれば、デジタル技術を通じた懐柔は権威主義に限ったことではなく、程度の差はあれ、いずれにせよ（すなわち、民主主義であっても）体制を強化する方向に働くと考えられる。本書では検証が不十分ではあるが、新興国の方がデジタル化によって得られる生活改善の度合いが高くなるがゆえに、デジタル化に伴う懐柔の恩恵を感じやすいだろう[3]。対して、既に発展した国家においては、デジタル技術に伴う懐柔の効果はデジタル化が遅れている国家と比べて小さくなる。つまり、デジタル技術革新が懐柔に与える影響の違いは、政治体制よりも当該国家の経済レベルに依存する可能性が高いと思われる。最先端の取組みとして仮想通貨を法定通貨としたことによって経済の不安定化を招いたエルサルバドルのような事例は多くないため、デジタル技術が懐柔にマイナスに働く事象は現段階では逸脱事例といえる。

　懐柔がデジタル権威主義の特性ではないとすると、デジタル技術の影響は抑圧と正統化に強く表れることとなる。さらに、昨今、多くの国で新型コロナウイルスの蔓延などに伴う経済停滞に直面して懐柔が難しくなりつつあることを考慮すると、デジタル技術にはそれを補うように抑圧と正統化を強く支えることが求められる。

　抑圧に関していえば、独裁者はデジタル技術を利活用して、監視や諜報など、あらゆる工作を行っていた。国内におけるオンライン空間を制限する力を持つ権威主義では、抑圧においてデジタル技術革新が体制の安定化に正の効果をもたらしているといえるだろう。デジタル技術が抑圧に負の影響をもたらすとすれば、それは国際世論の高まりやデジタル規制などによって独裁者による抑圧を制限するようなパターンが考えられるが、現状ではそのような目立った動きは見えない。

　他方、正統化に関しては抑圧とは違った指摘が可能である。例えば、ロシアでは反対派を締め出すためのオンラインツールの制限が、政権側の正統化の制限を生み出していた。逆にウガンダでは、政権が正統化を促進するためのオンラインツールが、市民社会からの反発の拡大を招いていた。インターネット空間の制限と開放は、政権にとって相反する効果をもたらすのである。この点は、工学的な観点からデジタル技術と権威主義の相性を読み解き、完全な情報制御が難しいことを指摘した持永大（コラム３）の議論とも通底する。また、外国に拠点を置くデジタル・プラットフォーマーの存在が、国内外における世論形成に影響を及ぼしていたり、ディアスポラやその他の外部アクターが当該国家の体制の不安定化に影響を与える可能性も示唆された。

　以上からは、現在のところ、デジタル技術革新は、権威主義にとり、抑圧（正）、懐

柔（正）、正統化（正負）という効果をもたらしていると言えよう。しかし、繰り返しになるが、懐柔に対する正の効果は、権威主義の特性とはいえない。

　正統化に関する効果を見るに、デジタル技術革新は、短期的には権威主義にプラスであっても、中長期的にそれが維持可能かは不明である。だからこそ、第7章で原田が分析したように、権威主義国家は自国に有利なサイバー規範を求めるという説明も可能だろう。また、序章で示した通り、反対勢力に対する仮想通貨を通じた支援なども広がりつつあるため、こうした変化が将来的に当該国家の政治体制を不安定化させる可能性はある。

　また、抑圧の強さは、軍や警察の体制に対する支持、すなわち懐柔や正統化の度合いにも依存するため、ひとたびアメを提供できず、正統性を失った独裁者が、第9章で横尾が描いたようにデジタル技術による国際的な連帯によって打倒される可能性も否定できない。心理学的に見ても、寺田が第8章で論じた通り、デジタル技術は人々の内集団化を進め、攻撃性を高めるためでもある。つまり、体制の政治経済的なパフォーマンスいかんによっては、デジタル技術が権威主義を打倒し、民主化を促進する可能性も予見できるのである。

　人々の意識を極端にするデジタル技術は、たしかに民主主義を後退させ、権威主義に利する傾向にあるが、ともすればそれは、現代国際社会が不確実で流動性が高いことと関連しているかもしれない。テロリズム、感染症、そして大国による国際紛争の勃発を立て続けに目の当たりにした人々は、その絶望の淵から救ってくれる救世主を求めた。そこにデジタル技術が梃子として作用し、民主主義を後退させ、権威主義が強化されたのである。すなわち、ここからはデジタル技術が権威主義に資するのは、国家や国際社会が不安定化しているからであるとの仮説も提示できる。しかし、それが深刻化しつつあり、各国で懐柔資源が縮小し、多くの独裁者が正統化に頼らざるを得ない今、デジタル技術は古くて新しい可能性を示唆している。それは、デジタル技術が権威主義体制の不安定化要因として再び作用する未来である。

（2）相違点

　事例分析を経て、デジタル技術を用いた統治に関する国家間の特殊性も浮き彫りになった。これらは権威主義の強靱性ともかかわっている。

　早くから国外のデジタル・プラットフォーマーを制限できた中国は、強力に国内におけるデジタル統制を敷いている。中国型の統治スタイルを輸入しようとする国家には既に国外のデジタル・プラットフォーマーが導入され、それが人々の生活に密接にかかわっていることを考慮すると、中国のようなデジタル権威主義モデルが広がると

する主張には疑問符がつけられることとなる。この点は、一帯一路構想などを通じた中国型の権威主義の拡散の脅威を煽る論調に対する留保といえるだろう。

　また、デジタル権威主義推進に関する国際的な要因も重要であろう。中東の章で明らかとなったように、地政学的な特性もデジタル権威主義の強化を後押ししていた。ただ、これらはデジタル技術が当該国家の権威主義を強化したというよりも、当該地域の地理的要因と安定した権威主義の存在が、デジタル化を促進させたという逆の因果を見ることもできるかもしれない。一方、ラテンアメリカ（エルサルバドル）の事例からは、権威主義を強化することによって、関係が深かった米国との距離が離れていく点が指摘された。デジタル技術を駆使して権威主義を強化することによって国内の安定化を図っても、それによって国際社会からの批判を受けることがあるのである。すなわち、ここからは権威主義の強靭性に対し、デジタル技術が間接的に異なる結果をもたらす可能性があることが示唆される。

　さらに、ラテンアメリカやアフリカの事例からは、決して大きくはない経済規模の国の独裁者がデジタル技術を利用することによって体制の安定化を図ろうとする姿勢が見られた。この文脈において、デジタル技術は経済的な課題を克服するために利用されていることはいうまでもない。デジタル技術を売り込む企業にとってもこれらの地域は魅力的な市場であり、企業との関係が、結果的に当該国家の体制の安定化／不安定化に影響していた。法定通貨に仮想通貨を設定したエルサルバドルが、関連企業の倒産によって大打撃を受けたのはその好例であろう。以前にも増して国際政治における企業の影響力は拡大している。

　以上から、各国で同じように独裁者が体制維持のためにデジタル技術を利活用しているといえども、それぞれの歴史的、国際的、経済的差異からその効果には違いがあった。逆に、デジタル技術に頼った権威主義の強化が、かえって権威主義を弱める可能性も示唆された。これには以前からデジタル技術を通じた権威主義的統治を可能とする国内環境が整備されているかや、各国の国際社会における立ち位置が強く影響している。すなわち、デジタル技術が体制の安定化／不安定化に及ぼす影響は、当該国家の国際関係や政治経済状況との組み合わせによって異なるかたちで作用するのである。

3．デジタル技術と独裁者 – 「デジタル権威主義」という概念

　ここまでの議論を踏まえ、本節ではデジタル権威主義とはいったい何なのか、改め

終　章　デジタル権威主義論再考

て考えてみたい。

　繰り返しになるが、いずれの事例においても「デジタル技術を駆使する独裁者」の姿が見られた。やや当たり前の表現ではあるが、これが意味することは、デジタル技術は権威主義の本質を変えたのではなく、それをツールとして使いこなし、統治を強化しようとする独裁者の戦略を変化させたのである。デジタル技術は抑圧、懐柔の効率性を高めたとは言えるが、これらが機能するかどうかは実際の政治経済のパフォーマンスにかかっているといえる。序章で論じた通り、「バーチャルな統治はバーチャル」でしかないのである。以上から、デジタル権威主義とは、新たな独裁の形態ではなく、時代に即してデジタルツールを利用しながら体制を維持しようとする独裁者ないし政権が統治する権威主義体制として定義される。ある意味では、デジタル技術の使用を免れられない現代の権威主義体制はほぼすべてがデジタル権威主義なのである。極めて無機質な定義ではあるが、この点は、同概念が「バズワード」化されてきたことに対するアンチテーゼでもある[4]。

　ではなぜ、この用語に注目が集まるのか。それは、同概念が民主主義対権威主義で語られる、権威主義への脅威の文脈において有効であるからであろう。実際のところ、現代国際政治は民主主義と権威主義の陣営間に明確に分けられるわけではないが、米国は台頭する中国や国際規範を侵害するロシア、さらには両国を支持する国家を権威主義としてラベリングし、国際秩序管理を進めている。これらの国家が民主主義の開放性を利用してハイブリッド戦を仕掛けているとされることから、言説の文脈において、デジタル権威主義という用語が使用されるのである[5]。この点は、同概念が比較政治分野のみならず、安全保障分野においても注目されていることからも明らかである。

　また、「統治手法」と「政治体制」の双方の意味で混在して使われている点も同概念の制限のない利用を可能にしているように思われる。序章で述べた通り、デジタル技術を利用した監視システムや、個人情報管理は民主主義国家でも行われており、これはある意味で権威主義的な統治手法とも言える。これを「デジタル権威主義」と読んだ場合、「民主主義においてもデジタル権威主義が導入されている」という論法が成り立つこととなる。しかし、本書のように政治体制から議論を出発させた場合、デジタル技術が統治ルールたる政治体制にどのような影響を与えているかが争点となる。民主主義対権威主義の激化、さらには中国による権威主義的統治の拡散などが懸念される現代においては、前者のような使用法が関心を引くのであろう。

4．今後の研究課題

　本書の分析を通じて、多くの今後の研究課題が積みあがった。以下では、一部ではあるが、それらを提示しておきたい。

　第一に、デジタル権威主義の強靱性と各国の歴史的背景の関係性についてである。中国のように、早くから個人情報管理が完成していた国家には、強固なデジタル防壁を築くことを可能とする前提があった。このことは、中国の成功例を他国が模倣しようとしたとしても限界があることを示している。他方、タイのように国内の分断が著しい国家においては、強固な権威主義が構築しにくく、独裁者によるデジタル技術による権力強化の範囲もまた限定的であった。そのため、反対派のデジタル技術を用いた政権批判が許容されているのである。また、ディアスポラが多く存在するアフリカでは、国外からの政権批判がデジタル化によって顕在化していた。このように、各国で彩りを見せるデジタル権威主義がどのように形成されてきたのか、それ以前の制度や歴史との関係を明らかにすることはデジタル技術と政治体制の関係を検討するうえでも重要であろう[6]。

　第二に、昨今の比較権威主義研究のトレンドとも関連して、選挙とデジタル技術の関係についてである。ロシアをはじめ、現代の権威主義国家のほとんどでは、選挙という正統化手段を無視することができない[7]。この文脈においてはデジタル技術が有効な手段となり得ているように見えなくもない。しかし、露骨な選挙操作はかえって体制の正統性を損ねるがゆえに、デジタル技術がそれにどのように作用するかは検討の余地がある。

　第三に、デジタル権威主義の推進が国際関係に影響し、それによって当該国家の体制の安定性が影響を受ける可能性についてである。サウジアラビアではデジタル権威主義の推進が当該国家の国際関係に正に、エルサルバドルでは負に働いていた。ただし、エルサルバドルは中国の出現によっていまのところ体制の不安定化を回避しているように見える。このようなデジタル権威主義の促進と、国際政治の相互作用を読み解くことで、デジタル技術がもたらす体制の安定化／不安定化への因果連鎖をより深く分析する必要があるだろう。

　第四に、オンライン空間をどのように管理し、体制を維持しようとしているかに関する国家間の取り組み方の差異についてである。中国は外部からの影響をほとんどシャットアウトしているし、開戦後のロシアもそうである。本書では扱っていないが北朝鮮などでもその傾向が見られる。これらの国家は外部からの影響の流入を恐れているといえるが[8]、一方で、オンライン空間を使って正統化を図る事例もあった。この

終　章　デジタル権威主義論再考

ようなオンライン空間の管理方法の違いは何によって現れるのか。更なる分析が求められる。

　第五に、本書では、多様な権威主義の下位類型に属する事例を扱ったが、これらの違いがデジタル技術の利活用にどのような差異をもたらしているかまでは明らかにできていない。類型ごとに権力基盤が異なるがゆえに、これらに対する精緻な分析を行うことで、より整理されたデジタル権威主義論を検討することができよう。

　まだまだ議論は尽きないが、上述したもの以外にも、本書を通じて新たな研究の視点を見出すことができれば幸いである。

5．結びに代えて

　本章では各章の議論を振り返り、それらを比較することでデジタル技術が権威主義の安定化／不安定化に及ぼす影響の一般化を目指してきた。その結果、たしかにデジタル技術は抑圧に関して権威主義に利する面が見られるも、正統化に関しては状況によって変わり、ときにそれが体制を揺るがす可能性があることが明らかとなった。

　デジタル技術が権威主義の安定化要因から不安定化要因に変わるきっかけは、おそらく体制のパフォーマンスが著しく停滞したとき、もしくは一部の極度に閉鎖的な国家においては、民主主義的価値の劇的な流入が生じたときであろう。これらの点は、従来の民主化論と何ら変わらない。ただし、その閾値や形態は、各国のデジタル管理の度合いや、国際関係にも依存すると考えられる。ゆえに、デジタル技術を駆使する権威主義体制の動向を読み解くためには、今後も丹念な地域研究や国際政治研究との協働が不可欠である。

　現代は、人間が技術を使うのではなく、技術が人間の行動を規定する時代であるといわれる[9]。こうした状況下において、強さにも弱さにもなり得るデジタル技術は独裁者にとっての諸刃の剣である。流動化する世界の中で、今後も独裁者はデジタル技術を活用して体制を維持できるのか。翻ってデジタル技術は再び民主化を促すツールとなるのか。こうした国家とどのように向き合っていくのか[10]。一層の研究の深化の必要性を訴え、本書の締めくくりとしたい。

注

1 政党システムから分析したものとして、例えば、ジョヴァンニ・サルトーリ著、岡沢憲芙・川野秀之訳『現代政党学―政党システム論の分析枠組み―』（早稲田大学出版部、2000 年）。

2 横尾俊成『〈マイノリティ〉の政策実現戦略―SNS と「同性パートナーシップ制度」―』（新曜社、2023 年）。

3 例えば、伊藤亜聖『デジタル化する新興国―先進国を超えるか、監視社会の到来か―』（中央公論新社、2020 年）ではデジタル化の恩恵を受ける一方で、権威主義化を含む様々なリスクを抱える新興国の様相が詳細に描かれている。ただし、民主主義においてもデジタル化は懐柔のための資源を拡大させると考えられるが、それによって高まったクライアンテリズムや汚職などが批判の対象となり、体制を揺るがす可能性は否定できない。こうした研究は今後の課題である。

4 大澤傑「中国のデジタル権威主義と台湾―両岸から臨む国際秩序―」『交流』第 989 号（2023 年 8 月）1〜7 頁。

5 大澤傑「権威主義とハイブリッド戦をどう読むか―特集にあたって―」『防衛学研究』第 70 号（2024 年 3 月）5〜18 頁。

6 ハイブリッド戦についても、歴史的背景の重要性を指摘する研究もある。例えば、Jérôme Duberry, *Artificial Intelligence and Democracy: Risks and Promises of AI-Mediated Citizen-Government Relations*, (Cheltenham: Edward Elgar Publishing, 2022).

7 選挙と権威主義に関しては、東島雅昌『民主主義を装う権威主義―世界化する選挙独裁とその論理―』（千倉書房、2023 年）；山田紀彦編『権威主義体制にとって選挙とは何か―独裁者のジレンマと試行錯誤―』（ミネルヴァ書房、2024 年）など。

8 大澤傑『「個人化」する権威主義体制―侵攻決断と体制変動の条件―』（明石書店、2023 年）。

9 ニール・ポストマン著、GS 研究会訳『技術 VS 人間―ハイテク社会の危険―』（新樹社、1994 年）。

10 日本と台湾のサイバーセキュリティ政策については、野呂瀬葉子のコラム 1、荊元宙のコラム 2 を参照されたい。

※本稿は、科研費 23K12416、サントリー文化財団研究助成「学問の未来を拓く」の成果の一部である。

【編著者紹介】

大澤　傑（おおさわ すぐる）はしがき、序章、終章
愛知学院大学文学部英語英米文化学科准教授
博士（安全保障学）
主著に、『「個人化」する権威主義体制―侵攻決断と体制変動の条件―』（明石書店、2023 年）、「ニカラグアにおける個人化への過程―内政・国際関係／短期・長期的要因分析―」『国際政治』第207 号（2022 年 3 月）＝第 15 回「日本国際政治学会奨励賞」受賞＝、『独裁が揺らぐとき―個人支配体制の比較政治―』（ミネルヴァ書房、2020 年）＝2021 年度「ラテン・アメリカ政経学会研究奨励賞」受賞＝、『米中対立と国際秩序の行方―交叉する世界と地域―』（東信堂、2024 年（共編））など。

【執筆者・翻訳者紹介】(掲載順)

五十嵐 隆幸（いがらし たかゆき）第 1 章、コラム 2（翻訳）
防衛研究所地域研究部中国研究室専門研究員
博士（安全保障学）
主著に、『大陸反攻と台湾―中華民国による統一の構想と挫折―』（名古屋大学出版会、2021 年）＝第 38 回「大平正芳記念賞」受賞、第 12 回「地域研究コンソーシアム賞」受賞、第 8 回「猪木正道賞（正賞）」受賞、第 34 回「佐伯喜一賞」受賞＝、『米中対立と国際秩序の行方―交叉する世界と地域―』（東信堂、2024 年（共編））、「台湾海峡で交叉する「デジタル権威主義」と「デジタル民主主義」―理想を異にするイズムの対立―」（『コスモポリス』、2024 年 3 月）など。

岡田 美保（おかだ みほ）第 2 章
防衛大学校総合教育学群教授
博士（安全保障学）
主著に、「ロシアにおけるデジタル権威主義―なぜ反戦は反プーチンにならないのか―」『防衛学研究』第 70 号（2024 年 3 月）、「ロシアとヨーロッパ―利益でつなぎ留められた関係の崩壊―」『現代ヨーロッパの国際政治―冷戦後の軌跡と新たな挑戦―』（法律文化社、2023 年）、「日ロ関係」『現代ロシア政治』（法律文化社、2023 年）など。

野呂瀬 葉子（のろせ ようこ）コラム 1、第 6 章（翻訳）
防衛大学校防衛学教育学群戦略教育室准教授
博士（工学）
主著に、"Noise reduction in ultrasonic computerized tomography by preprocessing for projection

data" *Japanese Journal of Applied Physics*, Vol. 54 (2015)、"Application of ultrasonic computerized tomography using time-of-flight measured by transmission method to nondestructive inspection for high-attenuation billets" *Japanese Journal of Applied physics*, Vol. 53 (2014) など。

溝渕 正季（みぞぶち まさき）第3章
明治学院大学法学部准教授
博士（地域研究）
主著に、スティーヴン・M・ウォルト著（今井宏平・溝渕正季訳）『同盟の起源：国際政治における脅威への均衡』（ミネルヴァ書房、2021年）、「レバノン・ヒズブッラーと『抵抗の枢軸』」『中東研究』第550号（2024年5月）、「アラブ諸国の武器市場と防衛装備品国産化の動向：サウジアラビアとUAEを中心に」『国際安全保障』第51巻第4号（2024年3月）、「なぜ米国はイラクに侵攻したのか？開戦事由をめぐる論争とその再評価」『国際政治』第213号（2024年3月）など。

木場 紗綾（きば さや）第4章
神戸市外国語大学国際関係学科准教授
博士（政治学）
主著に、*Pathways for Irregular Forces in Southeast Asia: Mitigating Violence with Non-State Armed Groups* (Routledge, 2022,（共編著）), *Empirical Social Research in and on the Armed Forces* (Berliner Wissenschafts-Verlag, 2022, 共著)、『アジアの安全保障 2023-2024 大国間競争の時代におけるインド太平洋』（朝雲出版社、2023年（共著））など。

荊 元宙（Jin Yuan-Chou）コラム2
台湾・国防大学政治作戦学院中共軍事事務研究所副教授兼所長
政治学博士
主著に、「中国が目指す非接触型「情報化戦争」―物理領域・サイバー領域・認知領域を横断した「戦わずして勝つ」戦い―」『安全保障戦略研究』第4巻第1号（2023年12月（共著））、「中国が目指すインテリジェント化戦争―"A2/AD"作戦をモデルケースとしたAI活用についての考察―」『防衛学研究』第66号（2022年3月（共著））、「近期美中於臺海南海軍事活動之戦略意涵分析」『戦略安全研析』第163期（2020年8月）、Yuan-Chou Jing, "The Study of China's Military Strategy and Satellite Development: Moving Toward," *The Korean Journal of Defense Analysis*, Vol.31, No.1, March, 2019 など。

大場 樹精（おおば こだま）第5章
獨協大学国際教養学部言語文化学科専任講師
博士（国際関係論）

主著に、「アルゼンチンから見た対中関係―近年の動向と米中対立―」『防衛学研究』第68号（2023年3月）、「ラテンアメリカにおける移出民の増加の背景と影響：アルゼンチンを事例として」ギボ・ルシーラ／谷洋之編『ラテンアメリカにおける人の移動―移動の理由、特性、影響の探求―』（上智大学イベロアメリカ研究所、2024年2月）など。

ムバンギジ・オドマロ（Mubangizi Odomaro）第6章
プロポーズド・ヘキマ大学副学長兼教務部長（ケニア）
Ph.D（社会倫理学）
主著に、*Ethical Leadership in Africa: Beyond the Covid-19 Global Health Crisis*（2024、共著）、"Philosophy and Theology in Africa" in Elias Kiffon Bongmba（ed）*The Routledge Handbook of African Theology*（Routledge, 2022）など。

サリ・ヴィック・ルクワゴ（Ssali Vick Lukwago）第6章
愛知学院大学文学部英語英米文化学科外国人教師
博士（グローバル社会研究）
主著に、*Power back to the People: The Relevance of Ethnic Federalism in Uganda*（Langaa Rpcig, 2023）、「ウガンダのデジタル権威主義―ハイブリッド独裁国家におけるソーシャルメディアを巡る駆け引き―」『防衛学研究』第70号（2024年3月）など。

持永　大（もちなが だい）コラム3
芝浦工業大学システム理工学部准教授
博士（工学）
主著に、*Handbook on Japanese Security*（Amsterdam University Press、2024年）、『デジタルシルクロード―情報通信の地政学―』（日本経済新聞出版、2022年）、「サイバー空間が制裁に与える影響」『国際安全保障』48巻2号（2020年）、「The Expansion of China's Digital Silk Road and Japan's Response」『Asia Policy』Volume 15, Number 1（2020年）、『サイバー空間を支配する者―21世紀の国家、組織、個人の戦略―』（日本経済出版、2018年）など。

原田　有（はらだ ゆう）第7章
防衛研究所政策シミュレーション室・サイバー安全保障研究室主任研究官
修士（国際関係論）
主著に、「サイバー国際規範をめぐって交錯する権威主義陣営と民主主義陣営の思惑」『防衛学研究』第70号（2024年3月）、"Evaluating Japan's South China Sea Policy: A Qualified Success?" *Contemporary Southeast Asia*, Vol. 45, No. 1（April 2023）、「サイバー国際規範をめぐる規範起業家と規範守護者の角逐」『安全保障戦略研究』第2巻第2号（2022年3月）、「サイバー空間での規範形成に向けた取組の現状と展望に関する実験的考察―自由主義陣営と権威主義陣営が繰り

広げる『両性の闘い』に着目して」『安全保障戦略研究』第 1 巻第 1 号（2020 年 8 月）など。

寺田 孝史（てらだ たかし）第 8 章
防衛大学校防衛学教育学群統率・戦史教育室准教授
博士（安全保障学）
主著に、『陸上自衛隊員の心理的レジリエンス―組織で働く人たちの強さと＜しなやかさ＞を考える―』（風間書房、2024 年出版予定）、「レジリエンスとハーディネスがストレス・プロセスに及ぼす影響―陸上自衛隊員を例に―」『ストレス科学』第 35 号（2020 年 9 月）など。

横尾 俊成（よこお としなり）第 9 章
慶應義塾大学 SFC 研究所上席所員
博士（政策・メディア）
主著に、『〈マイノリティ〉の政策実現戦略―SNS と「同性パートナーシップ制度」―』（新曜社、2023 年）、「「札幌市パートナーシップ宣誓制度」の導入過程における SNS を介したフレーム伝播」『社会情報学』第 8 巻 1 号（2019 年 6 月）、『「社会を変える」のはじめかた―僕らがほしい未来を手にする 6 つの方法―』（産学社、2013 年）、『18 歳からの選択―社会に出る前に考えておきたい 20 のこと―』（フィルムアート社、2016 年（共編））など。

デジタル権威主義

―技術が変える独裁の“かたち”―

2024 年 9 月 20 日　第 1 刷発行

編著者
大澤　傑

装幀者
クリエイティブコンセプト

発行者
奥村侑生市

発行所
株式会社芙蓉書房出版

〒162-0805
東京都新宿区矢来町 113-1
神楽坂升本ビル 4 階
TEL 03-5579-8295　FAX 03-5579-8786
http://www.fuyoshobo.co.jp

印刷・製本　モリモト印刷

定価はカバーに表示してあります。
落丁・乱丁本はお取替えいたします(古書店で購入されたものを除きます)。
なお、本書のコピー、スキャン、デジタル化等の無断複製は著作権法上での例外を除き禁じられています。
Printed in Japan
ISBN 978-4-8295-0885-5 C3031

【芙蓉書房出版の本】

核兵器が変えた軍事戦略と国際政治

ロバート・ジャーヴィス著

野口和彦・奥山真司・高橋秀行・八木直人訳　本体 3,600 円

「核兵器が現状維持を保つ効果あり」との仮説を提示し、「核兵器が軍事戦略と国際関係を革命的に変えた」という画期的な理論を展開した話題の書。ジャーヴィスの核革命理論は、多くの研究者により妥当性が検証される一方、その仮説には反論が寄せられるなど、話題性に富んでいる。

インド太平洋をめぐる国際関係

理論研究から地域・事例研究まで

永田伸吾・伊藤隆太編著　本体 2,700 円

錯綜する国際政治力学を反映した「インド太平洋」概念の形成・拡大のダイナミズムを多角的アプローチから考察した 6 人の研究者の共同研究の成果。◎国際秩序とパワーの相克からインド太平洋戦略の将来を考察／◎中国と日本を対象に、言語行為、認知、情報戦・政治戦などに注目し、理論的に「インド太平洋」を考察／◎NATO の対中戦略、欧州諸国のインド太平洋関与などの事例を分析／◎台頭する中国にどのように対峙すべきか。　　　　執筆者／墓田桂・野口和彦・岡本至・小田桐確

インド・太平洋戦略の地政学

中国はなぜ覇権をとれないのか

ローリー・メドカーフ著　奥山真司・平山茂敏監訳　本体 2,800 円

"自由で開かれたインド太平洋"の未来像とは……強大な経済力を背景に影響力を拡大する中国にどう向き合うのか。＊インド太平洋というグローバル経済を牽引する地域のダイナミズムが 2020 年代以降の世界情勢にどのように影響するのかを、地政学的観点から説明する／＊インド太平洋地域を独占しようとする中国の挑戦に断固とした態度で臨むことの重要性を、国際政治、外交・安全保障、経済、技術など多角的観点から説く。　　　　〔訳者〕髙橋秀行・後瀉桂太郎・長谷川淳・中谷寛士

【芙蓉書房出版の本】

米中の経済安全保障戦略

新興技術をめぐる新たな競争　　　　村山裕三編著　**本体 2,500 円**

激化する米中間の技術覇権競争を経済安全保障の観点から分析する。
次世代通信技術（5G）、ロボット、人工知能（AI）、ビッグデータ、
クラウドコンピューティング……。新たなハイテク科学技術、戦略的新
興産業分野でしのぎを削る国際競争の行方と、米中のはざまで日本がと
るべき道を提言する。

執筆者／村山裕三・鈴木一人・中野雅之・土屋貴裕

習近平の軍事戦略

「強軍の夢」は実現するか　　　　浅野亮・土屋貴裕著　**本体 2,700 円**

軍事力を強化し、「強軍目標」を掲げて改革を進める中国をどう捉える
のか。習近平政権2期10年の軍事改革を詳細に分析し、これまでの指
導者との違い、今後の改革の行方を探る。

米国を巡る地政学と戦略
スパイクマンの勢力均衡論

ニコラス・スパイクマン著　小野圭司訳　**本体 3,600 円**

政学の始祖として有名なスパイクマンの主著 *America's Strategy in
World Politics: The United States and the balance of power*（1942 年）
初めての日本語完訳版！

平和の地政学
アメリカ世界戦略の原点

ニコラス・スパイクマン著　奥山真司訳　**本体 1,900 円**

戦後から現在までのアメリカの国家戦略を決定的にしたスパイクマン
の名著 *The Geography of the Peace* の完訳版。原著の彩色地図 51 枚も
完全収録。

【芙蓉書房出版の本】

黒色火薬の時代　中華帝国の火薬兵器興亡史

トニオ・アンドラーデ著　加藤 朗訳　本体 3,800 円

"長篠合戦の三段撃ちは織田信長の独創"は誤り。中国の発明だった!!
中国は、火薬も鉄砲の発明も世界に先駆けたにもかかわらず、なぜヨーロッパや日本に軍事的におくれをとったのか。そしてなぜ今、大軍拡なのか。黒色火薬の時代（宋～清）に火薬兵器をめぐっておきた中国とヨーロッパ諸国との軍事的大分岐を解き明かしたグローバル・ヒストリー。

国際政治と進化政治学　太平洋戦争から中台紛争まで

伊藤隆太 編著　本体 2,800 円

社会科学と自然科学を橋渡しする新たな学問「進化政治学」の視点で国際政治における「紛争と協調」「戦争と平和」を再考する！　気鋭の若手研究者 7 人が"方法論・理論"と"事例・政策"のさまざまな角度から執筆した新機軸の論文集。

エネルギー資源と日本外交
化石燃料政策の変容を通して　1945 年～2021 年

池上萬奈著　本体 2,800 円

資源に乏しい日本はどのようにエネルギー資源を確保してきたのか。1973 年のオイルショックを機に積極的に展開した資源外交を概観する。

現代日本の資源外交
国家戦略としての「民間主導」の資源調達

柳沢崇文著　本体 3,200 円

中国との資源獲得競争、ウクライナ危機による世界的なエネルギー供給不安の中、日本の資源外交はどうあるべきか？　石油危機以降、エネルギー安全保障が国家的課題となったにもかかわらず、なぜ日本のエネルギー調達は「民間主導」が維持されてきたのか？　イランやロシアにおける資源開発の事例分析や、ドイツ・イタリアのエネルギー政策との比較を通じて検討する。